Kohlhammer Edtition Marketing

Herausgeber: Prof. Dr. Richard Köhler
Universität zu Köln

Prof. Dr. Heribert Meffert
Universität Münster

Günter Specht

Distributions-
management

Verlag W. Kohlhammer
Stuttgart Berlin Köln Mainz

CIP-Titelaufnahme der Deutschen Bibliothek

Kohlhammer-Edition Marketing / Hrsg.: Richard Köhler ;
Heribert Meffert. - Stuttgart ; Berlin ; Köln ; Mainz :
Kohlhammer.
NE: Köhler, Richard [Hrsg.]

Specht, Günter: Distributionsmanagement. - 1988

Specht, Günter:
Distributionsmanagement / Günter Specht. - Stuttgart ; Berlin
; Köln ; Mainz : Kohlhammer, 1988
   (Kohlhammer-Edition Marketing)

   ISBN 3-17-007864-X

Vorwort der Herausgeber

Mit dem vorliegenden Werk wird die "Kohlhammer Edition Marketing" fortgesetzt - eine Buchreihe, die in 23 Einzelbänden die wichtigsten Teilgebiete des Marketing behandelt. Jeder Band soll in kompakter Form (und in sich abgeschlossen) eine Übersicht zu den Problemstellungen seines Themenbereiches geben und wissenschaftliche sowie praktische Lösungsbeiträge aufzeigen.

Als Ganzes bietet die Edition eine Gesamtdarstellung der zentralen Führungsaufgaben des Marketing-Managements. Ebenso wird auf die Bedeutung und Verantwortung des Marketing im sozialen Bezugsrahmen eingegangen.

Als Autoren dieser Reihe konnten namhafte Fachvertreter an den Hochschulen und, zu einigen ausgewählten Themen, Marketing-Praktiker in verantwortlicher Position gewonnen werden. Sie gewährleisten eine problemorientierte und anwendungsbezogene Veranschaulichung des Stoffes. Angesprochen sind mit der Kohlhammer Edition Marketing zum einen die Studierenden an den Hochschulen. Ihnen werden die wesentlichen Stoffinhalte des Faches möglichst vollständig - aber pro Teilgebiet in übersichtlich komprimierter Weise - dargeboten.

Zum anderen wendet sich die Reihe auch an Institutionen, die sich der Aus- bzw. Weiterbildung von Praktikern auf dem Spezialgebiet des Marketing widmen, und nicht zuletzt unmittelbar an Führungskräfte des Marketing. Der Aufbau und die inhaltliche Gestaltung der Edition ermöglichen es ihnen, einen raschen Überblick über die Anwendbarkeit neuerer Ergebnisse aus der Forschung sowie über Praxisbeispiele aus anderen Branchen zu gewinnen.

Was das äußere Format und die inhaltliche Ausführlichkeit betrifft, so ist mit der Kohlhammer Edition Marketing bewußt ein Mittelweg zwischen Taschenbuchausgaben und sehr ins einzelne gehenden Monographien beschritten worden. Bei aller vom Zweck her gebotenen Begrenzung des Umfanges erlaubt das gewählte Format ein übersichtliches und durch manche didaktische Hilfen ergänztes Darstellungsbild. Über die Titel und Autoren der Gesamtreihe informiert ein Programmüberblick am Ende dieses Bandes. Hier sollen nur die fünf Schwerpunktgebiete genannt werden: **Grundlagen des Marketing** (Einführungsband, Marketing-Planung, Marketing-Organisation und Marketing-Kontrolle) - **Informationen für Marketing-Entscheidungen** (Marktforschung,

Markt- und Absatzprognosen, Konsumentenverhalten, Marktsegmentierung, Marketing-Informationssysteme, Marketing-Modelle)
- **Instrumente des Marketing-Mix** (Produktpolitik, Distributionsmanagement, Preispolitik, Kommunikationspolitik, Verkaufsmanagement) - **Institutionelle Bereiche des Marketing** (Handelsmarketing, Investitionsgüter-Marketing, Dienstleistungs-Marketing,
Marketing für öffentliche Betriebe, Internationales Marketing) -
Umwelt und Marketing (Rechtliche Grundlagen des Marketing,
Social Marketing).

Der vorliegende Band "Distributionsmanagement" von Günter
Specht befaßt sich mit den akquisitorischen und logistischen Aufgaben, die aus Herstellersicht in Absatzkanälen zu lösen sind. Das
Distributionsmanagement wird als ein wesentlicher Bestandteil der
Marketing-Konzeption gesehen. Es umfaßt die Analyse und Bewertung der Ausgangssituation im Markt sowie im Unternehmen,
die Erarbeitung von Distributionszielen und -strategien im
Einklang mit dem Unternehmensleitbild und betrieblichen Ober-
zielen, die organisatorische Gestaltung des Distributionssystems,
die Planung und Koordination von Distributionsmaßnahmen im
Gesamtzusammenhang des Marketing-Mix, Plankontrollen und
nicht zuletzt die Steuerung bzw. Motivation der Distributionsorgane.

Alle diese Managementaspekte werden vom Verfasser konsequent
behandelt. Einleitend geht er im ersten, ausführlich angelegten
Kapitel auf die Rahmenbedingungen der Distribution ein. Neben
der Darstellung von Distributionsfunktionen und -systemen enthält
dieser grundlegende Abschnitt Ausführungen über Distributionsorgane der Produzenten wie auch der Letztverwender, über Groß-
und Einzelhandelsbetrieb sowie Distributionshelfer. Außerdem
finden sich hier Überlegungen zu Entscheidungsproblemen der
Distributionslogistik (Gestaltung der Lagerhäuser, Lagerhaltung,
Transport, Verpackung, Auftragsabwicklung) sowie Folgerungen
für den bereitstellbaren Lieferservice.

Vom 2. Hauptkapitel an werden die Tätigkeitsfelder des Distributionsmanagements im einzelnen dargelegt. Die Situationsanalyse
im betrieblichen Distributionsbereich einschließlich entsprechender Stärken-Schwächen-Untersuchungen stellt wichtige Führungs-
informationen bereit. Auf dieser Basis lassen sich strategische
Distributionsziele und Handlungsgrundsätze entwickeln, die im
3. Kapitel erörtert werden.

Als einen Kernbereich des Distributionsmanagements hebt der
Autor anschließend den Aufbau des Distributionssystems hervor

(Kapitel 4: Distributions-Design). Die Bestimmung von Art und Zahl der Distributionskanäle bzw. -organe, die Aufgabenverteilung im Distributionssystem sowie Absicherungen durch vertragliche Vertriebssysteme zwischen Industrie und Handel sind Entscheidungstatbestände, die von Specht ebenso eingehend erläutert werden wie dann im 5. Kapitel die Verknüpfung von Distributionsentscheidungen mit der Produktpolitik, der Preis- bzw. Konditionenpolitik und der Kommunikationspolitik.

Sehr verdienstvoll ist es, daß mehrere Möglichkeiten für die Organisation des Distributionsmanagements kritisch gegenübergestellt werden (Kapitel 6), bevor dann in weiteren Abschnitten die Planungs-, Koordinations- und Kontrollmethoden sowie Ansätze zur Steuerung und Motivation der Distributionsorgane zur Sprache kommen. Das Buch schließt mit einem Ausblick, der u.a. die Auswirkungen neuer Informations- und Kommunikationstechniken auf künftige Distributionssysteme andeutet.

Mit diesem Band der Kohlhammer Edition Marketing hat Specht eine umfassende Darstellung der Führungsaufgaben und Gestaltungskonzeptionen im Bereich der Distribution vorgelegt. Entsprechende Gesamtuntersuchungen betrieblicher Distributionsaufgaben unter Managementgesichtspunkten sind bisher in der deutschsprachigen Literatur zu kurz gekommen.

Das Buch ist aus Lehrveranstaltungen, aber auch aus Praxiskontakten und konkreten Projektarbeiten heraus entstanden. So enthält es gleichermaßen Lerngrundlagen für den Studierenden wie Materialsammlungen und Anregungen für den Praktiker.

Köln und Münster, im Mai 1988

Richard Köhler
Heribert Meffert

Vorwort

Bergsteiger wissen es: Die lohnendsten Ziele sind oft nur über steile, steinige Wege erreichbar. Manchmal verliert sich der Weg im Gelände, manchmal endet er an einem nicht vorhergesehenen Hindernis. Ähnlich ist es mit dem Weg der Produkte vom Hersteller zum Verwender. Wer die Situation analysiert, stellt fest, daß die Wahl eines Absatzweges und das Begehen dieses Weges äußerst schwierige Probleme aufweisen. Das Terrain ändert sich permanent. Dem Hersteller wird ein erhebliches Maß an systematischer und zugleich kreativer Arbeit abverlangt, um jene Distributionsinnovationen akquisitorischer und logistischer Art hervorzubringen, die zu den dringend erforderlichen Wettbewerbsvorteilen führen.

All diese Aufgaben lassen sich nur dann bewältigen, wenn ein schlüssiges Konzept für das Distributionsmanagement vorliegt. Dazu gehört die Beschäftigung mit Fragen der Analyse der Distributionssituation, der Planung strategischer und taktisch-operativer Distributionsfunktionen, der Organisation des Distributionssystems, der Steuerung und Motivation von Distributionsorganen sowie der Distributionskontrolle.

Die Grundlagen für dieses Buch wurden nicht nur durch eine Vorlesung zum Thema Distributionsmanagement geschaffen, deren Anfänge nunmehr 10 Jahre zurückliegen; Basis sind darüber hinaus zahlreiche Kontakte mit Praktikern sowie gemeinsame Projekte zu Distributionsproblemen im In- und Ausland.

Ehemalige Studenten des Wirtschaftsingenieurwesens und der Wirtschaftsinformatik haben mir bei der Vervollständigung und Vertiefung meines Vorlesungsmanuskripts wertvolle Hilfe geleistet. Ich möchte deshalb an erster Stelle den heutigen Diplom-Wirtschaftsingenieuren Herbert Karl und Arno Müller sowie Diplom-Wirtschaftsinformatiker Norbert Linn für ihre Beiträge sehr herzlich danken. Frau Enne Oberg hat mit großer Sorgfalt das Manuskript am Personal Computer geschrieben. Auch dafür bedanke ich mich besonders. Einbeziehen in den Dank möchte ich auch Frau Eveline Rosenbauer und meine studentischen Hilfskräfte, die in der Endphase der Manuskriptherstellung vielfältige Dienste geleistet haben.

Günter Specht

Inhaltsübersicht

Abkürzungsverzeichnis

ASW	Die Absatzwirtschaft
Aufl.	Auflage
BBE	Betriebswirtschaftliche Beratungsstelle für den Einzelhandel
BGA	Bundesverband des Deutschen Groß- und Außenhandels e.V.
BH	Business Horizons
BS	Behavioral Science
CMR	California Management Review
DBW	Die Betriebswirtschaft
FAZ	Frankfurter Allgemeine Zeitung
FfH-Mitt.	Mitteilungen der Forschungsstelle für den Handel, Neue Folge
HBR	Harvard Business Review
Hrsg.	Herausgeber
IfH-Mitt.	Mitteilungen des Instituts für Handelsforschung an der Universität Köln
IFO	IFO - Institut für Wirtschaftsforschung
IJPD&MM	International Journal of Physical Distribution and Materials Management
IMM	Industrial Marketing Management
JCR	Journal of Conflict Resolution
JMR	Journal of Marketing Research
JoB	The Journal of Business
JoM	Journal of Marketing
JoR	Journal of Retailing
MA	Der Markenartikel
Marketing-ZFP	Marketing - Zeitschrift für Forschung und Praxis
MJ	Marketing Journal
NF	Neue Folge
o.V.	ohne Verfasser
SGKV	Studiengesellschaft für den kombinierten Verkehr e.V.
SuS	Selbstbedienung und Supermarkt
WiSt	Wirtschaftswissenschaftliches Studium
wisu	Das Wirtschaftsstudium
WiWo	Wirtschaftswoche
ZfB	Zeitschrift für Betriebswirtschaft

| ZfbF | Zeitschrift für betriebswirtschaftliche Forschung, Neue Folge |
| ZfL | Zeitschrift für Logistik |

Verzeichnis der Abbildungen

Verzeichnis der Tabellen

1 Grundlagen des Distributionsmanagement

1.1 Grundbegriffe, Grundprobleme und Konzeption des Distributionsmanagement

1.1.1 Dynamik der Distribution

Die Übermittlung von Leistungen vom Produzenten zum Konsumenten unterliegt einem ständigen, mehr oder weniger kontinuierlichen Wandel. Die Anstöße für diese Veränderungen kommen von verschiedenen Seiten:

o Wenn ein Hersteller ein **marktneues Produkt** einführt, so erfordert dies u.U. den Aufbau eines neuen Distributionskanals. Dies war z.B. bei Computerherstellern der Fall, als sie Mikrocomputer in ihr Vertriebsprogramm aufnahmen. Der bis zu diesem Zeitpunkt vorherrschende Direktabsatz von Computern mußte durch einen indirekten Absatz über Einzelhändler ergänzt werden. Damit waren erhebliche Probleme verbunden, denn Einzelhändler mit dem erforderlichen technischen Know how und Dienstleistungsangebot gab es äußerst selten. Letztlich hatten nur jene Hersteller eine Marktchance, die im Wettbewerb um geeignete Einzelhändler das bessere Distributionskonzept verfolgten.

o **Anstöße** für Veränderungen in der Distribution gehen auch **von den Kunden** aus. So bewirkte z.B. die zunehmende Zahl von berufstätigen Frauen und Einpersonenhaushalten in den 50er und 60er Jahren ein relativ starkes Wachstum der Versandhäuser. In den 60er und 70er Jahren begünstigte die steigende Mobilität der Verbraucher durch Motorisierung die Entstehung und das Wachstum der Verbrauchermärkte im Vorstadtbereich.

o **Neue Technologien** wie das Bildschirmtextsystem, die Scanner-Kassen im Einzelhandel, die Verkopplung von EDV-Anlagen, automatisierte Transport- und Lagersysteme, die höhere Leistungsfähigkeit des Telefons, die Datenfernübertragung, die Point of Sales-Geldausgabeautomaten, die Kundenkreditkarte und andere technische Innovationen haben zum Teil bereits zu gravierenden Veränderungen im Leistungsgefüge von Absatzwegen geführt und werden auch weiterhin für Dynamik sorgen.

o **Gesamtwirtschaftliche Veränderungen** wie der Übergang vom Verkäufer- zum Käufermarkt mit dem dadurch entstehenden Zwang zur Preis- und somit Kostensenkung, wirken sich auf die Bedeutung der Distribution in der Unternehmenspolitik aus. Kostenreduzierungsmöglichkeiten bei der physischen Übertragung der Produkte und bei der Akquisition lassen die Distribution wichtiger werden. Einen ähnlichen Effekt bringt das Bestreben mit sich, distributive Maßnahmen zur Produktdifferenzierung einzusetzen.

o Auch die **Entstehung neuer Betriebsformen** im Handel bewirkt erhebliche Veränderungen im Distributionssystem. Neue i.d.R. preisaggressive Betriebsformen verändern die Kosten- und Erlössituation im Handel durch eine Intensivierung des Wettbewerbs. Die damit verbundene Umstrukturierung bringt für Herstellerunternehmen neue Chancen, aber auch Risiken mit sich.

o Infolge der **Verschärfung des vertikalen Wettbewerbs** zwischen Industrie und Handel rücken Distributionsprobleme in das Zentrum der Marketing-Politik. Der Unternehmenserfolg wird wesentlich von der Effizienz in Produktion und Distribution bestimmt. Konzentration und Kooperation im Handel haben die Machtverhältnisse in der Distribution verschoben. Die Nachfragemacht der Großbetriebe des Handels und der Einkaufsvereinigungen erlauben eine intensive Beeinflussung des Marketing der Hersteller. Zur Erhaltung ihrer wirtschaftlichen Selbständigkeit und insbesondere zur Durchsetzung ihrer Marketing-Politik müssen die Produzenten spezielle Distributionsstrategien entwickeln.

Die Dynamik in der Distribution erfordert permanent Entscheidungen der Hersteller zur Sicherung und zum Ausbau ihrer Position im Distributionskanal. So müssen beispielsweise die Erfolgspotentiale der eigenen Distributionskanäle ständig mit den wechselnden Chancen und Risiken in der Umwelt verglichen werden, um eine optimale Anpassung der distributiven Leistungen an die Marktanforderungen zu erreichen. Dies ist wesentliche Aufgabe eines Distributionsmanagement von Herstellern.

1.1.2 Begriffliche Grundlegung

Im Rahmen der **Definition des Distributionsbegriffs** ist eine gesamtwirtschaftliche und eine einzelwirtschaftliche Betrachtungsweise zu unterscheiden. **Gesamtwirtschaftlich** gesehen ist es zweckmäßig, von den **drei Bereichen wirtschaftlicher Tätigkeit** auszugehen (Klein-Blenkers 1974, Sp. 473):

(1) Produktion, d.h. Gütererstellung
(2) Konsumtion, d.h. Güterverzehr zur unmittelbaren Bedürfnisbefriedigung beim Letztverbraucher
(3) Distribution, d.h. Güterübertragung, Handel im funktionalen Sinne oder Umsatz von Gütern zwischen Wirtschaftseinheiten.

In diesem Sinne erfaßt der Distributionsbegriff alle Aktivitäten, die die körperliche und/oder wirtschaftliche Verfügungsmacht über materielle oder immaterielle Güter von einem Wirtschaftssubjekt auf ein anderes übergehen lassen (Specht 1971, S. 13-14).

Im **einzel- bzw. betriebswirtschaftlichen** Sinne soll der Begriff Distribution spezielle Marketingaktivitäten erfassen, und zwar solche, die die Güterübertragungswege betreffen. Die zahlreichen Definitionsversuche (vgl. Maas 1980, S. 15-39) sind i.d.R. unbefriedigend, weil die Abgrenzung von Distributionsaktivitäten gegenüber sonstigen Aktivitäten des Marketing bisher nur unvollkommen gelang. Da absatzpolitische Instrumente stets kombiniert eingesetzt werden, ist eine eindeutige und zugleich praktikable Definition allerdings auch nicht zu erwarten. Ausreichend klar wird der gemeinte Sachverhalt, wenn innerhalb des **Marketing-Mix** vier Submixes unterschieden werden:

(1) Produkt-Mix
(2) Kontrahierungs-Mix
(3) Kommunikations-Mix
(4) Distributions-Mix.

Nur der letztgenannte Bereich wird mit dem Begriff Distributionsmanagement angesprochen. Es geht vor allem um:

(1) **Absatz- und Beschaffungsmittler und -helfer,** d.h. Personen und Institutionen, die außerhalb der verkaufenden bzw. einkaufenden Organisationen Übertragungsvorgänge **dispositiv und/oder physisch** realisieren.
(2) **Verkaufs- oder Einkaufssysteme** von Hersteller- und Verwenderorganisationen.

Das vielfach dem Kommunikations-Mix zugeordnete **Verkaufs-management** (vgl. Goehrmann) bzw. der persönliche Verkauf kann aus der Behandlung von Distributionsfragen nicht völlig ausgeklammert werden, denn der Aufbau einer eigenen Verkaufs-außendienstorganisation ersetzt nicht selten die Inanspruchnahme organisationsexterner Absatzmittler und -helfer. Außerdem ist der **Verkaufsaußendienst** als Schnittstelle zur Unternehmensumwelt an der Lösung von Distributionsproblemen beteiligt. Insoweit interessiert auch der Verkaufsaußendienst im Rahmen des Distributionsmanagement.

Der Begriff **Distributionsmanagement** bezieht sich im vorliegenden Zusammenhang auf das distributionsbezogene Management der Hersteller. Distributionsprobleme werden also aus einer Herstellerperspektive analysiert.

Abschließend sei angemerkt, daß der Begriff Distribution auch zur Quantifizierung der Erhältlichkeit eines Produktes an den Angebotsstellen im Markt verwendet wird (vgl. Stampfer 1983, S. 264). Wenn diese Interpretation des Begriffs gemeint ist, soll von **Distributionsgrad** als Maß für die Erhältlichkeit eines Produkts bei den Absatzmittlern gesprochen werden. Üblich ist es, zwischen **numerischem und gewichtetem** Distributionsgrad zu unterscheiden, wobei im ersten Falle der Anteil der Absatzmittler an den potentiell möglichen oder anvisierten Absatzmittlern (absolut oder prozentual) gemeint ist, bei denen ein bestimmtes Produkt erhältlich ist. Beim gewichteten Distributionsgrad erhalten verschiedenartige Absatzmittlergruppen unterschiedliche Gewichtungsfaktoren. Kommt es z.B. darauf an, daß ein Produkt vor allem bei den großen Handelsunternehmen vertreten ist, dann wird eine Gewichtung mit Umsatzanteilen der Handelsbetriebe vorgenommen.

1.1.3 Distributionsfunktionen

1.1.3.1 Zweck der Funktionsanalyse

Für Produzenten stellt sich die Frage, ob die Distributionsaufgaben selbst wahrgenommen, oder ob sie spezialisierten Distributoren und Konsumenten überlassen werden sollen. Die Antwort liegt nahe: **Kann der Hersteller Distributionsaufgaben effizienter als andere Betriebe erbringen und ergibt sich daraus für ihn ein Vorteil, so empfiehlt sich die eigenständige Übernahme der Güterübertragung an die Letztverwender. Wenn und soweit diese Bedingung nicht erfüllt ist, lohnt sich die Einschaltung von Absatzmittlern.**

Der **Grad der Einschaltung** von Handelsbetrieben in Absatzwege sieht in der Realität dementsprechend differenziert aus. Neben dem Direktabsatz vom Hersteller an den Letztverwender gibt es unterschiedlich intensiven indirekten Absatz über selbständige Absatzmittler. Übernehmen diese Absatzmittler einen Großteil der Distributionsfunktionen, so sind in der Regel bei vergleichbarer **Umschlaghäufigkeit** die **Handelsspannen** relativ hoch. Liegt eine relativ eingeschränkte Übernahme von Distributionsaufgaben durch den Absatzmittler vor, dann fallen die Handelsspannen in der Regel relativ niedrig aus.

Für die Lösung des Problems, ob und inwieweit ein Hersteller die Vermittlerdienste von Handelsbetrieben nutzen soll, sind Informationen über die **Effizienz der Aufgabenerfüllung von einzelnen Distributionsfunktionen** beim Hersteller, Händler und Verbraucher erforderlich. Dies schließt Informationen über Typen von Distributionsaktivitäten ebenso ein wie die Kenntnis relevanter Effizienzkriterien und geeigneter Instrumente zur Messung der Effizienz.

In der Literatur ist dieser Problembereich zum Teil ein "weißes Feld" (Gümbel, S. 97), obwohl die angesprochenen Fragen sowohl gesamtwirtschaftlich als auch einzelwirtschaftlich interessieren. **Makroökonomisch** handelt es sich in erster Linie um eine Auseinandersetzung mit der jahrhundertealten "**Ideologie der Anti-Händler**" (Gümbel, S. 62). Es wird dem selbständigen Handel u.a. vorgeworfen, er sei nicht produktiv (so z.B. ein Vorwurf der Physiokraten und Marxisten) und bereichere sich durch "überhöhte" Handelsspannen zu Lasten anderer Wirtschaftsstufen. Diese Sicht ist einerseits auf die **mangelhafte Transparenz** der vom Handel erbrachten Dienstleistungen und zum anderen auf völlig unrealistische Vorstellungen über die Höhe des Gewinns in Handelsbetrieben zurückzuführen (vgl. Gümbel, S. 26). Auch mikroökonomisch kommt man ohne eine differenzierte Funktionsanalyse nicht aus, wenn die Effizienz der Distribution erhöht werden soll. Hinzu kommt die konfliktgeladene Diskussion zwischen Industrie- und Handelsbetrieben über **Funktionsverlagerungen** von Institutionen einer Wirtschaftsstufe auf die einer anderen.

Dies alles war und ist auch heute noch Anlaß, sich mit der Rolle des Handels insgesamt sowie seinen einzelnen Funktionen auseinanderzusetzen.

1.1.3.2 Beschreibung von Distributionsfunktionen

Zu den empirisch-deskriptiven Ansätzen zur Beschreibung der Leistungen von Distributionsorganen ist vor allem der "**functional approach**" zu rechnen, dessen Nutzen sehr unterschiedlich beurteilt wird. Während die einen von "deskriptiver Handelslyrik" sprachen (Kroeber-Riel, 1. Aufl., 1975, S. 10), gingen andere davon aus, daß die Beschreibung von Distributionsfunktionen bzw. Leistungsbereichen des Handels wichtige "Einsichten in den Prozeß der Distribution von Waren- und Dienstleistungen" geliefert hat (Leitherer, 1974, S. 46).

1.1.3.2.1 Gesamtwirtschaftliche Distributionsfunktionen

Ansatzpunkt eher **gesamtwirtschaftlich orientierter Funktionsbeschreibungen** ist die Überlegung, daß "Spannungen" entstehen, wenn Produktion und Konsumtion nicht in der gleichen Wirtschaftseinheit erfolgen. Die Distributionsfunktionen können deshalb als **Leistungen** verstanden werden, die diese Spannungen abzubauen vermögen. Als Beispiel sei der **Funktionskatalog von Leitherer** erwähnt (Leitherer, 1974, S. 48):

"Funktionen aus gesamtwirtschaftlicher Sicht

I. Hauptfunktionen (obligatorische Funktionen)
  1. Warenfunktionen
    a) Qualitätsfunktion
      aa) Aussortierende Funktion
      ab) Sortimentsgestaltende Funktion
    b) Quantitätsfunktion
      ba) Aufteilende Funktion
      bb) Sammelfunktion
  2. Antizipationsfunktionen
    a) Marktsuche
    b) Werbung und Marktgestaltung
    c) Vordisposition
  3. Vermitteln nach Anzahl der Marktpartner

II. Nebenfunktionen (fakultative, akzidentielle Funktionen)
  1. Lagerhaltung (als Teil einer allgemeinen, betrieblichen und volkswirtschaftlichen Grundfunktion)

2. Raumüberbrückung (als Transportfunktion die objektive
   Funktion des Verkehrsgewerbes, fakultativ als Absatzfunktion übernommen)
3. Kreditgewährung (obligatorische Funktion des Kreditge-
   werbes, fakultativ übernommen)"

Zur Erläuterung der einzelnen Funktionen ist folgendes anzumerken:

Ein Beispiel für die "**aussortierende Funktion**" wäre die Bildung
von Handelsklassen (Sorten) nach bestimmten Qualitätsaspekten
(Leitherer, 1974, S. 49). Dadurch wird eine ungeordnete Menge
von Waren einer bestimmten Warengruppe (z.B. Äpfel) in homo-
genere Teilmengen zerlegt (z.B. Äpfel verschiedener Güteklassen).
Im Rahmen der "**sortimentsgestaltenden Funktion**" werden Waren
konkurrierender und sich ergänzender Hersteller zu einem be-
darfsgerechten, neuen Vertriebsprogramm zusammengefaßt. Die
"**Quantitätsfunktion**" wird immer dann übernommen, wenn die in
einer Wirtschaftseinheit erzeugten Mengen eines Produktes kleiner oder größer sind als die nachgefragten Mengen dieses Produkts. So kauft beispielsweise ein Sortimentsgroßhändler bei
einem Produzenten ein bestimmtes Produkt in relativ großer Zahl
und veräußert dieses Produkt an viele Einzelhändler in relativ
kleinen Mengen. Umgekehrt ist die Situation z.B. beim Recycling:
Abfallstoffe werden in relativ großen Mengen weiterveräußert. Bei
der "**Marktsuche**" geht es um das Finden von Handelspartnern auf
der Produzenten- und Konsumentenseite und/oder im Bereich des
Handels. Mit Hilfe der "**Werbung und Marktgestaltung**" sollen
potentielle Vertragspartner durch beeinflussende Maßnahmen zu
Käufern oder Verkäufern werden. Im einzelnen geht es darum,
z.B. durch rationale und emotionale Information über das Produkt
und mittels des Produkts ein akquisitorisches Potential aufzubauen
und dadurch zum Vertragsabschluß anzuregen. "**Vordisposition**"
liegt vor, wenn zukünftige Entwicklungen bei Verkaufs- und Ein-
kaufsentscheidungen zu einem früheren Zeitpunkt berücksichtigt
werden. So könnten beispielsweise saisonabhängige Nachfragespitzen durch Vordisposition des Handels gegenüber Produzenten
abgefangen und damit Verstetigungen der Produktion erreicht
werden. Unter der Funktion der "**Vermittlungsleistung nach Anzahl der Marktpartner**" versteht Leitherer in Anlehnung an Schäfer (1950, S. 33-34) ein "Vermitteln zwischen der Diskrepanz in der
Anzahl von Anbietern und Nachfragern". Die fakultativen Nebenfunktionen sind, wie vor allem die Lagerhaltung und die Raumüberbrückung bzw. der Transport, vielfach eng mit der Handels-

tätigkeit verbunden, sie können aber auch dominierendes Tätigkeitsmerkmal von Nicht-Handelsbetrieben sein.

Die Funktionsbeschreibung von Leitherer ist letzlich eine Weiterentwicklung älterer Ansätze, von denen der bekannteste Ansatz das **System der Handelsfunktionen** von Oberparleiter aus dem Jahre 1918 ist, das er im Jahre 1930 in dem Buch "Funktionen und Risiken des Warenhandels" ausführlich beschrieben hat. Im einzelnen werden dort folgende Funktionen unterschieden:

- Raumfunktion
- Zeitliche Funktion
- Quantitätsfunktion
- Qualitätsfunktion
- Kreditfunktion
- Werbefunktion

Oberparleiters Beitrag besteht vor allem darin, daß er nicht bei einer Leistungsbeschreibung stehenblieb, sondern darüber hinaus **Risiken** aufgezeigt hat, die mit der Nichterfüllung der einzelnen Funktionen verbunden sind.

Derartige **gesamtwirtschaftliche Funktionsbeschreibungen** sind aus den verschiedensten Gründen wiederholt **kritisiert worden:**

(1) Vielfach liegt eine Vermengung von gesamt- und einzelwirtschaftlicher Betrachtungsweise vor. Werbung und Kreditgewährung werden z.B. von Schäfer (1950, S. 33-34) den einzelwirtschaftlichen Funktionen zugerechnet.

(2) Die Trennung obligatorischer und fakultativer Funktionen ist problematisch, weil die Zuordnung einzelner Funktionen zu diesen beiden Klassen situationsabhängig ist. Im Blick auf den erwähnten Funktionskatalog von Leitherer ist z.B. zu fragen, ob die Werbung und Marktgestaltung wirklich obligatorisch ist (vgl. Gümbel, S. 72).

(3) Für entscheidungsorientierte Überlegungen sind die Funktionsbeschreibungen oft zu abstrakt, so daß viele Autoren weitere Differenzierungen vorgenommen haben, die aber Gefahr laufen, sich im Detail zu verlieren. Dies gilt z.B. für eine Funktionsbeschreibung von Ryan (1935, S. 205-224), der nicht weniger als 120 Funktionen erwähnte.

(4) Schließlich ist auch anzumerken, daß die Funktionsbeschreibungen ohne expliziten theoretischen Bezug bestenfalls eine Rolle im Entdeckungszusammenhang von Theorien spielen können. Vor allem können die Funktionskataloge nicht nachweisen, daß Handelsbetriebe Distributionsfunktionen kostengünstiger ausführen können als Nicht-Handelsbetriebe und demzufolge durch Handelsbetriebe eine "gesamtwirtschaftliche Ressourcenersparnis" eintritt (Gümbel, S. 72). Außerdem gelingt es nicht, mit Hilfe von Funktionsbeschreibungen die Existenz von Handelsbetrieben befriedigend zu erklären und deren Notwendigkeit zu begründen.

Dennoch sollte man die **Leistungen der Funktionslehre** nicht unterschätzen. Funktionsbeschreibungen können die Basis für betriebliche **Funktionsinnovationen** sein, sie zeigen Risiken und Chancen des Handels auf und sind Voraussetzungen für input- sowie outputorientierte **Kosten- und Leistungsrechnungen** im Handel. "Positiv ist hervorzuheben, daß ohne Funktionslehre eine Operationalisierung existenzbedingter Ressourcenersparnis sowie transaktionsbedingter Effizienzvorteile schlechterdings unmöglich wäre. Die Funktionenlehre ist dazu notwendige, aber noch nicht hinreichende Voraussetzung" (Gümbel, S. 97).

1.1.3.2.2 Einzelwirtschaftliche Distributionsfunktionen

Die vorangegangene Darstellung und Kritik von Funktionsbeschreibungen bezog sich in erster Linie auf makroökonomische Ansätze. Neben diesen gibt es zahlreiche **mikroökonomische Systeme** von Distributionsfunktionen. Sie verfolgen den Zweck, betriebsindividuelle Distributionsaufgaben aufzuzeigen und Anhaltspunkte für deren Gestaltung zu liefern.

Exemplarisch sei auf die Beschreibung von **"Teil- und Unterfunktionen des Absatzes" nach Schäfer** (1966) hingewiesen, dessen Ansatz ein Übergangsstadium von der Beschreibung von Handelsfunktionen zu einer funktionalen Absatztheorie und schließlich zum Marketing-Mix-Konzept darstellt. Im einzelnen werden von **Schäfer** erwähnt und weiter untergliedert:

A) Absatzvorbereitung
  1. Markterkundung
  2. Auswertung bisheriger Absatzerfahrungen
  3. Absatzplanung

B) Absatzanbahnung
1. Werbung (= generelles Angebot)
2. Individuelles Angebot (Anfragenbearbeitung, Bemusterung, Vorführung usw.)
C) Vorratshaltung für den Verkauf
1. Lagerhaltung im Werk (Zentrale)
2. Haltung von Auslieferungslagern (dient z.T. auch der Absatzdurchführung)
3. Unterhaltung von Konsignationslagern
D) Absatzdurchführung ("Verkauf" als Kernstück der Absatzfunktion)
1. Verkaufsabschluß (Verkaufsverhandlungen, Einigung)
2. Verkaufsdurchführung:
a) Auftragsbearbeitung (Klärung sachlich, terminlich)
b) Auftragsabwicklung (z.B. Teillieferungen, Zusammenstellungen)
c) Verpackung
d) Versand
e) Übergabe
f) Behandlung von Reklamationen
E) Finanzielle Durchführung des Absatzes
1. Rechnungsstellung
2. Absatzfinanzierung
3. Inkasso (einschl. Mahnung)
F) Erhaltung der Absatzbeziehungen
1. Kundendienst (Beratung, Reparaturen- und Ersatzteildienst)
2. Kundenpflege (Besuche, Erinnerungswerbung, Betriebsbesichtigungen für Kunden)

Eine ähnlich detaillierte Funktionsbeschreibung ist auch für den Beschaffungsbereich vorstellbar.

Generell regt die Schäfer'sche Darstellung dazu an, **drei Arten von Güterübertragungsaktivitäten** zu unterscheiden:

(1) Aktivitäten vor dem Verkauf oder Kauf
(2) Aktivitäten in der Verkaufs- oder Kaufphase bzw. -episode
(3) Aktivitäten in der Nachkaufphase.

Speziell im Rahmen des **Interaktionsansatzes** werden solche Gedanken weiterentwickelt (vgl. Engelhardt/Günter, 1981, S. 117).

In Verknüpfung mit einer gestaltungsorientierten Instrumental-
analyse weist ein mikroökonomischer Funktionsansatz durchaus
praktische Relevanz und theoretisches Potential auf.

Schließlich soll ein letztes Beispiel zeigen, daß mikroökonomische
Funktionsdifferenzierungen den Bereich der Distribution auch
ganz anders klassifizieren können. **Heskett** (Marketing, 1976) hat
dies wie folgt versucht:

- Absatzkanalfunktionen
  - Transaktionsfunktionen
  - Kaufen
  - Verkaufen
  - Risikoübernahme
- Logistikfunktionen
  - Zusammenstellen
  - Lagern
  - Sortieren
  - Transportieren
- Fördernde Funktionen
  - Nachkauf-Service
  - Finanzierung
  - Informationsabgabe
  - Absatzkanalkoordination
  - Führung im Absatzkanal

Diese Funktionsbeschreibung von Heskett zeigt Ähnlichkeiten mit
der Funktionsanalyse von **Rosenbloom** (1978, S. 29-35) auf, die
allerdings durch eine weitere **Unterscheidung von Groß- und
Einzelhandelsfunktionen** in noch stärkerem Maße als die Klassifikation von Heskett spezielle Absatzwegaufgaben beschreibt.

Damit sind die Problemfelder des Distributionsmanagement weitgehend erfaßt. Zur Legitimation selbständiger Distributionsorgane
bzw. Handelsbetriebe leisten die Funktionsbeschreibungen einen
mittelbaren Beitrag. Darauf wird an anderer Stelle der Arbeit
eingegangen (vgl. Kapitel 1.1.5).

1.1.4 Distributionssysteme

Organe, die an der Abwicklung von Distributionsaufgaben beteiligt
sind, lassen sich als institutionelle Subsysteme eines Distributionssystems auffassen. Solche Subsysteme sind:

(1) Absatzorgane der Produzenten mit Distributionsaufgaben
(2) Distributionsmittler bzw. selbständige Handelsbetriebe, und
     zwar:
     - Großhandelsbetriebe sowie
     - Einzelhandelsbetriebe
(3) Distributionshelfer, und zwar:
     - Transport- und Lagerhausbetriebe (logistische Helfer)
     - Agenturen, die den anderen Betrieben in Distributions-
       kanälen bei der Erfüllung akquisitorischer Aufgaben
       helfen (akquisitorische Helfer)
(4) Beschaffungsorgane der Konsumenten.

Distributionsmittler oder enger **Absatzmittler** sind wirtschaftlich
und rechtlich selbständige Betriebe, deren Tätigkeitsschwerpunkt
bzw. Hauptzweck die Übertragung wirtschaftlicher Verfügungsmacht über wirtschaftliche Güter gegen Entgelt ist.

Distributionshelfer oder enger **Absatzhelfer** helfen Distributionsorganen bei der Durchführung von Distributionsaufgaben. Sie
übernehmen eine **dienende** Funktion.

Nach den Funktionen, durch die die Distributionsorgane verbunden sind, lassen sich zwei funktionelle Subsysteme der Distribution unterscheiden:

(1) das **akquisitorische Distributionssystem** und
(2) das **logistische** bzw. **physische** Distributionssystem.

Zu (1): Unter dem Management des akquisitorischen Distributionssystems wird das **Management der Distributionswege bzw.
Distributionskanäle** verstanden, d.h. die Gestaltung der rechtlichen, ökonomischen, informatorischen und sozialen Beziehungen
zwischen den Mitgliedern von Güterübertragungssystemen. Gemeint ist auf der Absatzseite die **Kette** aus betriebseigenen
Verkaufsorganen des Herstellers und den Absatzmittlern, die auf
dem Weg des Produkts zum Endkäufer berührt und durch Marketingaktivitäten der Hersteller beeinflußt werden sollen. **Im Kern
zielt das akquisitorische System auf die wirtschaftlich-rechtliche
Übertragung von Verfügungsmacht über Güter ab ("Transak-
tionsfunktion").** Bezogen auf die Leistungsverwertungsseite eines
Unternehmens wird auch vom **Absatzkanal- bzw. Absatzweg-
management** gesprochen.

Zu (2): Das **logistische Distributionssystem** ist darauf ausgerichtet, **Raum und Zeit durch Transport und Lagerung zu überbrücken.** Neben diesen beiden Funktionen werden auch **Auftrags-**

abwicklung und Auslieferung zur **Distributionslogistik** gerechnet, wobei in diesem Falle eine Einengung auf Probleme der Absatzlogistik erkennbar ist. Manche Autoren schließen in den Begriff Distributionslogistik auch die Beschaffungslogistik ein. Bei entsprechend weitem Marketingbegriff sind in diesem Falle die Begriffe Distributionslogistik und Marketinglogistik bedeutungsgleich.

Eine gedankliche Trennung der Distribution in die beiden Subsysteme akquisitorische und logistische Distribution ist unter bestimmten Aspekten sinnvoll, da die angesprochenen Funktionsarten nicht selten durch verschiedenartige Distributionsorgane wahrgenommen werden.

Eine völlig getrennte Betrachtung der beiden Systeme, wie sie häufig in der Literatur zu finden ist (vgl. z.B. Kotler 1982, S. 427-486, Lazer/Culley 1983, S. 606-675), ist jedoch nicht gerechtfertigt. **Logistische und akquisitorische Aktivitäten** laufen in der Realität **meist nicht völlig getrennt** nebeneinander her; sie weisen vielfältige Berührungspunkte auf. Die Effizienz des Gesamtsystems kann nur dann maximiert werden, wenn im Rahmen des Distributionsmanagements beide Entscheidungsbereiche simultan berücksichtigt werden.

Nach der Zahl eingeschalteter Handelsstufen sind die beiden Grundtypen der **direkten** und **indirekten Distribution** zu unterscheiden (vgl. Abb. 1), **nach der Zahl der von einem Produzenten** für eine Produktgruppe **gleichzeitig benutzten Distributionskanäle Einweg- und Mehrwegabsatz** (vgl. Abb. 2).

Alle Absatzorgane, die in den Weg der Ware vom Hersteller zum Letztverwender eingeschaltet sind, bilden zusammen eine Handelskette (Seyfferts, S. 499).

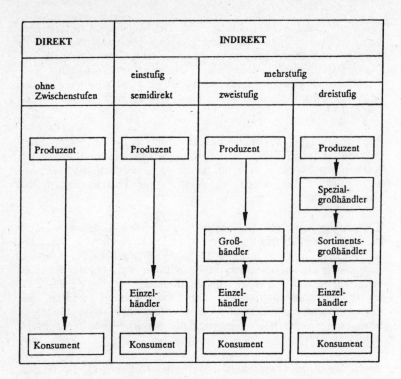

DIREKT	INDIREKT		
ohne Zwischenstufen	einstufig / semidirekt	mehrstufig	
		zweistufig	dreistufig
Produzent	Produzent	Produzent	Produzent
			Spezial-großhändler
		Groß-händler	Sortiments-großhändler
	Einzel-händler	Einzel-händler	Einzel-händler
Konsument	Konsument	Konsument	Konsument

Abb. 1   Grundtypen von Distributionssystemen nach der Zahl der Zwischenstufen

Der **Mehrwegabsatz** setzt klare Strategien der Produktdifferenzierung und/oder Marktsegmentierung voraus, um Konflikte in den parallelen Absatzkanälen zu vermeiden. Der **undifferenzierte Mehrwegabsatz** wird deshalb nur selten gewählt.

Die Selektion des für die gewählte Produkt-Markt-Kombination der Unternehmung unter den situativen Aktionsbedingungen optimalen Distributionssystems ist eine **strategische Entscheidung**, die das Erfolgspotential erheblich beeinflußt. Diese Entscheidung ist äußerst komplex, da sowohl der Grundtyp als auch die einzelnen Distributionsorgane selektiert werden und die Distributionsfunktionen auf diese zu verteilen sind. Diese Entscheidung über das **Distributions-Design** ist der Kernbereich des Distributionsmanagement (vgl. Kapitel 4).

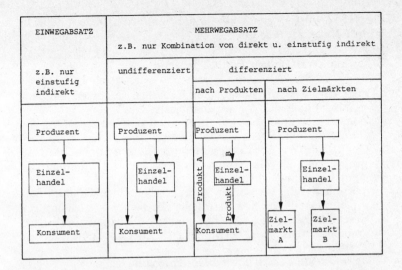

Abb. 2   Grundtypen von Distributionssystemen nach der Zahl
der Distributionskanäle

1.1.5 Entstehungsursachen für selbständige Handelsbetriebe

Im Rahmen der Erklärung selbständiger Handelsbetriebe sind unterschiedliche Ansätze auseinanderzuhalten, und zwar erstens **explikative** und zweitens **technologisch induktive Ansätze**. Während im ersten Falle eine Theorie der Handelsbetriebe angestrebt wird, steht im zweiten Fall das Aufzeigen von Vorteilen der Einschaltung selbständiger Handelsbetriebe in die Absatzkette vom Hersteller zum Letztverwender im Vordergrund.

1.1.5.1 Explikative Erklärungsansätze

Es ist das Verdienst von **Gümbel**, die ökonomische Theorie hinsichtlich der Beiträge zu einer **Theorie der Handelsbetriebe** untersucht und weiterentwickelt zu haben. Erste Anknüpfungspunkte sind bei Gümbel die Theorie komparativer Kostenvorteile von **Ricardo** (1817) und die Theorie komparativer Nutzenvorteile von **Edgeworth** (1881), die von Weber (1966) in eine "Quantitative Theorie des Handels" übertragen wurde. Insbesondere **Weber** wollte die **Frage** beantworten, **warum es wirtschaftlich selbstän-**

dige Handelsbetriebe gibt. Die Argumentationskette läuft dabei in groben Zügen wie folgt ab:

Erklärung selbständiger Handelsbetriebe:

- Die Ausgangsfeststellung lautet: Tauschen verbessert die ökonomische Lage der Wirtschaftssubjekte.
- Zum Tausch kommt es nur dann, wenn die Wertschätzung der Partner für ein identisches Gut unterschiedlich ist.
- Genügende Wertschätzungsdifferenzen liegen vor, wenn diese größer sind als die Kosten, die mit der Durchführung des Tausches (Handels) verbunden sind.
- Wirtschaftssubjekte werden indirekt über einen Händler tauschen, wenn dieser die Übertragungstätigkeiten kostengünstiger durchführen kann als sie selbst, und sich die ökonomische Lage von mindestens einem der vorher nicht oder direkt tauschenden Partner verbessert.
- Der indirekte Tausch bewirkt Kostensenkungen
- wegen der Verringerung der Zahl der Tauschhandlungen und
- wegen der damit verbundenen Verminderung der Höhe der fixen Kosten je Tauschakt.
- Auch wenn der institutionelle Handel gleiche oder höhere Preise fordert als der Produzent bei Direktabsatz, ist es dem Haushalt möglich, seine ökonomische Lage zu verbessern, **indem** er die ihm verbleibenden tauschfixen Kosten durch Konzentration der Beschaffung auf einen oder wenige Händler insgesamt senkt.
- Die Produzenten werden nur dann den indirekten dem direkten Vertrieb vorziehen, wenn sie dadurch einen höheren Gewinn erzielen.

Mit Hilfe von Kosten- und Erlösfunktionen für direkten und indirekten Absatz wird gezeigt, daß in vielen Fällen der indirekte Absatz für den Hersteller vorteilhaft ist.

Zur **Kritik** an der Argumentation von Weber ist folgendes zu sagen: Sicher werden die Nutzenvorteile von Handelsbetrieben für Produzenten und Konsumenten in der Theorie von Weber schlüssig nachgewiesen; dennoch ist die Verbesserung der ökonomischen Lage von Produzenten und/oder Konsumenten nur eine notwendige, aber keine hinreichende Bedingung für das Entstehen von Handelsbetrieben.

Handelsbetriebe entstehen nur dann, wenn Wirtschaftssubjekte durch Übernahme von Handelstätigkeiten ihre ökonomische Lage verbessern können; Wirtschaftssubjekte müssen dazu motiviert

sein, Handelsbetriebe zu gründen. Zu Recht stellt deshalb Gümbel fest: "Eine institutionell begründete Ressourcenersparnis durch Handelsunternehmungen kann daraus nur sehr bedingt hergeleitet werden" (1985, S. 265-266).

Gümbel greift deshalb eine Argumentation von **Griebel** (1982) auf, der **"Selbständigkeit als Effizienzquelle"** zur Begründung der Existenz von Handelsunternehmen heranzieht (Gümbel, S. 268). Zunächst wird dabei nachgewiesen, daß eine **Ressourcenersparnis** durch die Errichtung von Kapazitäten zur Ermöglichung von Transaktionen bewirkt wird. Im zweiten Schritt wird unter Rückgriff auf spieltheoretische Ansätze gezeigt, daß **Produzentenkooperationen zur Errichtung von Transaktionskapazitäten** im Absatzbereich **kaum zu erwarten** sind, weil die damit verbundene "Spezialisierung in der Produktion" "zukunftsgerichtete Absatzgarantien" und damit "eine übereinstimmende Beurteilung der Produktchancen (**Homogenität der Erwartungen**)" verlangen. "Die Zuordnung der gemeinsam genutzten Kapazitäten (Raum, Personal etc.) und die Konsequenzen für eine Aufteilung gemeinsam erwirtschafteter Gewinne erfordern einen Kooperationsaufwand (Einigungskosten), der durch Selbständigkeit (Handelsunternehmungen) vermieden werden kann. Die **Griebelsche Kernthese** besagt, daß "die Einigung der Produzenten über ein gemeinsames Sortiment aufwendiger ist als die Einschaltung (selbständiger) Handelsunternehmungen" (Gümbel, S. 268). Gümbel baut auf diesen Gedanken auf und behandelt schließlich "die Frage nach der Höhe des aus Ressourcenersparnis resultierenden Händlereinkommens und den Möglichkeiten seiner theoretisch begründbaren Legitimation" (S. 268-269). Die von Gümbel gegebene Antwort kann als überzeugender Abschluß der Diskussion um die theoretische Begründung der Existenz von Handelsbetrieben angesehen werden. Der nächste Schritt wäre eine - wie Gümbel formuliert - "funktions- bzw. transaktionsorientierte Kosten- und Leistungsrechnung", wie sie schon von Oberparleiter initiiert wurde.

1.1.5.2 Technologisch-induktive Analysen zur Vorteilhaftigkeit von Handelsbetrieben

Ziel-Mittel-orientiert, d.h. technologisch, stellt sich für einen Hersteller die Frage, ob er Handelsbetriebe einschalten soll oder nicht. Dieses Entscheidungsproblem wurde u.a. von Rosenbloom (S. 9) analysiert, und zwar in zwei Schritten. Im ersten Schritt geht es um Spezialisierungsvorteile und im zweiten um die Kontakteffizienz ("Contactual efficiency").

Zum ersten Schritt "Spezialisierung und Arbeitsteilung":

Im Produktionsbereich werden die **Produktivitätsvorteile der Arbeitsteilung** seit Adam Smith nicht bestritten; anders ist es im Distributionsbereich, obwohl dort die gleiche Erscheinung auftritt.

Rosenbloom zeigt dies an **Distributionsaufgaben,** die in sieben Betriebstypen mehr oder weniger arbeitsteilig abgewickelt werden:

1. Einkaufen
2. Verkaufen
3. Übertragung von Rechten
4. Transport
5. Lagerung
6. Auftragsabwicklung
7. Informationsversorgung

Eine solche Arbeitsteilung kann graphisch etwa wie folgt aussehen:

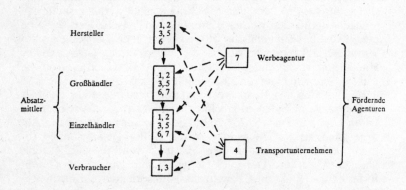

Abb. 3   Arbeitsteilige Abwicklung von Distributionsaufgaben in sieben Betriebstypen
Quelle: Rosenbloom, 1978a, S. 8

Zur Erläuterung der Abbildung 3 ist anzumerken, daß zwar bei den verschiedenen Betriebstypen oft dieselbe Funktionsausübung erwähnt wird, daß aber die Funktionsausübung sehr unterschiedlich aussehen kann. Es handelt sich keinesfalls um dieselbe Tätigkeit.

Unter dem Aspekt gesamtwirtschaftlich maximaler Effizienz wäre es ideal, wenn die Distributionsaufgaben von jenen Betriebstypen übernommen würden, die die jeweilige Funktion am effizientesten erfüllen können. Dies kann sich im Zeitablauf verändern. Deshalb kommt es permanent zu **Funktionsverlagerungen** zwischen Betriebstypen und zu entsprechenden **Verteilungskonflikten**. Dies gilt vor allem für den vertikalen Wettbewerb zwischen Industrie- und Handelsbetrieben.

Zum zweiten Schritt "Kontakteffizienz":

Rosenbloom versteht unter "**contactual efficiency**" "das Niveau der Umsatzanstrengungen zwischen Verkäufern und Käufern in Relation zur Erreichung von Distributionszielen", d.h. eine input-output-Relation.

Daß die Einschaltung einer weiteren Handelsstufe die Kontakteffizienz erhöhen kann, wird am **Beispiel** eines Pfeifenherstellers veranschaulicht, der eine neue Produktlinie ("pipe line") einführen möchte. Die Frage lautet: **Direktbelieferung des Einzelhandels oder Einschaltung von Großhandelsunternehmen?** Für beide Varianten werden **Kosten-Leistungs-Rechnungen** durchgeführt:

1. Variante: Direktbelieferung des Einzelhandels

Umsatzan-strengung (input)	Geschätzte Kosten des inputs	Distributions-ziel (Zieloutput)	"Kontakt-effizeinz"
2500 Besuche	à $ 20 = 50.000	Veranlasse 1000	Umsatzanstren-
500 Telefon-gespräche	à $ 2 = 1.000	Pfeifengeschäfte zur Übernahme	gung in $ zur Zielerreichung
10 Magazin-einschal-tungen	à $ 500 = 5.000 ------- $56.000	der neuen Pro-duktlinie	= $ 56.000

2. Variante: Einschaltung des Großhandels

input	Kosteninput	Zieloutput	Kontakteffizienz
200 Besuche	à $ 20 = 4.000	wie oben in	= $ 14.000
20 Magazin-einschal-tungen	à $ 500 = 10.000 ------- $ 14.000	Variante 1	

Als Fazit ist festzuhalten, daß die Großhandelseinschaltung die Kontakteffizienz in diesem Fall erhöht.

Eine solche Beispielrechnung ist typisch für ein technologisch-induktives Vorgehen. Problematisch ist dieses Ableitungsmuster dann, wenn aus dem Einzelfall auf die allgemeine Situation geschlossen wird.

Zur Begründung der höheren Kontakteffizienz bei der Einschaltung von Großhandelsbetrieben wird auf die **Verminderung der Zahl der Kontakte** hingewiesen, wenn Hersteller (H) nicht direkt an Einzelhändler (E) liefern, sondern über Großhändler (G):

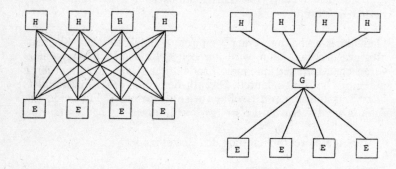

Abb. 4   Reduktion der Kontaktzahl durch Einschaltung von Großhandelsbetrieben

Rosenbloom folgt dabei Überlegungen, wie sie in der Analyse vertikaler Marktstrukturen zuvor schon mehrfach geäußert wurden (vgl. Gümbel, S. 115-120).

1.1.6 Konzeption des Distributionsmanagement

Der Distributionskanal als sozio-ökonomisches System von i.d.R. unabhängigen Institutionen benötigt zur effizienten Realisierung der Distributionsfunktionen **Organisation, Führung, Planung und Kontrolle**. Diese Aufgaben sind vom **Distributionsmanagement** zu erfüllen. Dieses **zählt** aus den folgenden Gründen **zu den wichtigsten Managementaufgaben** (vgl. Kotler 1982, S. 427; Lambert/Cook 1979, S. 3):

- Das Distributionssystem ist ein **zentrales Erfolgspotential** der Unternehmung.
- Entscheidungen über Distributionssysteme sind **strategischer Art**, sie wirken langfristig, sie können nur schwer und nur unter Inkaufnahme hoher Kosten revidiert werden, und sie beeinflussen in starkem Maße das Unternehmensimage.
- Die **Leistungen gegenüber dem Endverbraucher** werden nicht nur durch die Leistungen des Produzenten, sondern im Falle des indirekten Absatzes auch durch die Dienstleistungen der Absatzmittler und -helfer bestimmt.
- Zwischen Distributionsentscheidungen und sonstigen Marketingentscheidungen bestehen **wechselseitige Kosten- und Leistungsverbünde**. Die Distributionsentscheidungen müssen mit sonstigen absatzpolitischen Entscheidungen abgestimmt sein; sie dürfen nicht isoliert gesehen werden.

Trotz dieser in der Literatur immer wieder betonten Bedeutung der Distribution ist sie offensichtlich einer der vom Management am wenigsten beachteten Bereiche. **Lambert und Cook** (1979) kommen aufgrund einer empirischen Untersuchung zu dem Ergebnis, daß ein **integriertes Management eines gesamten Kanals in der Praxis nicht vorkommt**. Sie stellen fest: "Channel management is not being practiced" (Lambert/Cook 1979, S. 10). Gerade deshalb ist es **notwendig**, Möglichkeiten effizienter Organisation und Führung von Distributionskanälen aufzuzeigen.

Wenn von einer **Distributionsmanagement-Konzeption** gesprochen wird, dann ist die konsequente Übertragung der Marketing-Management-Konzeption auf den Distributionsbereich gemeint. Als spezielle marktorientierte Führungskonzeption für Distributionskanäle weist die Distributionsmanagement-Konzeption folgende **Merkmale** auf:

1. Orientierung an aktuellen und potentiellen Problemen und Wünschen aller Mitglieder bisheriger und neuer Absatzkanäle, d.h. für einen Produzenten Orientierung der Distributionsentscheidungen an Problemen und Wünschen von Absatzmittlern, -helfern und vor allem von Letztverbrauchern.
2. Bezugnahme auf vorhandene oder aufbaubare Fähigkeiten zur Lösung distributionsrelevanter Probleme von Absatzkanalmitgliedern.
3. Systematische Informationsgewinnung im Blick auf Probleme der Absatzkanalmitglieder und im Blick auf mögliche distributive Problemlösungen.
4. Wirkungsvolle und zielorientierte Gestaltung distributiver Maßnahmen in Abstimmung mit sonstigen Marketing-Mix-Maßnahmen.

5. Systematische Planung und Organisation aller Distributionsaktivitäten unter Berücksichtigung der Unternehmensziele und der situativen Aktionsbedingungen.

Eine derartige Distributionsmanagement-Konzeption kann grundsätzlich von jedem Distributionsorgan praktiziert werden. Nicht jedes Distributionsorgan ist allerdings in der Lage, eine **Führungsrolle im Absatzkanal** zu übernehmen. Die Rollenverteilung ist abhängig von der relativen Macht der Mitglieder eines Absatzkanals.

Grundsätzlich ist bei der Festlegung einer Distributionskonzeption davon auszugehen, daß in vielen Fällen

- **autonome, individualistische Konzeptionen** einzelner Absatzkanalmitglieder letztlich dem Eigeninteresse des Planerstellers zuwiderlaufen,
- **kooperative, koordinierende Konzeptionen** dagegen den Zielerreichungsgrad im Absatzwegsystem insgesamt und bei den einzelnen Kanalmitgliedern erhöhen können.

Aus der Sicht eines Produzenten sind folgende **sechs Hauptaufgaben des Distributionsmanagement** zu unterscheiden (vgl. auch Abb. 5):

- Erfassung der Ist-Situation und distributionsrelevanter Entwicklungen im Unternehmen und dessen Umfeldern (speziell in den Absatzkanälen)
- Analyse und Bewertung der Situation und relevanter Entwicklungen im Blick auf Chancen und Risiken sowie Stärken und Schwächen.
- Bestimmung von Distributionszielen und -strategien unter Beachtung des definierten Unternehmensleitbilds und der strategischen Oberziele des Unternehmens
- Organisation des Distributionssystems (Distributions-Design) in und außerhalb des Unternehmens
- Planung, Koordination und Kontrolle von Distributionsaktivitäten unter besonderer Beachtung der Integration der Distribution in das Marketing-Mix
- Steuerung und Motivation der Distributionsorgane

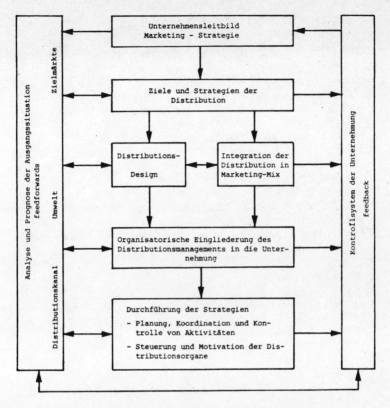

Abb. 5   Einbettung der Hauptaufgaben des Distributions-
          management in die Unternehmensplanung

In den folgenden Kapiteln werden die Hauptaufgaben des Distributionsmanagement eingehend untersucht und Lösungsansätze
entwickelt. Das Entwerfen und die Führung von Distributionssystemen setzt die detaillierte Kenntnis der Distributionsorgane
und der Distributionslogistik voraus. In den beiden anschließenden
Abschnitten werden diese Komponenten des Designs von Distributionssystemen mit ihren wesentlichen Eigenschaften vorgestellt.
Erst dann wird auf die Hauptaufgaben des Distributionsmanagement eingegangen.

Literaturhinweise zu Kapitel 1.1:

Ahlert, Dieter (1985): Distributionspolitik; Stuttgart, New York 1985.

Alderson, Wroe (1967): Factors Governing the Development of Marketing Channels; in: Mallen, Bruce (Hrsg.): The Marketing Channel - a conceptual viewpoint; New York u.a. 1967, S. 35-40.

Heskett, James (1976): Marketing; New York 1976.

Lambert, Douglas/Cook, Robert (1979): Distribution Channel Management - challenge for the 1980s; in: Lusch, Robert (Hrsg.): Contemporary Issues in Marketing Channels; Oklahoma 1979, S. 3-12.

Maas, Rainer-Michael (1980): Absatzwege - Konzeptionen und Modelle; Wiesbaden 1980.

Mallen, Bruce (1973): Functional Spin-Off - a key to anticipating change in distribution structure; in: JoM 37 (1973)3, S. 18-25.

1.2 Organe der Distribution

In diesem Kapitel werden die Komponenten des Distributions-
systems in institutioneller Hinsicht dargestellt und Struktur und
Entwicklung der einzelnen **Institutionen** analysiert. Ein Ziel dieses
Kapitels ist es, die begriffliche Abgrenzung zwischen verschiedenen
Typen von Institutionen herauszuarbeiten. Dabei können Merk-
male und Eigenschaften von Distributionsorganen aufgezeigt wer-
den, die bei Absatzkanalentscheidungen von Herstellern von
Bedeutung sind.

1.2.1 Distributionsorgane der Produzenten

Die Produzenten sind der Ausgangspunkt des akquisitorischen und
logistischen Flusses. Jeder Distributionskanal enthält deshalb
Distributionsorgane der Hersteller. Deren Bedeutung im Kanal
kann in einer sehr weiten Bandbreite variieren. Produzenten
können alle Distributionsfunktionen in einem eigenen Vertriebssystem integrieren oder sie weitestgehend auf betriebsfremde
Organe übertragen. Im letzteren Fall besitzt das Unternehmen nur
noch eine schwach entwickelte Verkaufsabteilung, und/oder es
wird im Bereich der Logistik auf ein eigenes Lager- und Trans-
portsystem verzichtet. Im folgenden werden jene Abteilungen eines
Herstellers analysiert, die in die Lösung von Distributionsaufgaben
eingeschaltet sind.

1.2.1.1 Verkaufsorgane der Hersteller

Es können folgende drei Typen von Verkaufsorganen unterschieden werden:

Verkaufsabteilungen
In den Verkaufsabteilungen werden Verkaufsaktivitäten geplant,
Entscheidungen hinsichtlich dieser Aktivitäten gefällt, Anord-
nungen zur Durchsetzung getroffen und Kontrollen durchgeführt.
Gegenstand der Willensbildung und -durchsetzung sind z.B. Ver-
kaufsziele, Verkaufsformen, Akquisition des Außendienstes,
Steuerung und Überwachung des Außendienstes und Verkaufs-
budgetierung (vgl. Goehrmann 1984, S. 20).

Verkaufsstellen
Verkaufsstellen können **werkseigen, werksgebunden oder rechtlich
und wirtschaftlich ausgegliedert** betrieben werden (vgl. Gutenberg

1984, S. 105). In den ersten beiden Fällen handelt es sich um Verkaufsorgane der Hersteller; **ausgegliederte Verkaufsstellen** sind entweder Groß- oder Einzelhandelsbetriebe. Bei den **werkseigenen Verkaufsstellen** handelt es sich um Verkaufsniederlassungen oder Verkaufsfilialen von Herstellern, die rechtlich und wirtschaftlich unselbständig auftreten. Bei diesem Vertriebssystem hat der Produzent die völlige Kontrolle über die Distribution seiner Produkte. Anders ist dies bei **werksgebundenen Verkaufsstellen**, die zwar rechtliche Selbständigkeit besitzen, wirtschaftlich oder vertraglich jedoch an einen Hersteller gebunden sind. Unterschieden werden dabei Vertriebsgesellschaften, die durch kapitalmäßige Verflechtung gebunden sind, und Franchisesysteme, bei denen vertragliche Bindungen vorliegen.

Verkaufspersonen

Elementares Organ des Verkaufs ist der einzelne Verkäufer, der je nach Stellung in der Verkaufshierarchie Verkaufsleiter-, Gebietsverkaufsleiter- oder Verkäuferfunktionen ohne Leitungsbefugnisse wahrnimmt. Nach dem Grad der Selbständigkeit können dabei weiterhin **angestellte Reisende** oder **selbständige Vertreter** unterschieden werden, wobei zahlreiche Abstufungen zwischen diesen Extremtypen denkbar sind. Verkaufspersonen werden am häufigsten **gebietsorientiert**, nicht selten aber auch **produkt- und/oder kundenorientiert** und in bestimmten Situationen **funktionsorientiert** eingesetzt (vgl. Goehrmann 1984, S. 153-158). Eine Sonderform kundenorientierter Verkaufsorganisation ist das Key Account-Management, das gegenüber besonders wichtigen Großkunden praktiziert wird (vgl. Kap. 6.2.3).

1.2.1.2 Distributionslogistikorgane der Hersteller

Eine **Zusammenfassung von Logistikaufgaben in speziellen Abteilungen** erfolgt nur dann, wenn die Logistik ein relativ großes Gewicht im Rahmen der Marketingfunktionen besitzt.

Folgende **Indikatoren für die Wichtigkeit der Logistik** sind zu beachten (vgl. Pfohl 1972, S. 61 f):

- der Anteil der Logistikkosten an den Gesamtkosten
- die Bedeutung eines guten Lieferservice für den Erfolg
- die regionale Verteilung der Verkaufsstellen
- die Zahl und Verschiedenartigkeit der Produkte
- die Zahl der Kunden bzw. Zielmärkte
- Produktion für den Markt oder Kundenfertigung.

Die Praxis zeigt, daß auch bei Vorhandensein von Logistik-Abteilungen diesen nicht alle Logistikfunktionen zugeordnet werden.

Die **organisatorische Trennung von akquisitorischen und logistischen Aufgaben** erschwert die Problemlösung im Bereich der Distribution. Die Verkaufsorgane handeln vorwiegend umsatzorientiert, während Logistik-Manager den Warenfluß kostenorientiert steuern. Die fehlende Koordination zwischen diesen Bereichen verhindert für das Gesamtsystem optimale Entscheidungen (vgl. Lambert/Cook 1979, S. 10). Dieses Problem kann durch die Einführung eines bisher in der Praxis nur selten zu findenden **Channel-Managements** gelöst werden (vgl. Kapitel 6.2.1 und 6.5).

1.2.2 Großhandelsbetriebe als Distributionsmittler

In diesem und dem nächsten Kapitel werden die **Distributionsmittler** beschrieben. Dies sind wirtschaftlich und rechtlich selbständige **Betriebe, deren Hauptzweck die Übertragung wirtschaftlicher Verfügungsmacht über Güter gegen Entgelt ist.** Nach den Abnehmern dieser Handelsbetriebe werden Groß- und Einzelhandel unterschieden. Beiden gemeinsam ist die Mittlerstellung zwischen Produzenten und Güterverbrauchern in einem indirekten Absatzkanal.

1.2.2.1 Begriff und Leistungen des Großhandels

Großhandel wird von einem Handelsunternehmen betrieben, das in eigenem Namen für eigene oder fremde Rechnung Waren kauft und diese unverändert oder nach handelsüblichen Manipulationen an andere Handelsunternehmen, Weiterverarbeiter, gewerbliche Verbraucher oder behördliche Großverbraucher absetzt.

Verkauf an private Haushalte zählt nicht zu den Großhandelsfunktionen. In institutioneller Hinsicht sind Großhandelsbetriebe solche Distributionsmittler, die zum **überwiegenden** Teil ihre Wertschöpfung durch Großhandelstätigkeit erzielen (vgl. Batzer 1974, Sp. 682). Dazugezählt werden i.d.R. auch die örtlichen und regionalen sowie die nationalen Großhandelsstufen großer Konsumgüterhandelsgruppen, die auf der letzten Stufe des Absatzweges Einzelhandel betreiben.

Der Binnengroßhandel war 1983 zu etwa 70% Produktionsverbindungshandel und zu etwa 30% Konsumtionsverbindungshandel.

Vom gesamten Inlandsumsatz des Verarbeitenden Gewerbes gingen 1982 rund 53% über Großhandelsbetriebe, wobei im Ernährungssektor der Anteil mit 88% am höchsten lag. Bei Grundstoff- und Produktionsgütern waren es 60%, bei Investitions- und Gebrauchsgütern und bei Verbrauchsgütern je 36% (Batzer/Meyerhöfer 1984, S. 7).

Diese **hohen Einschaltungsgrade** zeigen, daß der institutionelle Großhandel nach wie vor Leistungen erbringt, die für Hersteller und/oder Abnehmer häufig besser und/oder kostengünstiger als bei Eigenerstellung ausfallen. Dabei sind die **Leistungsanforderungen** generell gestiegen. Dies gilt aus Herstellersicht generell für die "Lagerhaltung und Sortimentsbildung, die Verkaufsförderung und Marktpflege, die Markterschließung und -bearbeitung sowie auch den Kundendienst". Aus der Sicht der Abnehmer kommt es vor allem auf "Preise und Einkaufskonditionen, Lieferbereitschaft und -fähigkeit sowie Lieferschnelligkeit" an (Batzer/Meyerhöfer 1984, S. 9). Wichtig sind auch die Sortimentsbildung, Beratung und Information, Verkaufsförderung, Kundendienst und Kreditgewährung.

Selbstverständlich gibt es **zwischen den verschiedenen Großhandelsbereichen Unterschiede.** Exemplarisch kann in diesem Zusammenhang auf eine eigene Befragung zur **Distribution elektronischer Bauelemente** im Jahre 1984 hingewiesen werden. Im Mittelpunkt stand die Frage nach Erfolgsfaktoren von Großhandelsbetrieben. Befragt wurden 33 Verwender und 27 Hersteller von elektronischen Bauelementen nach den Motiven für die Einschaltung von Absatz- bzw. Beschaffungsmittlern. Außerdem wurde bei 45 Großhändlern erfaßt, welche Bedeutung die Großhändler selbst einzelnen Leistungsmerkmalen beimessen.

In Abbildung 6 ist erkennbar, nach welchen Kriterien die Verwender elektronischer Bauelemente (Kunden von Distributoren) ihre Lieferanten auswählen. Diese Darstellung basiert einerseits auf der Frage nach der **Wichtigkeit ausgewählter Merkmale von Lieferanten** elektronischer Bauelemente - also auch der Hersteller - und andererseits auf der Antwort auf die Frage, inwieweit der für den befragten Kunden wichtigste **Distributor diese Anforderungen erfüllt.** Ergänzt werden diese Aussagen durch die **Einschätzung der Wichtigkeit dieser Leistungsmerkmale durch die Distributoren.**

Aus dem **Vergleich der Profile** ergibt sich, daß die Distributoren den Kundenanforderungen relativ nahe kommen. Defizite sind vor allem bei den Lieferzeiten und der Zuverlässigkeit erkennbar. Es mag sein, daß dieses **Situationsbild** auf die relative Knappheit elektronischer Bauelemente im ersten Halbjahr 1984 zurückzuführen ist.

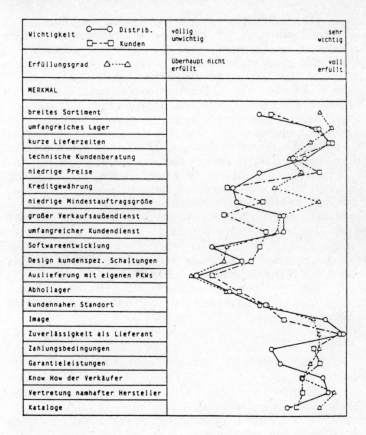

Abb. 6   Wichtigkeit und Erfüllungsgrad von Leistungsmerkmalen der Distribution

Die Rangfolge der **wichtigsten Gründe für die Einschaltung von Distributoren durch Hersteller** elektronischer Bauelemente wird von den Herstellern wie folgt gesehen:

1. Bearbeitung kleiner Aufträge
2. Lagerhaltung der Distributoren
3. kurze Lieferzeiten der Distributoren
4. breite Marktbearbeitung
5. bedarfsgerechtes Vertriebsprogramm

6. kundennaher Standort
7. größere Kundennähe
8. Unwirtschaftlichkeit des Direktvertriebs.

Da die Verwender elektronischer Bauelemente die Distributoren und deren Leistung ähnlich sehen wie die Hersteller, ist die **feste Verankerung der Distributoren in den Vertriebskanälen** der Hersteller nicht erstaunlich. Vereinzelte Versuche von Verwendern und Herstellern, die Distributoren auszuschalten oder zu umgehen, sind fehlgeschlagen. Die Hersteller nahmen 1984 an, daß der Anteil des über Distributoren abgewickelten Umsatzes mit elektronischen Bauelementen in den nächsten fünf Jahren leicht steigen wird, und zwar sowohl auf den Gesamtmarkt als auch auf das eigene Unternehmen bezogen. Die Distributoren schätzen folgerichtig die **Gefahr der Ausschaltung** äußerst gering ein. 89% der Distributoren verneinen die Frage, ob von den Herstellern Ausschaltungstendenzen ausgehen; 82% der Distributoren gehen davon aus, daß von den Verwendern (Kunden) keine Ausschaltungstendenzen ausgehen bzw. Ausschaltungstendenzen schwächer werden.

In dieser speziellen Untersuchung zeigt sich ein Bild, das generell auch in der **IFO-Erhebung des Jahres 1982** sichtbar wurde: Der institutionelle Großhandel beurteilt die "längerfristigen Existenzchancen insgesamt durchaus positiv". (Batzer/Meyerhöfer 1984, S. 12).

1.2.2.2 Struktur und Entwicklung des Großhandels

Den Großhandel kennzeichnet eine große Vielfalt von Betriebsformen, die zweckmäßigerweise primär nach den von ihnen wahrgenommenen Distributionsfunktionen geordnet werden. Überschneidungen sind dabei kaum zu verhindern (vgl. Abb. 7).

Distributions-funktion Betriebsform	Transaktionsfunktionen	Lagerung	Transport	Finanzierung	Sortimentsbildung	Qualitätssicherung	Informationsfunktion
Zustell GH	x	x	x	o	o	o	o
Cash u. Carry GH	x	x	–	–	o	o	o
Rack Jobber	x	x	x	x	x	x	o
Strecken GH	x	–	–	–	o	–	o
Sortiments GH	x	o	o	o	o	o	o
Spezial GH	x	o	o	o	x	o	o

x Funktion ist spezifisches Betriebsformenmerkmal
– Funktion wird von dieser Betriebsform nicht übernommen
o Funktion kann übernommen werden

Abb. 7   Betriebsformen im Großhandel, gegliedert nach den übernommenen Distributionsfunktionen

Traditionell große Bedeutung besitzt der **Zustell- bzw. Liefergroßhandel,** der Waren auf Bestellung an Einzelhändler oder Weiterverarbeiter anliefert. **Rack Jobber** sind Großhändler, die in einem Einzelhandelsbetrieb den Regalservice für ein bestimmtes Teilsortiment übernehmen und selbst das Absatzrisiko tragen. Oftmals sind in Supermärkten Regalflächen für Zeitschriften, Schallplatten oder Textilien an Rack Jobber vermietet und werden von diesen versorgt. **Streckengroßhändler** erfüllen nur Transaktionsfunktionen; sie sind nicht in den physischen Warenfluß involviert. **Sortiments- und Spezialgroßhändler** unterscheiden sich vornehmlich in der Sortimentstiefe bzw. -breite. Der Sortimentsgroßhandel ist durch ein breites, flaches Sortiment gekennzeichnet, der Spezialgroßhandel durch ein tiefes. **Cash und Carry-Betriebe** arbeiten nach den Prinzipien Selbstbedienung und Selbstabholung.

Nach der **Marktorientierung** sind Großhandelsbetriebe entweder **kollektierend** (Aufkaufgroßhandel) oder **aufteilend** tätig (Absatzgroßhandel); sie können sich auf das **Inland** beschränken (Binnengroßhandel) oder **grenzüberschreitend** agieren (Außenhandel).

Die **Entwicklung im Konsumgüter-Großhandel** war in den letzten Jahren von folgenden Phänomenen geprägt (vgl. Meyerhöfer 1980, S. 11):

- Zunehmende vertikale und horizontale Kooperation
- zunehmende Umsatzkonzentration
- starker Rückgang des ungebundenen, selbständigen Großhandels.

Die **starke vertikale Kooperation zwischen Industrie, Einzelhandel und Großhandel** sowie die Übernahmen von Großhandelsfunktionen durch Verkaufsniederlassungen der Industrie und Einkaufsorganisationen des Einzelhandels verschlechterten die Wettbewerbssituation des ungebundenen Großhandels erheblich. Die Folge war ein deutlicher **Rückgang der Zahl kleiner Großhandelsbetriebe** und der Versuch der übrigen, durch horizontale Kooperation ihre Wettbewerbsstellung zu verbessern.

Die **Konzentration und Kooperation im Großhandel** ermöglichten eine erhebliche Steigerung seiner Leistungsfähigkeit. Hierdurch konnte er den Ausschaltungstendenzen durch Industrie und Einzelhandel begegnen. Trotz des engeren Zusammenwachsens von Angebot und Nachfrage durch die räumliche Konzentration der Bevölkerung ist der **Einschaltungsgrad** des Großhandels insgesamt in den vergangenen Jahren weitgehend **unverändert** geblieben. Die Großbetriebsformen im Großhandel nahmen starken Einfluß auf das absatzwirtschaftliche Geschehen, und in Kooperation mit dem Einzelhandel betreiben diese ein eigenes **Handelsmarketing**.

Speziell die **Großhandelszentralen der Konsumgüterhandelsgruppen** sind zu den "**Marketingzentralen des Einzelhandels**" geworden (Batzer/Meyerhöfer 1984, S. 11).

Dieser für Handel und Verbraucher im Prinzip positive Gegenpol zur Angebotsmacht der Hersteller birgt allerdings die Gefahr des Mißbrauchs der **Nachfragemacht** in sich (vgl. Nieschlag/Kuhn 1980, S. 215 f). Gegen diesen Machtmißbrauch des Handels mußte in den letzten Jahren das Bundeskartellamt des öfteren vorgehen (vgl. Gries 1983, S. 415 f).

In Zahlen ausgedrückt stellt sich die **Großhandelsentwicklung** folgendermaßen dar. Seit 1968 bis 1982 ging die Zahl der Unternehmen um ca. 10% zurück; 1982 gab es noch 113137 Großhandelsbetriebe (vgl. Abb.8). Der Großhandelsumsatz wies in diesem Zeitraum geringe reale Zuwachsraten auf, die in etwa der gesamtwirtschaftlichen Entwicklung entsprachen. Der Umsatz je Betrieb ist infolgedessen stark angestiegen (vgl. Abb. 9). Vom Markt verschwunden sind insbesondere die kleinen Betriebe, während die ganz großen ihre Umsätze weiter steigern konnten. Dieser Trend wird auch in Zukunft anhalten. 1982 erzielten die "knapp 1800 Großhandelsunternehmen mit mehr als 50 Mill. DM Jahresumsatz, die einen Anteil von 1,6% an der Zahl der Unternehmen haben, bereits 56% des gesamten Großhandelsumsatzes" (Batzer/ Meyerhöfer 1984, S. 8).

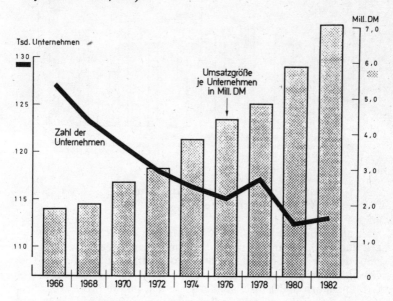

Abb. 8   Unternehmens- und Umsatzkonzentration im Groß-
            handel
Quelle: IFO-Schnelldienst, Heft 29, 1984, S. 10

Hinter den Globalzahlen stehen sehr unterschiedliche Entwicklungen. Relativ stark nahm die Zahl der Unternehmen im Handel mit Roh- und Halbwaren ab, wobei es auch innerhalb dieses Sektors Unterschiede gibt. Erheblich verringert hat sich auch die Zahl der Unternehmen im Fertigwarengroßhandel mit Nahrungs- und Genußmitteln. Demgegenüber gab es im Produktionsgüterbereich einige Sektoren mit wachsendem Unternehmensbestand. Das gleiche gilt für die Konsumgütergruppen Textilien und Bekleidung, Schuhe, Lederwaren, feinmechanische und optische Erzeugnisse und Einrichtungsgegenstände (Batzer/ Meyerhöfer 1984, S. 8).

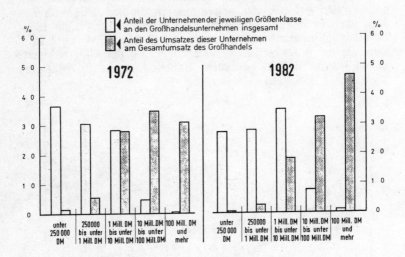

Abb. 9   Umsatzgrößenklassen im Großhandel
Quelle: IFO-Schnelldienst, Heft 29, 1984, S. 10

Speziell in Branchen mit zeitweilig starken Ausschaltungstendenzen haben Großhändler nicht selten mit Erfolg reagiert. Beispiele sind die **Gründung von Freiwilligen Ketten** auf Initiative von Großhändlern, wobei es sich hierbei um eine Kooperation von Großhändlern und Einzelhändlern handelt, und die verstärkte Kooperation zwischen Großhändlern in serviceintensiven Absatzketten bei verderblichen Produkten (z.B. Molkereiprodukte, Obst und Gemüse). Wachsende Marktbedeutung erlangten auch Großhandelszentren (z.B. Modezentren) und Großhandelsausstellungen.

Neue Betriebsformen sind auch im Großhandel das Ergebnis einer kreativen Auseinandersetzung mit veränderten Markt- und Umfeldbedingungen. Neben der Bedrohung durch Ausschaltung müssen auch die immer neuen Chancen durch Einschaltung in entstehende Absatzketten gesehen werden.

1.2.3 Einzelhandelsbetriebe als Distributionsmittler

Der **Einzelhandel** nimmt als die Institution, in der das Konsumgüterangebot und die Konsumentennachfrage aufeinandertreffen, eine **zentrale Position in indirekten Kanälen** ein. Bei der Wahl der Struktur des Absatzkanals und bei dessen Führung durch Hersteller ist die Kenntnis der Leistungen, Ziele, Strategien und Maßnahmen sowie der Zielgruppen der Einzelhändler notwendig. Der Vermittlung von Minimalkenntnissen dieser Art dient der folgende Abschnitt.

1.2.3.1 Begriff und Leistungen des Einzelhandels

Ein **Einzelhandelsbetrieb** ist ein Distributionsmittler, der wirtschaftliche Güter zum überwiegenden Teil an Konsumenten bzw. private Haushalte verkauft. Der Einzelhandel spielt eine **duale Rolle** in der Distribution. Zum einen übernimmt er die Funktionen einer Verkaufsstelle für die Produzenten, dient aber gleichzeitig den Konsumenten als Einkaufsagent. Der Einzelhandel muß deshalb sowohl für die Produzenten als auch für die Konsumenten Dienstleistungen anbieten bzw. Nutzen stiften.

Das **Einzelhandelsmarketing** orientiert sich dabei primär an den Konsumenten. Da die Konsumenten heterogene Nutzenvorstellungen und -erwartungen hinsichtlich des Einzelhandels haben, können Einzelhandelsbetriebe sehr **unterschiedliche Marketingkonzeptionen** wählen, um spezielle Konsumentensegmente zufriedenzustellen. Verbraucher, die z.B. hohen Wert auf Ortsnutzen legen, sind anders anzusprechen als solche, die dem Gestaltungsnutzen Priorität einräumen. Die ersteren wünschen Einkaufsmöglichkeiten in direkter Nachbarschaft, die letzteren suchen ein möglichst preisgünstiges Produkt, das die geforderten Funktionen erfüllt, weitgehend unabhängig vom Ort.

Welche Möglichkeiten Einzelhandelsbetriebe besitzen, **Marketing-Instrumente** unterschiedlich zu gestalten und zu kombinieren, deutet das System der Marketing-Instrumente im Einzelhandel an (vgl. Welzel 1973, S. 36).

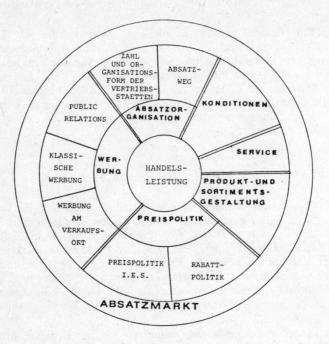

Abb. 10 System der Marketing-Instrumente im Einzelhandel nach Welzel

Allerdings kombinieren Einzelhandelsbetriebe die Marketing-Instrumente nicht immer neu gemäß den individuellen Nutzenvorstellungen der Nachfrager. Jeder Betrieb muß eine **strukturelle Leistungsauswahl** treffen, die zu einer Leistungsspezialisierung und damit zur Bildung einer speziellen Betriebsform führt.

1.2.3.2 Betriebsformenmerkmale

Betriebsformen des Einzelhandels können als **standardisierte Typen möglicher Waren-Distributionsleistungskombinationen** aufgefaßt werden (Specht 1971, S. 266). So gesehen sind Betriebsformen voneinander klar unterscheidbare Leistungstypen. Bei dieser Unterscheidung spielen vor allem folgende **Betriebsformenmerkmale** eine Rolle:

(1) die **Struktur des Sortiments**, und zwar speziell
- die Warengruppenstruktur (Spezial-, Fach- oder Vollsortiment) und
- das Warengenre bzw. die Qualitätslage
(2) die **Struktur der Dienstleistungen** speziell hinsichtlich
- des Orts der Warenübergabe (Ladengeschäft, Stand auf einem zeitlich befristeten Markt, Verkaufswagen, Versand in die Wohnung)
- der Form der Warenübergabe (Bedienung, Teil-Selbstbedienung, Selbstbedienung, Selbstbedienungsautomat)
(3) der **Anteil der Dienstleistungen an der Gesamtleistung** eines Betriebes, wobei dieser Anteil z.B. im Falle eines Discounters niedrig und im Falle eines Bedienungsfachgeschäfts hoch ist.

Diese Merkmale sind die **wichtigsten strategischen Dimensionen des Wettbewerbs zwischen Handelsbetrieben**. Nach diesen Dimensionen lassen sich **strategische Gruppen** bilden (vgl. Porter 1980, S. 129), die allerdings nicht in einer von Porter vorgeschlagenen zweidimensionalen strategischen Gruppenkarte dargestellt werden können. Solche strategischen Gruppen sind dadurch gekennzeichnet, daß zwischen Betrieben, die der gleichen strategischen Gruppe angehören, ein intensiverer Wettbewerb herrscht als zwischen Betrieben, die unterschiedlichen strategischen Gruppen angehören. Außerdem gibt es zwischen den Gruppen "**Mobilitätsbarrieren**", die es den Betrieben erschweren oder unmöglich machen, von einer strategischen Gruppe in eine andere zu wechseln.

Auch die Nähe der Gruppen zueinander ist ein **Indikator für die Wettbewerbsintensität** zwischen ihnen. Durch Auffinden strategischer Gruppen, in denen ein weniger intensiver Wettbewerb vorherrscht oder durch Bildung neuer Gruppen - sprich Betriebsformen - können auch kleine und/oder im Markt neue Betriebe relativ starke Wettbewerbspositionen erreichen. Gute Marktchancen haben jene Betriebe, die durch ihre Waren-Dienstleistungskombination ein **Image** aufbauen, mit dem sie gezielt eine spezielle Kundengruppe ansprechen.

Einen anderen Ansatz zur Kennzeichnung von Betriebsformen im Handel schlägt **P.W. Meyer** in seinem dreidimensionalen "**Modell diskriminierender Variablen zur Bestimmung der Handlungsformen**" vor (vgl. Abb.11). Dieses Modell ist insofern nicht ganz zufriedenstellend, als damit nicht alle existierenden Betriebsformen erfaßt werden können. Dies gilt z.B. für den Versandhandel. Außerdem ist die Preislage nicht völlig unabhängig von der Art des Sortiments und der Art der Andienung.

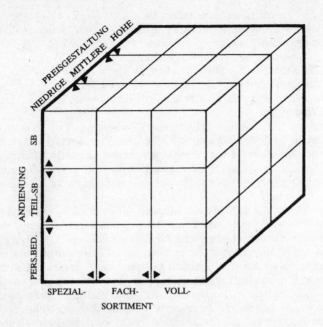

Abb. 11   Modell diskriminierender Variablen zur Bestimmung
           der Handlungsformen
Quelle: Meyer, 1978, S. 534

Als Entscheidungskriterium für die **Selektion von Einzelhandelsbetrieben** durch Hersteller ist deren verfolgte Marketing-Strategie
von großer Bedeutung. Es ist zu beurteilen, inwieweit das **Einzelhandelsmarketing** mit der Hersteller-Strategie übereinstimmt bzw.
koordiniert werden kann. Bei der konkreten Design-Entscheidung
ist jeder einzelne Betrieb daraufhin zu prüfen. Eine Vorauswahl in
Form der **Selektion einer Betriebsform** vermindert die Zahl der zu
prüfenden Absatzmittler erheblich. Im folgenden werden die
wesentlichen Merkmale der Betriebsformen genannt (vgl. hierzu
Nieschlag/Kuhn 1980, S. 105-204; Bidlingmeier 1974b, Sp. 528-545;
Mentzel 1974, S. 514-524; Tietz 1981). Dabei geht es zunächst um
Einzelbetriebe und sodann um Kooperationsformen.

1.2.3.3 Betriebsformen einzelner Unternehmen des Einzelhandels

o Fachgeschäfte
Das Fachgeschäft bietet ein branchenspezifisches, breites Warenangebot mittlerer bis hoher Qualitätslage an. Kennzeichnend ist

die persönliche Beratung mit vorherrschender Fremdbedienung. After Sales-Services spielen eine überdurchschnittliche Rolle. Es ist deshalb nicht erstaunlich, daß Fachgeschäfte vor allem bei erklärungs- und/oder pflegebedürftigen Produkten nach wie vor eine wichtige Position im Wettbewerb einnehmen.

o Spezialgeschäfte

Spezialgeschäfte bieten ein schmales, aber tiefes Sortiment aus einer spezifischen Produktgruppe an. Die Marketing-Aktivitäten sind meist auf einen Kundenkreis gerichtet, der Qualitätserzeugnisse aus einer großen Zahl von Produktvarianten auswählen möchte. Bezüglich der Dienstleistungen kann der Kunde ein den Fachgeschäften vergleichbares Niveau erwarten. Bei beiden Betriebsformen herrschen Kleinbetriebe vor. Der dadurch verursachten schwachen Position im Absatzkanal versuchen diese Betriebe durch Kooperation zu begegnen.

o Warenhäuser und Kaufhäuser

Besonderes Kennzeichen von Waren- und Kaufhäusern ist die große Sortimentsbreite, wobei im Laufe der Zeit eine starke Sortimentsausweitung insbesondere in höhere Qualitätslagen und eine Ausweitung des Dienstleistungsangebots eingetreten sind. Die hohe akquisitorische Wirkung dieser Unternehmen wird durch die zwanglose, angenehme Einkaufsatmosphäre und die bequeme, zentrale Einkaufsmöglichkeit für alle Bedarfsgüter erreicht. Die Niedrigpreispolitik, die die Warenhäuser bei ihrer Entstehung verfolgten, ist heute nicht mehr charakteristisch. Standorte sind i.d.R. die Innenstadtbereiche größerer Städte und die Einkaufszentren in Stadtrandlagen. Die Abgrenzung des Warenhauses von der verwandten Betriebsform des Kaufhauses ist nicht überschneidungsfrei möglich. Kaufhäuser sind allgemein kleiner und weisen ein schmaleres, branchenorientiertes Sortiment auf. Insbesondere führen sie i.d.R. keine Lebensmittel.

o Versandhäuser

Der Versandhandel ist charakterisiert durch die unpersönliche Form der Warenpräsentation in Katalogen. Ursprünglich zielte diese Unternehmensform auf die Befriedigung der Bedürfnisse von Konsumenten in ländlichen Regionen nach Gütern des gehobenen Bedarfs. Das preisgünstige Angebot, auf das bequem ohne Berücksichtigung der Ladenöffnungszeiten zugegriffen werden kann, und die Frei-Haus-Lieferung wird in den letzten Jahren auch verstärkt von Kunden in Ballungsgebieten nachgefragt. Die **Großversandhäuser** weisen ein sehr breites, warenhausähnliches Sortiment auf. Neben dem Service und der Frei-Haus-Lieferung bieten sie meist auch Garantie- und Reparaturleistungen für ihre Produkte an, die oft unter eigenen Handelsmarken verkauft werden und i.d.R. in mittlerer Qualitätslage liegen. Durch die relativ geringen Standort- und Warenpräsentationskosten ist das Versandhausangebot trotz der hohen Katalog- und Versandkosten durch relativ günstige Preise gekennzeichnet. Neben den Großversendern existieren noch viele kleinere **Unternehmen mit spezialisiertem Sortiment.** Meist wird ein bedarfsorientiertes Spezialsortiment für eine bestimmte Zielgruppe angeboten, was diesen Unternehmen eine gute Markt- position in einer Nische sichern soll.

o Supermärkte
Supermärkte sind Einzelhandelsbetriebe mit Verkaufsflächen zwischen ca. 400 und 800 qm, die Nahrungs- und Genußmittel und zunehmend sonstige problemlose Produkte des täglichen Bedarfs anderer Branchen überwiegend in Selbstbedienung anbieten. Das Warenangebot befindet sich in mittlerer Preis- und Qualitätslage. Die Standorte in Wohngebieten bieten dem Kunden bequeme Einkaufsmöglichkeiten in direkter Nachbarschaft.

o Verbrauchermärkte, SB-Warenhäuser
Diese Großbetriebe des Einzelhandels sind durch ein breites Sortiment problemloser Produkte aus dem Food und Non Food- Bereich, durch Selbstbedienung und durch relativ günstige Preise charakterisiert. Hinsichtlich der Größe der Verkaufsflächen werden in der Regel kleine Verbrauchermärkte (800-1500 qm), große Verbrauchermärkte (1500-5000 qm) und SB-Warenhäuser (größer als 5000 qm) unterschieden. Als Standorte wurden bisher Stadtrandlagen auf kostengünstigem Gelände mit guter Verkehrs- anbindung und großem Parkplatzangebot bevorzugt. Diese Be- triebsform wendet sich an preisbewußte, mobile Kunden. Durch discountähnliche Preis- und Sortimentspolitik konnten diese Betriebe bis 1982 ihren Marktanteil auf fast 6,8% des Einzel- handels steigern. Im Lebensmittelsektor partizipierten Ver- brauchermärkte und SB-Warenhäuser im Jahre 1984 mit 36% am Gesamtumsatz von 118,8 Mrd. DM (vgl. Abschnitt 1.2.3.5).

o Discounter
Discountbetriebe zeichnen sich vornehmlich durch eine aggressive Preispolitik aus. Niedrigpreise werden durch weitgehenden Ver- zicht auf bedarfsgerechte Waren- und Dienstleistungen ermöglicht. Das Sortiment ist meist auf problemlose Produkte mit hoher Umschlagsgeschwindigkeit begrenzt; nur die nötigsten Dienst- leistungen werden erbracht. Discounter wenden sich mit ihrem Angebot an preisbewußte Kunden, die bereit sind, auf viele Dienste des Handels zu verzichten. Für die Hersteller stellt sich die Frage, ob das Produktimage durch den Verkauf in diesen Be-

trieben gefährdet wird. Die starke Stellung der Discounter im Markt läßt es oftmals jedoch nicht zu, diese nicht in den Absatzkanal zu integrieren. Um Konflikte mit anderen Absatzmittlern zu vermeiden, bietet sich die Strategie der Produktdifferenzierung an.

o Verkaufsautomaten

Für eine flächendeckende Distribution unabhängig von den Ladenöffnungszeiten können mit Erfolg Automaten eingesetzt werden. Diese Geräte eignen sich wegen der Diebstahlgefahr nur für geringwertige Güter und aus technischen Gründen meist nur für eine Produktgruppe. Da es zudem kleine, problemlose und möglichst unverderbliche Produkte sein müssen, wird der Einsatzbereich, der derzeit im Zigarettenmarkt sehr stark und bei Getränken ansteigend ist, allgemein unbedeutend bleiben.

o Fachmärkte

Der Fachmarkt als **jüngste Betriebsform** des Einzelhandels ist durch ein zielgruppenorientiertes Spezialisierungskonzept gekennzeichnet. Für die entsprechende Zielgruppe wird ein breites und tiefes Sortiment auf großen Verkaufsflächen nach dem Selbstbedienungsprinzip angeboten. Um attraktive Preise zu gewährleisten, sind hohe Umschlagshäufigkeiten erforderlich. Die hierzu notwendige Zahl an Kunden der Zielgruppe kann nur bei sehr großen Einzugsgebieten erreicht werden. Die Standorte sind deshalb autokundenorientiert außerhalb der Städte. Fachmärkte entstanden in den letzten Jahren z.B. in den Bereichen Drogeriewaren, Heimwerker-Produkte, Möbel, Unterhaltungselektronik, Textilien und Schuhe. Hobby-Märkte z.B. bieten alle Produkte für den Heimwerker an und Möbelmärkte alle Einrichtungsgegenstände für spezifische Kundengruppen. So hat ein schwedisches Möbelhaus gerade durch die Spezialisierung auf das kleine Marktsegment der mobilen, modernen, preisbewußten, jungen Kunden beachtlichen Erfolg. Obwohl die neu entstandene Betriebsform sich der indirekten Konkurrenz fast aller bestehenden Betriebsformen aussetzt, wird sie aufgrund der bedarfsgruppenorientierten Marketing-Strategie ihren Marktanteil, vor allem aufgrund von Kostenvorteilen, weiter steigern können.

1.2.3.4 Kooperationsformen im Einzelhandel

Im Einzelhandel kooperieren heute Betriebe in unterschiedlicher Weise und mit unterschiedlichen Motiven. Am klarsten ist es, wenn relativ formal **Kooperationsformen ohne und mit räumlicher Konzentration von Verkaufsstätten** unterschieden werden. Zur ersten Gruppe gehören die Einkaufsvereinigungen, die freiwilligen Ketten und die Konsumgenossenschaften, zur zweiten die Shopping Center, Gemeinschaftswarenhäuser und die Ladengemeinschaften.

Filialbetriebe können als zentral geführte, wirtschaftlich und rechtlich einheitliche Unternehmen mit mehreren Verkaufsstellen nicht zu den Kooperationsformen gerechnet werden. Dennoch waren die Filialbetriebe mit ihrem zentralisierten Einkauf, ihrer Logistik aus einem Guß, ihrer einheitlichen Werbung, ihren Vorteilen bei der Marktforschung und in der allgemeinen Verwaltung Vorbild für die Kooperationsbemühungen einzelner Großhändler, Einzelhändler und Konsumenten.

Im folgenden wird zunächst auf die **Kooperationsformen ohne räumliche Konzentration der Verkaufsstätten** eingegangen. Diese Kooperationsformen haben die Machtposition der Hersteller und damit deren Möglichkeiten zur autonomen Realisierung von Marketingkonzeptionen erheblich tangiert. In wachsendem Maße sieht sich der Hersteller mit der "Nachfragemacht" dieser Handelsgruppen konfrontiert. Nur dann, wenn die Hersteller die Funktionsweise dieser Handelsgruppen kennen, werden die Hersteller in der Lage sein, angepaßte Marketingstrategien mit Erfolg einzusetzen.

Nach den Initiatoren der Kooperation werden folgende **drei Grundtypen** unterschieden (vgl. hierzu Heeger/Meier 1979; Nieschlag/Kuhn 1980, S. 219-251; insbesondere Batzer u.a. 1982):

o **Einkaufsvereinigungen**
Einkaufsvereinigungen dienen zunächst primär dem Zweck des zentralen Einkaufs. Sie wurden auf Initiative selbständiger Einzelhändler meist in Form von Genossenschaften gegründet. Die regionalen Genossenschaften schlossen sich zu nationalen Einkaufsverbänden zusammen. Diese Einkaufszentralen werden bei den größten Genossenschaften EDEKA und REWE heute als Aktiengesellschaften geführt. Neben dem zentralen Einkauf übernehmen die Zentralen auch Logistikleistungen und unterstützen das Handelsmarketing ihrer Mitglieder. Durch die Entwicklung zu Großbetrieben, durch die Kooperation zwischen regionalen Genossenschaften und die Aufnahme großer Filialisten wurde der Entscheidungsspielraum der selbständigen Einzelhändler stark eingeengt. Die nationalen und regionalen Organe von Einkaufsvereinigungen sind heute von ihrer Struktur her keine Hilfsbetriebe mehr, sondern straff organisierte Unternehmen. Aus Sicht der Hersteller ist ihre Stellung im Absatzkanal mit der von Massenfilialisten vergleichbar. Diese Filialstruktur wird durch die

Gründung von **Regiebetrieben** verstärkt. Insbesondere Großbetriebe wie Verbrauchermärkte werden nicht von selbständigen Händlern gegründet und geführt, sondern direkt von der Zentrale. Auch das **Kooperationskaufmannsystem** überläßt dem Mitglied faktisch nur noch rechtliche Selbständigkeit. Wirtschaftlich ist der Kooperationskaufmann an die Zentrale gebunden, über die alle Umsätze getätigt werden müssen.

o Freiwillige Ketten
Freiwillige Handelsketten sind kooperative Zusammenschlüsse von Groß- und Einzelhandelsbetrieben. Die Initiative ging i.d.R. vom Großhandel aus, der durch Zusammenschluß von mehreren Großhändlern und vielen Einzelhändlern nationale Ketten aufbaute, die eine gemeinsame Marktstrategie verfolgen. Freiwillige Ketten sind durch die Zweistufigkeit des Absatzkanals mit selbständigen Großhändlern und Einzelhändlern gekennzeichnet. Die Intensität der Kooperation schwankt von loser Zusammenarbeit im Einkauf bis zur vollständigen gemeinsamen Marktbearbeitung. Sehr enge Kooperationsbeziehungen weisen die Ketten des Lebensmittelgroßhandels A&O, SPAR etc. auf, da diese mit straff geführten Großfilialisten und Einkaufsvereinigungen konkurrieren. Freiwillige Ketten finden sich in fast allen Branchen des Einzelhandels. Der Einfluß der Zentralen der Ketten auf die Mitglieder hat generell zugenommen. Zunächst diente die Kooperation der Vergrößerung der Einkaufsmacht. Der Schwerpunkt verlagert sich in den letzten Jahren stark in Richtung einer Steigerung des akquisitorischen Potentials der Mitglieder durch Auftreten unter gemeinsamem Namen und durch integriertes Marketing. Die Verbundgruppen entwickeln sich zu filialähnlichen Systemen und damit zu geschlossenen Wettbewerbseinheiten. Für die Hersteller stellt sich durch diese Entwicklung das Problem, ein eigenes Marketing durchsetzen zu können, da die Ketten oft mit ihren Handelsmarken eine eigene Produkt- und Preispolitik verfolgen.

o Konsumgenossenschaften
Konsumgenossenschaften wurden ursprünglich von privaten Haushalten zur Erzielung eines bestmöglichen Versorgungsgrades gegründet. Sie waren selbständige Unternehmen im Eigentum privater Konsumenten. Dies hat sich inzwischen geändert. Die deutsche Coop-Gruppe ist z.B. mit der Öffnung der Ladengeschäfte auch für Nichtmitglieder und der Umwandlung in eine Aktiengesellschaft de facto zu einem **Massenfilialisten** geworden. Der Schwerpunkt der Unternehmensaktivität liegt im Lebensmittelbereich.

Speziell am Beispiel des Lebensmitteleinzelhandels ist die "**Struk-
turschwäche der Verbundgruppen**" zu erkennen (Tietz 1986, S.
128). Diesen Betriebsformen ist es in den siebziger Jahren nicht
gelungen, ihre Marktanteile zu halten (vgl. Tab. 1).

Gegenstand	Angaben in %					
	1970		1980		1982	
	Ver-kaufs-stellen	Umsatz	Ver-kaufs-stellen	Umsatz	Ver-kaufs-stellen	Umsatz
Genossenschaftliche Verbundgruppen	45,6	29,6	42,6	28,9	41,2	27,6
– Edeka	34,3	21,0	31,0	16,8	28,9	14,6
– Rewe	11,3	8,6	11,6	12,1	12,3	13,0
Freiwillige Handelsketten	43,4	33,4	42,2	27,0	42,2	28,8
– Spar	9,7	9,4	9,1	7,4	8,2	7,4
– HKG	.	.	.	.	11,8	6,4
– A & O/Selex	19,8	15,4	20,9	10,6	12,2	9,8
– ZHG/Tania	13,9	8,6	12,2	9,0	10,0	5,2
Warenhausunternehmen	0,6	5,7	0,7	5,6	0,6	4,5
Großfilialunternehmen	5,3	21,4	9,2	27,3	11,1	29,6
Co op-Gruppe	5,1	9,9	5,3	11,2	4,9	9,5
insgesamt	100,0	100,0	100,0	100,0	100,0	100,0

Quelle: Berechnungen und Schätzungen des *Ifo-Instituts* anhand der amtlichen Statistik und Unterlagen von
Unternehmen, Verbundgruppen, Instituten und Verbänden, zit. nach *Batzer, Erich*, u.a.: Die Warendistribution in der Bundesrepublik Deutschland – Struktur- und Entwicklungsbild, in: Ifo-Studien zu
Handels- und Dienstleistungsfragen, Nr. 24, hrsg. v. *Ifo-Institut für Wirtschaftsforschung e.V.*, München 1984, S. 558.

Tab. 1   Entwicklung der Marktanteile des Einzelhandels mit
Nahrungs- und Genußmitteln nach Betriebsformen von
1970 bis 1982
Quelle: entnommen bei Tietz 1986, S. 128

Bei den **Kooperationsformen mit räumlicher Konzentration** der
Verkaufsstätten soll durch Agglomeration von konkurrierenden
und komplementären Handelsbetrieben die Attraktivität eines
Standorts zum Nutzen aller beteiligten Betriebe erhöht werden:

o **Shopping Center**
Shopping Center bzw. Einkaufszentren sind Kooperationen von
rechtlich selbständigen Einzelhandels- und Dienstleistungsbetrieben an einem Standort in exponierter Verkehrslage mit
ausreichendem Parkplatzangebot. Es wird einheitlich geplant und
durch einen Zentrenträger errichtet und geleitet. Partiell betreiben
die einzelnen Betriebe des Einkaufszentrums eine gemeinschaft-

liche Zentrenpolitik. Außerdem wird auf eine ausgewogene Dimensionierung und Zusammensetzung der Zentrenbetriebe geachtet (Eckert 1978, S. 53).

Nach dem Integrationsgrad in eine Wohnsiedlung können nicht integrierte und integrierte, nach dem räumlichen Bezug zur Stadt innerörtliche (City-, Vorstadt- oder Wohnviertel-Center) und außerörtliche (zwischenörtliche oder stadtperiphere Center) und nach der Größe des Einzugsgebiets Nachbarschaftszentren, Gemeindezentren und Regionalzentren unterschieden werden (Eckert 1978, S. 59; Falk 1979, S. 201). Je nach Art des Zentrums unterscheiden sich Größenordnung und Sortimentsstruktur.

o Gemeinschaftswarenhaus
Bei den Gemeinschaftswarenhäusern handelt es sich um einen geplanten räumlichen und organisatorischen Verbund von zumeist selbständigen Fachgeschäften und Dienstleistungsbetrieben verschiedener Art und Größe unter einem Dach. Diese Betriebe treten meist mit einem einheitlichen Firmennamen nach außen in Erscheinung, wobei die Fachabteilungen selbständig geführt werden.

o Ladengemeinschaft
Wie bei Gemeinschaftswarenhäusern liegt bei einer Ladengemeinschaft eine räumliche Integration von Geschäften vor, die allerdings weniger stark ist. Auch die Sortimentsabstimmung ist häufig nur unvollkommen. Beispiele für Ladengemeinschaften sind Passagen- und Straßengemeinschaften.

o Verbrauchermarkt mit Konzessionären
Schließlich ist auf die Kooperation von Verbrauchermarktunternehmen mit Konzessionären hinzuweisen. In diesem Falle versuchen Verbrauchermärkte durch die Vergabe von Konzessionen ihr Leistungsangebot vor allem im Bereich dienstleistungsintensiver Produkte abzurunden.

1.2.3.5 Dynamik im Einzelhandel

1.2.3.5.1 Dynamik der Betriebsstätten

Wenn von **Betriebsstätten des Einzelhandels** gesprochen wird, dann sind die einzelnen Ladenverkaufsstätten gemeint. Jeder, der mit offenen Augen durch die Einkaufsstraßen der Städte geht, der die Einzelhandelsszene in seiner Nachbarschaft beobachtet oder der die Entwicklung einzelner Verbrauchermärkte am Stadtrand verfolgt, wird immer wieder **Neueröffnungen, Umbauten, Erweiterungen und Schließungen** von Geschäften feststellen können. Offensichtlich verändert sich im Laufe der Zeit das akquisitorische Potential eines Ladengeschäftes.

Dies kann ähnlich wie bei Produkten oder Technologien mit dem Modell des **Lebenszyklus von Betriebsstätten** erklärt werden, das in mehreren empirischen Untersuchungen bestätigt wurde (vgl. zum folgenden Berger 1977, S. 126-188 und S. 234-268; Henksmeier 1974, S. 12 f).

Diese Untersuchungen belegen, daß Betriebsstätten ähnlich Produkten eine Einführungs-, Wachstums-, Reife- und Degenerationsphase aufweisen. In den USA untersuchte Supermärkte erreichten nach 5 bis 7 Jahren die Reifephase, deren Dauer sehr stark von der Marketingpolitik der Unternehmungen abhing. Umbauten, insbesondere Verkaufsflächenvergrößerungen, verlängerten den Lebenszyklus. Eine 1974 in Deutschland durchgeführte Studie bestätigt ebenfalls die These des Lebenszyklus, weicht aber in den Einzelergebnissen von der amerikanischen Untersuchung ab. Die analysierten deutschen Supermärkte erreichten erst nach 10-11 Jahren ihre Reifephase. Sowohl der Umsatz je beschäftigte Person als auch andere Leistungskennzahlen wie Umsatz je Quadratmeter Verkaufsfläche oder Personal- und Raumkosten in Prozent vom Umsatz etc. entwickelten sich positiv mit dem Unternehmensalter bis zum Erreichen des elften Jahres (vgl. Abb. 12). In einer Längsschnittuntersuchung über sieben Jahre konnte **Berger** (1977) die Gültigkeit des Lebenszykluskonzepts ebenfalls nachweisen und die Wirkungen von Renovierungen und Verkaufsflächenvergrößerungen aufzeigen. Beide Maßnahmen führten zu einem neuen Umsatzwachstum und somit zu einem mehrgipfligen Lebenszyklus.

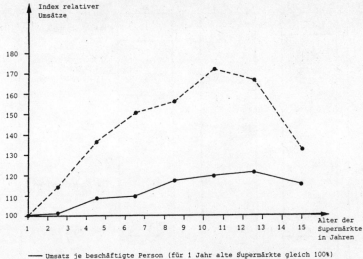

Abb. 12   Lebenszyklen von Supermärkten
Quelle: Henksmeier 1974, S. 12

Auf der Grundlage des Lebenszykluskonzepts können Marketing-**Strategien zur Ladenerneuerung** und zur **optimalen Altersstruktur** der Betriebsstätten entwickelt werden. Für die Hersteller sind Lebenszyklusanalysen eine Hilfe bei der Selektion von Absatzmittlern, obwohl das Lebenszykluskonzept kaum eine Prognose für den Einzelfall zuläßt. Dennoch werden Hersteller nicht schlecht fahren, wenn sie Einzelhandelsunternehmen als Partner wählen, die einen relativ hohen Anteil neuer Ladengeschäfte an ihrem Ladengesamtbestand aufweisen.

1.2.3.5.2 Dynamik der Betriebsformen

Im Einzelhandel weisen nicht nur die einzelnen Betriebsstätten eine erhebliche Fluktuation auf, sondern auch die **Betriebsformen**, deren relative Bedeutung erhebliche **Verschiebungen** aufweist. Abbildung 13 zeigt die Strukturverschiebungen im Einzelhandel.

69

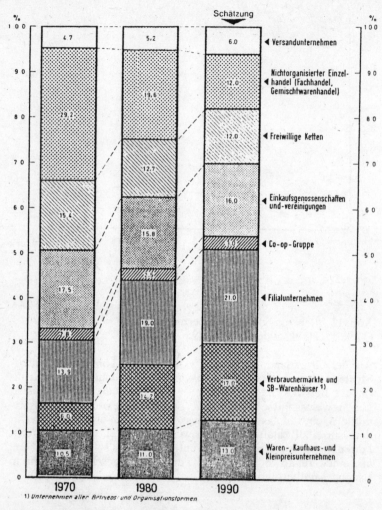

Schätzung

4.7 / 5.2 / 6.0 ◄ Versandunternehmen

29,2 / 19,6 / 12.0 ◄ Nichtorganisierter Einzel-handel (Fachhandel, Gemischtwarenhandel)

12.7 / 12.0 ◄ Freiwillige Ketten

15,4 / 15.8 / 16.0 ◄ Einkaufsgenossenschaften und -vereinigungen

◄ Co-op-Gruppe

17,5 / 19.0 / 21.0 ◄ Filialunternehmen

13,9 / 14,2 / 17.0 ◄ Verbrauchermärkte und SB-Warenhäuser [1]

10,5 / 11.0 / 13.0 ◄ Waren-, Kaufhaus- und Kleinpreisunternehmen

1970   1980   1990

1) Unternehmen aller Betriebs- und Organisationsformen

Abb. 13   Marktanteile der Betriebsformen des Einzelhandels in
          der BRD
Quelle: IFO-Schnelldienst, 1-2, 1985

Besonders auffallend ist der große Marktzuwachs der Betriebsform "Verbrauchermärkte und SB-Warenhäuser". Diese erst Mitte
der sechziger Jahre entstandene Betriebsform erreichte innerhalb
von 15 Jahren einen Marktanteil von über 14%. Auf der anderen
Seite sank der Marktanteil des nichtorganisierten Handels, der im
wesentlichen Fachhandelsbetriebe umfaßt, erheblich.

Neuere Veröffentlichungen des IFO-Instituts sind hinsichtlich ihrer Aussagefähigkeit über die Entwicklungstendenzen bei den Betriebsformen nicht mehr ganz so aussagekräftig. Wegen der Korrekturen bei den Schätzungen für das Jahr 1990, wegen des unterschiedlichen Zeitraums und wegen der andersartigen Zusammenfassung der Betriebsformen soll dennoch eine Übersicht gegeben werden (vgl. Abb.14).

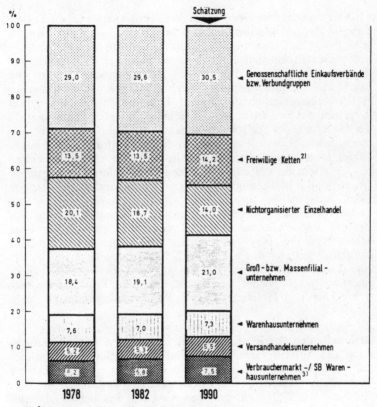

1) Gliederung nach dem Unternehmens- bzw Umsatzschwerpunkt
2) Einschließlich der gruppeneigenen Regieunternehmen
3) Unternehmen, die überwiegend Verbrauchermärkte bzw. SB-Warenhäuser betreiben

Abb. 14   Marktanteile der Betriebsformen des Einzelhandels in
          der BRD
Quelle: IFO-Schnelldienst, 1-2, 1985

Interessant ist die längerfristige Entwicklung des Einzelhandels seit Beginn der Industrialisierung. Immer wieder entstanden neue Betriebsformen, die im Laufe der Zeit ähnlich wie neue Produkte oder Betriebsstätten einen Lebenszyklus durchliefen. Annähernd zur gleichen Zeit versuchten Nieschlag mit dem Konzept der "Dynamik der Betriebsformen" und McNair mit dem "Wheel of Retailing" in den dreißiger Jahren unseres Jahrhunderts diesen Entwicklungsprozeß zu erklären.

McNair entwarf ein **Vier-Phasen-Muster** mit den Phasen **Entstehung, Aufstieg, Annäherung und Integration oder Rückzug**. Er geht davon aus, daß neue Betriebsformen durch eine Strategie aggressiver Preise und einer Konzentration auf die sogenannten "Schnelldreher" (Güter mit hoher Umschlagsgeschwindigkeit) im Markt Fuß fassen können. Die gleichen Maßnahmen führen in der Aufstiegsphase zu einem starken Umsatzwachstum bei immer noch minimalem Service und einfachster Geschäftsausstattung. In der Endphase des Aufschwungs und in der Reife werden die Betriebsformen verwundbar. Bestehende Betriebsformen und Nachahmer intensivieren den Preiswettbewerb. Um diesem zu entgehen, wenden die ursprünglich neuen Betriebsformen andere Instrumente des Marketing an, was zum **"trading up"** dieser Betriebe führt: Besserer Service, breiteres Sortiment. und angenehmere Ladenatmosphäre erhöhen die Investitionen und laufenden Kosten, so daß Preiserhöhungen unvermeidlich sind. Diese neue Marketing-Politik führt zur Integration der neuen Betriebsform in die schon bestehenden oder, bei Scheitern der neuen Strategie, zum Rückzug. Durch diese Entwicklung wird die Nische des Niedrigpreisanbieters wieder frei, so daß eine neue Betriebsform entstehen kann (vgl. Hollander 1960, S. 37; Rosenbloom 1981, S. 35).

Zu ähnlichen Ergebnissen kam auch **Nieschlag** im Konzept der **"Dynamik der Betriebsformen"** mit den beiden Phasen **"Entstehung und Aufstieg"** sowie **"Reife und Assimilation"**. Auch in diesem Hypothesensystem ist die erste Phase von einer aggressiven Preispolitik gekennzeichnet. In der zweiten Phase tritt eine Veränderung der Unternehmenskonzeption ein. Mit dem Ziel, neue Kundengruppen zu gewinnen und sich dem durch Nachahmer verstärkenden Preiswettbewerb zu entziehen, wenden die Pionierunternehmen vermehrt die Instrumente des Nichtpreiswettbewerbs an. Diese neue Konzeption entspricht dem, was McNair als "trading up" bezeichnete. Das Ergebnis des dynamischen Prozesses ist die Assimilation der neuen Betriebsform mit bestehenden, wobei neue Pioniere die Chance haben, erneut mit aggressiven Preisen in den Markt einzudringen.

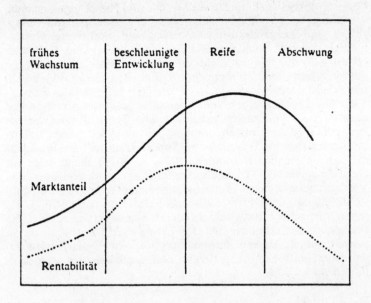

Abb. 15   Lebenszyklus von Betriebsformen
Quelle: vgl. Davidson u.a. 1976, S. 94, entnommen Mathieu 1978,
           S. 124.

Auch die Hypothese vom **"Retail Life Cycle"** von **Davidson u.a.** (1976) beschreibt die Entwicklung von Betriebsformen analog zum Lebenszyklus von Produkten (vgl. Abb.15). Der wesentliche Unterschied zu den Hypothesen von McNair und Nieschlag liegt in der Beschreibung der in den einzelnen Phasen dominierenden Marketingstrategie. Neue Betriebsformen erreichen dann die Wachstumsphase, wenn sie sich in ihrer Marketingkonzeption stark von den bestehenden Konzeptionen abheben. Dies kann durch eine **aggressive Preispolitik** geschehen, aber ebenso durch ein **einzigartiges Waren- oder Dienstleistungsangebot.** Der Wettbewerbsvorteil infolge der einzigartigen Unternehmenskonzeption ermöglicht ein schnelles Wachstum, das von organisatorischen Problemen und steigenden Personalkosten bei Überschreiten der optimalen Unternehmensgröße gebremst wird. Die Reifephase wird vom Erlahmen der Vitalität der Pionierunternehmer gekennzeichnet, die nicht flexibel genug auf neue Betriebsformen und Umweltsituationen reagieren. Wird in der Reifephase die Marketingstrategie nicht modifiziert, wird ein Marktanteilsverlust und damit ein Rückgang der Wettbewerbsfähigkeit eintreten.

Diese Hypothese geht nicht, wie McNair und Nieschlag annehmen, von einem gesetzmäßigen Zusammenhang zwischen Marketingpolitik und Lebenszyklusphase aus. Diese postulierte Gesetzmäßigkeit wurde auch von Bidlingmeier (1974a) und Hollander (1960) kritisiert. Es ist **nicht nachweisbar**, daß allein exogene Faktoren bestimmte Marketingkonzeptionen in den einzelnen Phasen der Marktentwicklung erfordern. Der Lebenszyklus ist vielmehr das Ergebnis einer Veralterung der Marketingstrategie und nachlassender Unternehmensvitalität. Die These der aggressiven Preispolitik in der Entstehungsphase mit anschließendem "trading up" erwies sich für Warenhäuser, Supermärkte und Verbrauchermärkte als richtig. **Hollander** (1960, S. 40 f) nennt aber als Gegenbeispiele die Einkaufszentren, Exklusivwarenhäuser und Verkaufsautomaten als Betriebsformen, die während ihrer Entstehungsphase hohe Preise aufwiesen. Davidson u.a. (1976, S. 91) sehen z.B. in der Entwicklung der Heimausstattungszentren die Preispolitik als sekundär an. Der **Erfolg** dieser Betriebsform ist **primär auf die Unternehmenskonzeption einer bedarfsorientierten Kombination von Sortiment und Dienstleistung** zurückzuführen.

Die Entwicklung der letzten 120 Jahre zeigt, daß die **Reifephase von neuen Betriebsformen immer schneller erreicht** wird, und zwar sowohl in den USA als auch in Deutschland. Davidson u.a. (1976, S. 94) weisen z.B. darauf hin, daß Warenhäuser noch 100 Jahre benötigten, um die Reifephase zu erreichen. Bei Supermärkten waren es 30 Jahre, bei Discounthäusern 20 Jahre und bei den Heimausstattungszentren 15 Jahre. Ähnlich brauchten in Deutschland die Verbrauchermärkte nur 13 Jahre, um einen Marktanteil von 14% zu erreichen, ein Anteil, der bis zu diesem Zeitpunkt als Obergrenze des Wachstums einer einzelnen Betriebsform angesehen wurde.

Auch in Zukunft ist mit einer erheblichen **Dynamik der Betriebsformen** zu rechnen. Derzeit sind es vor allem die Fachmärkte, die das Tempo bestimmen. Für die Hersteller von Konsumgütern bedeutet dies, daß sie ständig auf die Trends bei der Betriebsformenentwicklung achten müssen. Nur eine starke Position bei den wachsenden Betriebsformen kann auf kurze und mittlere Sicht zum Erfolg führen. Auf lange Sicht kommt es vor allem darauf an, das Entstehen neuer Betriebsformen rechtzeitig zu erkennen.

Für Hersteller ist allerdings nicht nur die Entwicklung der relativen Bedeutung von Betriebsformen interessant, sondern auch der **Strukturwandel innerhalb einer Betriebsform**. Exemplarisch kann dies an der Entwicklung der Einkaufsgenossenschaften und

Freiwilligen Ketten gezeigt werden. Dort zeigt sich bei abnehmender Zahl von Betrieben auf der Einzel- und Großhandelsstufe eine zunehmende Bedeutung der zentralen Großhandelsstufe. Zugleich bildeten sich in diesen Handelsgruppen verschiedene **Vertriebslinien** heraus. Zu denken ist hier erstens an das **traditionelle Mitgliedergeschäft** (die traditionellen Anschlußkunden), zweitens an die **Regiebetriebe** einer nationalen oder regionalen Zentrale (oft als Verbrauchermärkte oder als Unternehmen mit Filialcharakter betrieben) und drittens an das relativ neue **Kooperationskaufmannsystem** (Gemeinschaftsgründungen einer Zentrale und eines Einzelhandelskaufmanns, wobei das gesamte Warengeschäft über die beteiligte Großhandlung abgewickelt wird).

Hinsichtlich der **Entwicklungstendenzen** dieser drei Vertriebslinien ist festzustellen: Erstens wird das traditionelle Mitgliedergeschäft weiter an Bedeutung verlieren. Zweitens ist mit zunehmendem Gewicht der Regiebetriebe zu rechnen, wobei die insgesamt positive Entwicklung allerdings gebremst ablaufen wird. Ausschlaggebend dafür sind wachstumsbedingte Führungs- und Organisationsprobleme, qualitativ schlechtes Standortangebot, restriktive Auslegung der Baunutzungsverordnung und auch wettbewerbs- und genossenschaftsrechtliche Einschränkungen. Drittens ist schließlich offen, wie sich das Kooperationskaufmannsystem weiterentwickelt. Seine Bedeutung ist zwar bisher gering; die Hemmnisse in der Entwicklung der Regiebetriebe könnten jedoch indirekt die Kooperationskaufleute fördern.

1.2.3.5.3 Dynamik des Wettbewerbs

Wie intensiv der Wettbewerb im **Einzelhandel** in den vergangenen Jahren gewesen ist, läßt sich global an der **Veränderung der Zahl der Unternehmen** ablesen. Ab Anfang der sechziger Jahre bis Mitte der siebziger Jahre hat sich die Zahl der Unternehmen zunächst schwach und ab Ende der sechziger Jahre stark verringert. Danach erhöhte sich die Zahl der Unternehmen, so daß daraus insgesamt von 1968 bis 1982 ein **Rückgang von ca. 10%** resultierte. In den einzelnen Einzelhandelsbranchen verlief die Entwicklung jedoch **nicht einheitlich**. Starke Bestandserhöhungen sind ebenso anzutreffen wie starke Bestandsminderungen (vgl. Tab. 2). Für die Zukunft wird wieder mit einer "spürbaren Abnahme" gerechnet (ebenda).

Bereich	Anzahl					Anteil in %		Durchschnittliche jährliche Veränderung in %					Veränderung in %
	1968	1972	1976	1980	1982	1968	1982	1972/ 1968	1976/ 1972	1980/ 1976	1982/ 1980	1982/ 1968	1982/ 1968
Nahrungsmittel, Getränke, Tabakwaren	172 520	137 311	108 592	101 841	96 925	41,7	26,0	– 5,5	– 5,7	– 1,6	– 2,4	– 4,0	– 43,8
Textilien, Bekleidung, Schuhe, Lederwaren	62 994	59 979	59 170	65 120	65 859	15,2	17,7	– 1,2	– 0,3	+ 2,4	+ 0,6	+ 0,3	– 4,5
Einrichtungsgegenstände	28 126	28 294	30 543	34 594	36 318	6,8	9,7	+ 0,1	+ 1,9	+ 3,2	+ 2,5	+ 1,8	+ 29,1
Elektrotechn. Erzeugnisse, Musikinstrumente	16 545	17 448	19 219	21 524	22 987	4,0	6,2	+ 1,3	+ 2,4	+ 2,9	+ 3,3	+ 2,4	+ 38,9
Papierwaren, Druckerzeugnisse, Büromaschinen	17 146	16 777	16 798	16 535	17 124	4,1	4,6	– 0,5	± 0	– 0,4	+ 1,8	± 0	– 0,1
Pharmazeut., kosmet. und medizin. Erzeugnisse	30 476	30 749	31 147	30 037	30 688	7,4	8,2	+ 0,2	+ 0,3	– 0,9	+ 1,1	± 0	+ 0,7
Kraft- und Schmierstoffe (Tankstellen)[b]	21 907	23 604	20 919	17 653	16 824	5,3	4,5	+ 1,9	– 3,0	– 4,2	– 2,4	– 1,9	– 23,2
Fahrzeuge, Fahrzeugteile und -reifen[c]	12 066	14 188	17 157	22 672	24 785	2,9	6,6	+ 4,1	+ 4,9	+ 7,2	+ 4,6	+ 5,3	+ 105,4
Sonstige Waren, Waren verschiedener Art	52 317	51 749	53 021	57 529	61 446	12,6	16,5	– 0,3	+ 0,6	+ 2,1	+ 3,3	+ 1,2	+ 17,4
Einzelhandel insgesamt	414 097	380 099	356 566	367 505	372 956	100	100	– 2,1	– 1,6	+ 0,8	+ 0,7	– 0,7	– 9,9

[a] Bis 1978 mit mehr als 12 000 DM, ab 1980 mit mehr als 20 000 DM Jahresumsatz. – [b] Einschließlich Agenturtankstellen. – [c] Ohne Handel mit Landmaschinen und landwirtschaftlichen Geräten.

Tab. 2   Entwicklung der Zahl der Unternehmen im Einzelhandel

Quelle: Batzer/Täger 1985, S. 6

Der Umsatz je Unternehmen stieg von 1968 bis 1982 permanent an, wobei dies nicht nur auf den generellen Wachstumstrend, sondern auch auf Konzentrationsvorgänge zurückzuführen ist (vgl. Abb. 16).

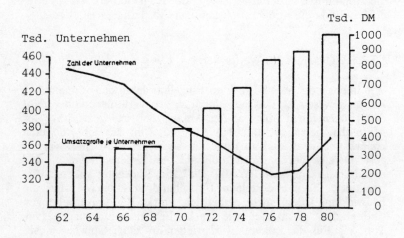

Abb. 16   Umsatz- und Unternehmenskonzentration im Einzelhandel

Quelle: Ifo-Institut für Wirtschaftsforschung, Statistisches Bundesamt 1978/80

Während 1968 Unternehmen mit weniger als 1 Mio. DM einen Anteil von 47% am Einzelhandelsumsatz erreichten, erzielte diese Betriebsgrößenklasse im Jahre 1982 nur noch einen Anteil von ca. 22%. **Andererseits entfiel im Jahre 1982 fast die Hälfte des Einzelhandelsumsatzes auf die knapp 1% der Einzelhandelsunter-**

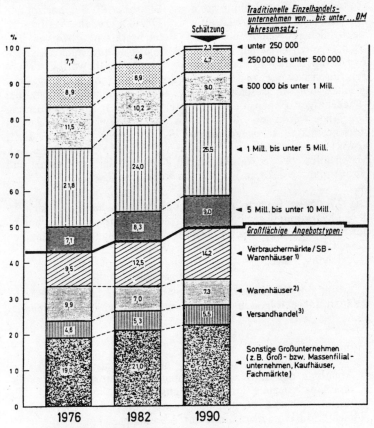

Abb. 17   Marktanteile der Angebotstypen des Einzelhandels in der BRD

Quelle: Berechnungen und Schätzungen des IFO-Instituts nach Batzer/Täger 1985, S. 11

nehmen mit mehr als 10 Mio. DM Jahresumsatz (Batzer/Täger 1985, S. 8). Die großflächigen Angebotsformen haben dabei wesentlich besser abgeschnitten als die übrigen Geschäftstypen (vgl. Abb. 17).

Hinter dieser Entwicklung steht ein Wettbewerb, der horizontale und vertikale Dimensionen aufweist. Der horizontale Wettbewerb spielt sich **zwischen einzelnen Betriebsstätten, zwischen Betriebsformen, zwischen den Handelsgruppen und auch zwischen Typen von Distributionskanälen** ab. Dieser Wettbewerb ist erheblich intensiver geworden. Hauptursache waren der insgesamt gesehen nur noch schwach steigende Einzelhandelsumsatz bei gleichzeitiger Expansion preisaggressiver neuer Betriebsformen. Die Folge waren sehr niedrige, vor allem in den siebziger Jahren stark gesunkene Umsatzrenditen (1977 0,1%, vgl. Berekoven 1981, S. 232), negative Betriebsergebnisse (1980 0,5% des Umsatzes, vgl. Meyerhöfer 1982, S. 6), eine starke Zunahme der Insolvenzen und eine Abnahme des Umsatzes je qm Verkaufsfläche.

Die **Wettbewerbsvorteile der Großbetriebsformen,** die sich in deren Marktanteilsgewinnen widerspiegeln, führten zu zunehmender Kooperation im nichtorganisierten Einzelhandel. Unabhängige Betriebe haben in dem intensiven Wettbewerb kaum noch eine Überlebenschance.

Aufgrund der Wettbewerbsverhältnisse zeichnen sich für die kommenden Jahre folgende Entwicklungstendenzen im Einzelhandel ab:

- anhaltende Umsatzkonzentration
- nur noch geringe Expansion der Verkaufsfläche
- Abnahme der Standortverlagerungen in Vororte und Randlagen, Favorisierung des Citybereichs und der Vorstädte
- nur noch geringe Marktanteilsgewinne der Verbrauchermärkte
- leichte Marktanteilsgewinne der Warenhäuser
- anhaltendes Umsatzwachstum der Massenfilialisten
- Wachstum der Discounter
- leichte Ausdehnung des Marktanteils des Versandhandels, dessen Wachstumspotential stark von der Akzeptanz der neuen Kommunikationsmittel abhängt
- Kooperationen im Facheinzelhandel auch zwischen den Gruppen ermöglichen eine Behauptung der Position
- Umsatzwachstum der neuen Betriebsform Fachmarkt.

Die Dynamik im **vertikalen Wettbewerb zwischen dem Handel und**

den Herstellern ergibt sich zum Großteil als Resultat der Entwicklungen im Groß- und Einzelhandel. Infolge der Konzentration und Kooperation nahm die **Macht des Einzelhandels im Absatzkanal** erheblich zu. Für die Hersteller bedeutet dies, daß sich der Umsatzanteil je Abnehmer und somit dessen wirtschaftliche Macht erhöht. Viele Hersteller sind von den großen Zentralen der Handelsbetriebe abhängig, so daß diese bezüglich der Lieferbedingungen, Preise, der Produktgestaltung sowie Zusatzleistungen immer höhere Forderungen stellen können. Dieser vertikalen Dimension der Wettbewerbsintensivierung zwischen den Absatzstufen müssen die Produzenten mit Strategien des **vertikalen Marketing** begegnen.

1.2.4 Distributionshelfer

1.2.4.1 Funktionen der Distributionshelfer im Überblick

Distributionshelfer sind wirtschaftlich und rechtlich selbständige Unternehmen, die die Distributionsmittler bei der Erfüllung der Distributionsfunktionen unterstützen. Sie werden nicht Eigentümer der Produkte und tragen somit kein Absatzrisiko. Infolge der Spezialisierung und Arbeitsteilung können diese Hilfsbetriebe spezielle Distributionsaufgaben vielfach mit höherer Effizienz erfüllen. Teilfunktionen wie Transport, Lagerung, Kontaktanbahnung, Finanzierung etc. werden deshalb nicht selten auf sie übertragen (vgl. Walters/Bergiel 1982, S. 89; Rosenbloom 1978, S. 35). Nach den Funktionen, auf die sich diese Betriebe spezialisiert haben, können wir drei Typen von Distributionshelfern unterscheiden:

- Distributionshelfer in der Logistik
- Distributionshelfer in der Akquisition
- Leistungsergänzende Distributionshelfer.

1.2.4.2 Distributionshelfer in der Logistik

Zur Übernahme spezieller Transport- und Lagerungsaufgaben existieren eine Vielzahl von Unternehmen. **Transportunternehmen** bieten allgemeine oder spezialisierte Leistungen mit unterschiedlichen Transportmitteln. Eisenbahn, Lastkraftwagen, Schiff, Flugzeug und Pipe-Line bieten jeweils typische Vor- und Nachteile. Sie sind entsprechend dem jeweiligen Transportproblem auszuwählen (vgl. Abschnitt 1.3.5). Lagerhäuser bieten Lagerleistungen an, die oftmals spezialisierte Leistungen wie z.B. Tiefkühlung oder Lagerung gefährlicher Güter einschließen. In dünn besiedelten Gegenden ist die Errichtung eines Lagerhauses für einzelne Absatzmittler oft nicht wirtschaftlich. Zur kostengünstigen Versorgung solcher Regionen sind Lagerhausbetriebe notwendig.

1.2.4.3 Distributionshelfer in der Akquisition

In der Gruppe der Distributionshelfer in der Akquisition sind solche Institutionen, die lediglich Kontaktfunktionen übernehmen, und solche, die Vertragsabschlüsse herbeiführen, zu unterscheiden. Wichtige **Institutionen zur Kontaktanbahnung** sind die **Medien**, insbesondere Presse, Funk- und Fernsehgesellschaften sowie die **Marktveranstaltungen**. Sie unterstützen bzw. ermöglichen die Übertragung von Informationen über die Produkte vom Hersteller zu einer Vielzahl potentieller Verbraucher. Marktveranstaltungen wie Messen, Ausstellungen und Warenbörsen haben heute ihre Hauptfunktion in der Information über Produkteigenschaften und Preise. Durch die in den vergangenen Jahren stark gestiegene Zahl von Messen und Ausstellungen ist die Entscheidung über die Teilnahme zu einem wesentlichen Problem des Distributionsmanagement geworden.

Vertragsabschlußfunktionen, die Kontakt- und Informationsfunktionen einschließen, werden von selbständigen Handelsvertretern, Kommissionären und Maklern übernommen. Diese Institutionen schließen Verträge auf fremde Rechnung entweder in eigenem (**Kommissionäre**) oder in fremdem Namen (**Handelsvertreter**) ab. Die Hauptfunktion des Maklers ist der Ausgleich der Interessen beider Vertragspartner (vgl. Nieschlag u.a. 1974, S. 634). Beim Einschalten dieser Distributionsorgane bleibt der Hersteller Eigentümer der Produkte. Seine Kontrollmöglichkeit hinsichtlich der Marketingaktivitäten, insbesondere der Preisgestaltung, ist deshalb erheblich besser (vgl. Abschnitt 5.3).

1.2.4.4 Leistungsergänzende Distributionshelfer

Leistungsergänzende Distributionshelfer bieten spezialisierte Dienste an, die die Leistungslücken der anderen Mitglieder im Absatzkanal schließen. Diese Dienste können in der Beratung der Absatzmittler in den Bereichen Werbung, Marktforschung, Recht etc. bestehen. Eine Unterstützung in der **Finanzierung** durch

Banken oder Leasinggesellschaften und der **Absicherung gegen Risiken** durch Versicherungsgesellschaften ist oftmals wichtig. An Bedeutung gewinnt in den letzten Jahren eine Unterstützung bei der Informationsverarbeitung durch Rechenzentren.

1.2.5 Distributionsorgane der Letztverwender

Die Letztverwender, seien es Unternehmen, öffentliche Haushalte oder private Konsumenten, stellen die **Endglieder der Distributionskanäle** dar. Zur Befriedigung ihrer Bedürfnisse müssen auch sie logistische und akquisitorische Distributionsfunktionen übernehmen. Letztverwender werden sich eines Distributionsproblems bewußt, sie suchen nach Lieferanten und Produkten, sie bewerten Lieferanten und Produkte, treffen Kaufentscheidungen, sind in die Verkaufsabwicklung eingeschaltet und übernehmen schließlich auch Transport- und Lagerhaltungsfunktionen.

Für die Hersteller und Händler ist das von den Letztverwendern **geforderte Leistungsbündel** ausschlaggebend für Erfolg und Mißerfolg. In besonderem Maße gilt dies auch für Distributionsleistungen und -kosten. Die Anforderungen der Letztverwender sind dabei keine statische Größe, sondern **etwas Dynamisches.** Mehr oder weniger kontinuierlich verändert sich z.B. die Relation zwischen distributiven Eigenleistungen der Letztverwender und den geforderten Fremdleistungen. So ermöglichte z.B. die zunehmende Motorisierung die teilweise Übernahme von Transportleistungen durch Konsumenten. Zugleich war dies die Voraussetzung für das Entstehen und Wachsen großflächiger Betriebsformen an den Stadträndern oder an bestimmten Verkehrsknotenpunkten. Dieses Beispiel ist insofern nicht untypisch für **Funktionsverlagerungen** auf den Konsumenten, als dieser auch früher schon bereit war, Aufgaben des Handels zu übernehmen, wenn dies für den Verbraucher zu Preissenkungen führte. Zu denken ist an den Übergang von der Bedienung zur **Selbstbedienung,** die sich in immer mehr Einzelhandelsbranchen durchsetzt. Mit beachtlichem Erfolg konnte z.B. die Selbstabholung und der Selbstaufbau von Möbeln als Marketingkonzept realisiert werden. Auch die Expansion von Bau- und Hobbymärkten ist Indikator für die gewachsene Bereitschaft und Fähigkeit von Verbrauchern, Leistungen zu erbringen, die vorher von den Lieferanten erbracht werden mußten.

Ein **Trend** für die Weiterentwicklung der Distributionsaktivitäten der Konsumenten ist nicht allgemein anzugeben. In einigen Bereichen wird der Anteil der übernommenen Funktionen weiter steigen. Es ist aber ebenso denkbar, daß der Verbraucher im Zuge des **Tele-Shopping,** insbesondere bei problemlosen Gütern, die **Frei-Haus-Lieferung** vom Handel verlangen wird. In jedem Fall sind Distributionsfunktionen auch von den Letztverwendern zu übernehmen. Sie sind deshalb bei Distributionsentscheidungen, sowohl hinsichtlich ihrer Bedürfnisse als Zielgruppe als auch hinsichtlich ihrer Leistungen als Distributionsorgane, zu berücksichtigen.

Letztlich ist all das, was das Kaufverhalten der Letztverwender beeinflußt, auch für die Planung distributiver Leistungen von Herstellern und Verwendern relevant. So hat z.B. Tietz auf die Folgen eines Wertewandels bei den Konsumenten im Handel hingewiesen (Tietz 1985, S. 101); Raffée, Silberer und Fritz (vgl. z.B. Fritz 1984, S. 308) machten wiederholt auf die Bedeutung von Warentestinformationen für den Wettbewerb im Handel, in der Industrie und zwischen Handels- und Industriebetrieben aufmerksam. Trotz der Notwendigkeit, das Kaufverhalten der Letztverwender zu kennen, wenn effizientes Distributionsmanagement betrieben werden soll, wird an dieser Stelle darauf nicht näher eingegangen (vgl. dazu Kroeber-Riel 1984; Müller-Hagedorn 1986).

Literaturhinweise zu Kapitel 1.2:

Batzer, Erich (1974b): Marktstrukturen und Wettbewerbsverhältnisse im Großhandel in den Ländern der Europäischen Gemeinschaft, Reihe Absatzwirtschaft, 6, Ifo-Institut für Wirtschaftsforschung, Berlin 1974

Batzer, Erich (1982): Kooperation im Einzelhandel, Reihe Absatzwirtschaft, 11, Ifo-Institut für Wirtschaftsforschung, Berlin 1982

Batzer, Erich u.a. (1984): Die Warendistribution in der Bundesrepublik Deutschland, IFO-Studien zu Handels- und Dienstleistungsfragen Nr. 24, München 1984.

Berger, Sylvia (1977): Ladenverschleiß (Store Erosion) - ein Beitrag zur Theorie des Lebenszyklus von Einzelhandelsgeschäften, Göttingen 1977

Gutenberg, Erich (1984): Grundlagen der Betriebswirtschaftslehre, Bd. 2: Der Absatz, 17. Aufl., Berlin, Heidelberg, New York 1984

Nieschlag, Robert/Kuhn, Gustav (1980): Binnenhandel und Binnenhandelspolitik, 3. Aufl., Berlin 1980

Nieschlag, Robert/Dichtl, Erwin/Hörschgen, Hans (1985): Marketing, 14. Aufl., Berlin 1985

Rosenbloom, Bert (1981): Retail Marketing, New York, Toronto 1981

1.3 Distributionslogistik

1.3.1 Grundprobleme der Distributionslogistik

Die Distributionslogistik hat **räumliche und zeitliche Differenzen** zwischen der Güterproduktion und der Güterkonsumtion zu **überbrücken**. Diese Aufgabe steht häufig in enger Verbindung mit Problemen des Absatzkanalmanagements; manchmal stimmen der logistische Güterfluß und der Akquisitionsweg hinsichtlich der beteiligten Organe überein; in vielen Fällen gibt es allerdings gravierende Unterschiede.

Speziell in der Distributionslogistik liegen noch erhebliche **Effizienzreserven,** zumal generell die **Logistikkostenanteile** am Umsatz zum Teil beachtlich sind (vgl. Abb. 18).

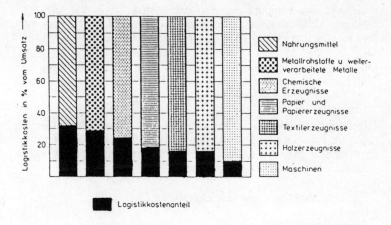

Abb. 18   Anteil der Logistikkosten am Umsatz
Quelle: Studiengesellschaft für den kombinierten Verkehr 1983a, S. 16

Folgende Tatsachen veranlassen die Beschäftigung mit der Distributionslogistik im Rahmen der Behandlung von Problemen des Distributionsmanagement:

o Die Kaufentscheidungen von Letztverwendern orientieren sich
   nicht allein an der "Ware", sondern in hohem Maße an den
   sogenannten Nebenleistungen (z.B. am Lieferservice), die von
   logistischen Leistungen beeinflußt werden.
o Neue Betriebsformen des Handels gehen nicht selten mit logistischen Innovationen einher.
o Neue Technologien verändern Transportwege, Lagerhaltung,
   Verpackung, Verkaufsabwicklung sowie die Informationssysteme der Distributionslogistik. All diese Vorgänge sind für
   das Distributionsmanagement höchst relevant.
o Sehr mächtige Kunden verlagern ihre Logistikprobleme auf die
   Zulieferer (z.B. durch Regalzulieferregelungen oder KANBAN
   bzw. Just in Time-Regelungen).
o Steigende Energiekosten führen zu steigenden Transportkosten.
   Dies kann Anlaß für eine Reorganisation der Distribution sein.

Dennoch wird die **Distributionslogistik** in vielen Unternehmen
nicht genügend beachtet. Zielkonflikte zwischen Abteilungen,
denen logistische Aufgaben zugeordnet sind, ungenügende Kommunikation und unzureichende Beachtung kosten- und leistungs-
mäßiger Abhängigkeiten zwischen den logistischen Teilsystemen
sind nicht selten (Pfohl 1983, S. 726).

Die Distributionslogistik ist **Teil des logistischen Systems** der
Unternehmen und zugleich ein System, an dem mehrere Organe
eines logistischen Kanals beteiligt sind.

Die **Distributionslogistik** umfaßt alle Aktivitäten, die notwendig
sind, um Produkte vom Punkt der Fertigstellung im Unternehmen
zum letzten Punkt im Absatzkanal zu bringen. Die Aktivitäten
umfassen:

- Planung und Gestaltung der Lagerhäuser,
- Lagerhaltung,
- Transport,
- Verpackung und
- Auftragsabwicklung.

Übergeordnet geht es um Probleme der Organisation und um Lo-
gistik-Informationssysteme. Auf diese beiden Problembereiche
wird in Verbindung mit Absatzwegfragen in den Kapiteln 6.5 und 7
eingegangen.

Unter **Distributionslogistik-Management** wird die Planung, Organisation und Kontrolle der distributionslogistischen Tätigkeiten mit
dem Zweck der Erzielung eines gewünschten Lieferserviceniveaus

unter Beachtung der zur Zielerreichung notwendigen Kosten verstanden. Das distributionslogistische System einer Unternehmung hat also dafür zu sorgen, daß **das richtige Produkt im richtigen Zustand zur richtigen Zeit am richtigen Ort zu den dafür minimalen Kosten** zur Verfügung steht (Pfohl 1972, S. 29).

Seit Mitte der 70er Jahre wird vom Konzept der **integrierten Logistik** gesprochen, wenn die Distributionslogistik in enger Verbindung mit der Beschaffungslogistik und der innerbetrieblichen Produktionslogistik gesehen wird.

Eine integrierte Betrachtung hilft nicht nur Doppelarbeit zu vermeiden, sondern auch **Synergieeffekte** zu nutzen. Die isolierte Betrachtung der Distributionslogistik steht dem Konzept der "Integrierten Logistik" nicht im Wege, wenn die Interdependenzen und Schnittstellen zu den anderen Logistiksystemen klar herausgearbeitet werden.

1.3.2 Distributionslogistik als System

1.3.2.1 Vorbemerkung

In einem Logistikkanal üben unabhängige oder abhängige Organisationen gemeinsame, aufeinander abgestimmte Aufgaben aus (**kanalweiter logistischer Prozeß**). Individuelle Erfolgsorientierung, rechtliche Barrieren und Probleme der Verantwortungsübernahme führen jedoch zu Konflikten (Bowersox 1978, S. 40; Wilkinson 1973, S. 4). Insbesondere stellt sich das Problem der **Koordination** in einem komplexen Netz von Waren- und Informationsströmen. Es sind Vereinbarungen über interorganisationale Zusammenarbeit zu treffen, Service-Firmen (Transportunternehmen, selbständige Absatzmittler) zu führen und zu kontrollieren (Bowersox 1978, S. 42) und die **wechselseitigen Abhängigkeiten** der Entscheidungen über die Ausgestaltung der distributionslogistischen Tätigkeiten zu beachten. So führen z.B. niedrige Lagerbestände u.U. zu höheren Transportkosten, oder eine Verringerung der Beschädigungsgefahr hat u.U. höhere Verpackungskosten zur Folge.

Wichtig ist die **Interaktion der Elemente** der Distributionslogistik, also das Ergebnis der gesamten logistischen Distributionsaktivitäten. Die einzelnen Komponenten der Distributionslogistik müssen nicht unbedingt für sich allein optimal gestaltet sein; letztlich kommt es auf das Ergebnis des Zusammenwirkens der

Komponenten der Distributionspolitik an.

Um alle intra- und interorganisationalen Abhängigkeiten erfassen zu können, bietet sich eine **systemorientierte Sicht der Distributionslogistik** an. Diese Sicht erleichtert auch die Vermeidung sogenannter Suboptima in den Komponenten der Distributionslogistik (vgl. Pfohl 1974a, S. 67-80; Rüegge 1975).

Ein **System** besteht, ganz allgemein, aus vier funktionalen Teilen: Input, Prozeß, Output und Rückkopplung (Krulis-Randa 1977, S. 168; Ullrich 1970, S. 100 ff).

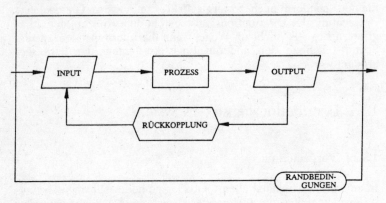

Abb. 19 Elemente eines Systems

Der **systemtheoretische Ansatz der Distributionslogistik** läßt sich aus dem funktionalen Denkansatz wie folgt ableiten:

Funktionaler Denkansatz	→	Systemtheoretischer Denkansatz
Ziele der Distributions-logistik	→	Output
Funktionsbezogene Tätigkeiten (planen der Lagerhäuser, lagern, transportieren, verpacken, abwickeln der Aufträge) und Hilfsfunktionen	→	Input
Abstimmung des Inputs und des Outputs unter Beachtung eines definierten Optimalitätskriteriums	→	Prozeß
Informationsfluß	→	Rückkopplung
Externe und interne Beschränkungen, die die Zielerreichung beeinflussen	→	Randbedingungen

Abb. 20 Übergang von der funktionalen zur systemtheoretischen
Sicht der Distributionslogistik
Quelle: in Anlehnung an Krulis-Randa 1977, S. 169

Output, Input, Prozeß, Rückkopplung und Randbedingungen
werden in den folgenden Kapitel betrachtet.

1.3.2.2 Der Output der Distributionslogistik: Der Lieferservice

Primäres Ziel der Distributionslogistik ist die **Erreichung eines
definierten Lieferserviceniveaus**.

Lieferservice ist ein Teil des **Kundenservice** (vgl. Abb. 21), eine
Tatsache, die in der deutschsprachigen Literatur bis jetzt wenig
Beachtung gefunden hat (vgl. Ballou 1978, S. 64; Meffert 1980,
S. 382 unterscheidet nur Kundendienst vor und nach dem Kauf-
akt).

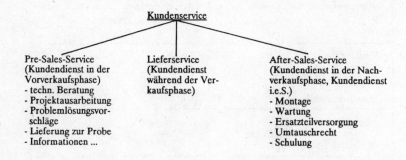

Abb. 21   Lieferservice als Element des Kundenservice

Kundenservicepolitik soll ein **Vertrauensverhältnis** zwischen dem Kunden und der Unternehmung schaffen mit dem Ziel der Bildung von Dauerkundenverhältnissen (Bildung von Präferenzen, Imagebildung). Abbildung 22 zeigt die Komponenten des Lieferservice (vgl. auch Pfohl 1977, S. 242).

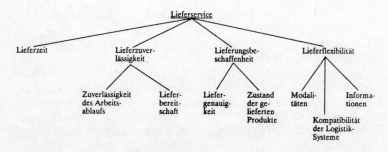

Abb. 22 Die Komponenten des Lieferservice

Unter **Lieferzeit** wird in diesem Zusammenhang nur die distributionsabhängige Lieferzeit (Lieferzeit bei Lagerfertigung) verstanden. Sie setzt sich zusammen aus der Zeit für

- die Übermittlung des Auftrags vom Kunden zum Lieferanten,
- die Bearbeitung des Auftrags,
- das Zusammenstellen (Kommissionieren) und Verpacken,

- die Verladung und den Transport und
- die Einlagerung der Ware beim Kunden (vgl. auch Wagner 1978, S. 14 ff).

Lieferbereitschaft kann auf unterschiedliche Weise gemessen werden (für eine ausführliche Diskussion siehe Pfohl 1972, S. 181 f). So mißt man u.a.

- den Prozentsatz der Wiederbeschaffungszeiträume, in denen keine Fehlmengen im Distributionslager auftreten oder
- die Häufigkeit des Auftretens von Fehlmengen pro Zeiteinheit.

Ob die **Beschaffenheit der Lieferung** Anlaß zu Beanstandungen gibt, hängt vom Zustand der gelieferten Produkte ab und davon, ob die tatsächlich bestellten Produkte in der gewünschten Art und Menge ausgeliefert wurden (= Liefergenauigkeit). Die **Modalitäten** der Auftragserteilung betreffen z.B. die Mindestabnahmemengen, die Auftragsgröße oder die Art der Auftragsübermittlung.

Informationen über den Stand der Auftragsbearbeitung bzw. über die Lieferbereitschaft sind ebenso wichtig wie die Abstimmung des eigenen Distributionslogistiksystems mit den beschaffungslogistischen Systemen der Kunden (= **Kompatibilität**). Wenigstens mit den wichtigsten Kunden sollten Fragen über die Benutzung logistischer Einheiten (Paletten, Container) und die Art der Anlieferung geklärt werden.

Über die außerordentlich **große Bedeutung des Kundenservice und damit auch des Lieferservice** als Kaufentscheidungskriterium geben zahlreiche empirische Untersuchungen Aufschluß. Auch der Erfolg vieler Firmen ist in hohem Maße auf excellenten Lieferservice zurückzuführen (z.B. IBM, Hewlett-Packard).

Marr (1980, S. 434) vergleicht die unterschiedlichen Einschätzungen der Komponenten des Lieferservice bei Kunden und Lieferanten. Er kommt zu dem interessanten Ergebnis, daß die wenigsten Lieferanten wissen, welches Element des Lieferservice von ihrem Kunden am höchsten eingeschätzt wird. Es wäre z.B. kostspielig für einen Hersteller, wenn er die Lieferzeit verkürzt, ohne vorher geprüft zu haben, ob es nicht ausreicht, die Einhaltung zugesagter Lieferzeiten zu sichern. Die **Ausgestaltung der Elemente des Lieferservice ist also abhängig von**

- den Erwartungen der Kunden (differenziert nach Produkten, Kundengruppen und Standorten der Nachfrage),

- der Beurteilung des gegenwärtigen Lieferserviceniveaus und
- dem Lieferserviceniveau der Konkurrenz (Krulis-Randa 1977, S. 171; Rose 1978, S. 282).

Der **Lieferservice als Instrument der Marketingpolitik** soll dazu beitragen, Präferenzen beim Kunden zu schaffen. Daher darf die Leistung des Distributionssystems nicht nur in Kosten gemessen werden (Krulis-Randa 1977, S. 172 und 183).

Da alle absatzpolitischen Instrumente gemeinsam auf die Nachfrage Einfluß nehmen, ist es schwierig, die **mengen- und wertmäßigen Auswirkungen des Lieferservice zu messen** (vgl. zum folgenden: Pfohl 1977, S. 249 ff). Es gibt bisher kaum gesicherte Aussagen über die multikausalen Zusammenhänge zwischen dem Einsatz absatzpolitischer Instrumente und der Nachfrage. Im allgemeinen wird davon ausgegangen, daß die Nachfrage nach einem Gut von dem Nutzen abhängt, der ihm vom Kunden zugemessen wird. Plausibel ist die Hypothese (vgl. Abb. 23), daß **die Nachfrage in Abhängigkeit vom Lieferserviceniveau S-förmig verläuft.** Solange ein Unternehmen einen schlechteren Lieferservice anbietet als seine Konkurrenz, bringt eine Verbesserung nur einen geringen Nachfragezuwachs (Lieferserviceniveau $< K_1$). Verbessert man ein überdurchschnittliches Lieferserviceniveau ($> K_2$) noch weiter, so ist die Nachfragewirkung ebenfalls gering, da man alle Kunden, die sehr großen Wert auf Lieferservice legen, schon von der Konkurrenz abgezogen hat.

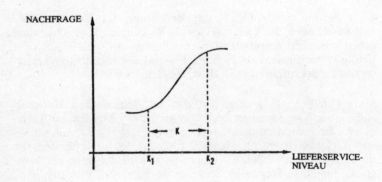

Abb. 23   Hypothese über die Abhängigkeit der Nachfrage vom Lieferserviceniveau
Quelle: Pfohl 1977, S. 250

Sowohl Ballou als auch Morton konnten durch empirische Untersuchungen den Teil der Hypothese unterstützen, der in Abbildung 23 mit K gekennzeichnet ist (siehe hierzu die Literaturangaben bei Pfohl 1977, S. 252).

Ein **höheres Lieferserviceniveau** impliziert normalerweise **höhere Kosten**, die i.d.R. vom Kunden zu tragen sind. Berücksichtigt man diese Tatsache, so ist die Hypothese abzuändern. Die Nachfrage wird sich nicht asymptotisch einem Sättigungsniveau nähern, sondern ab einem bestimmten Lieferserviceniveau wieder fallen (vgl. Abb. 24).

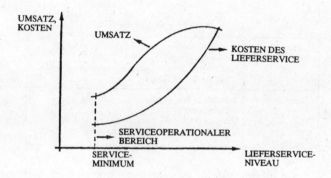

Abb. 24 Nachfrage- und Kostenwirkung des Lieferservice
Quelle: Pfohl 1977, S. 254

Diese abgeänderte Hypothese hat folgende Auswirkungen auf die Formulierung der Lieferservicepolitik:

- Es existiert offensichtlich ein **serviceminimaler Bereich**, unter den kein Anbieter mit seinem Lieferservice gehen kann. Ohne ein Mindestmaß an Sekundärleistungsqualität läßt sich kein Produkt absetzen.
- Lieferservicepolitik läßt sich nur im **serviceoperationalen Bereich** betreiben (vgl. Abb. 24).
- Bietet ein Unternehmen schon einen guten Lieferservice an, so bringen zusätzliche Verbesserungen nur noch geringe Umsatzzuwächse. Es besteht sogar die Gefahr, daß die Erfolgssituation verschlechtert wird. Wird ein überhöhter Lieferservice angeboten, so kann eine Senkung des Lieferserviceniveaus den Gewinn erhöhen.

Ein Beispiel für die Formulierung einer Lieferservicepolitik gibt Tabelle 3 wieder.

Lieferzeit	Die Auslieferung muß innerhalb von 8 Tagen erfolgen Auftragsübermittlung: 1 Tag Auftragsbearbeitung: 2 Tage Kommissionieren und Verpacken: 1 Tag Verladung und Transport: 4 Tage
Lieferzuver- lässigkeit	- Zuverlässigkeit des Arbeitsablaufs: 95% der Lieferungen innerhalb von 8 Tagen, 100% der Lieferungen innerhalb von 9 Tagen, - Lieferbereitschaft: 'A'-Güter: 97% aller Aufträge müssen vom Distri- butionslager befriedigt werden 'B'-Güter: 85% aller Aufträge müssen vom Distri- butionslager befriedigt werden 'C'-Güter: 70% aller Aufträge müssen vom Distri- butionslager befriedigt werden
Liefer- beschaffenheit	- Liefergenauigkeit: 98% aller Aufträge müssen in Art und Menge korrekt sein - Zustand: Die beim Transport beschädigten Produkte dürfen nicht >3% sein.
Informationen	Verkäufer bzw. Kunden können jeden Tag Aufträge übermitteln. Innerhalb von 4 Std. kann verbindliche Auskunft über die Lieferbereitschaft erteilt werden.

Tab. 3 Formulierung einer Lieferservicepolitik

In ähnlicher Weise sind die Auftragsmodalitäten und die Verwendung logistischer Einheiten (vgl. Kap. 1.3.6.2) festzulegen.

1.3.2.3 Input, Prozeß, Rückkopplung und Randbedingungen der Distributionslogistik

Der **Input** bezieht sich auf die Leistungseingabe in den Transformationsprozeß und besteht aus:

- den logistischen Tätigkeiten innerhalb der Entscheidungsbereiche Planung der Lagerhäuser, Lagerhaltung, Transport, Verpackung und Auftragsabwicklung,
- Steuerimpulsen, d.h. Informationen über die Zielerreichung des Systems, die durch Rückkopplung das System regeln, und
- Informationen aus übergeordneten Systemen, die zur Zielerreichung notwendig sind.

Der Input muß bereits auf die operativen Ziele des Systems ausgerichtet sein (Krulis-Randa 1977, S. 173) und läßt sich einfacher quantifizieren als der Output, und zwar in monetären Größen als Kosten.

Durch einen **Prozeß** wird der Input mit dem Output verbunden und damit eine Abstimmung erzielt. Da weder der Input noch der Output fest vorgegeben sind, muß der (ökonomische) Prozeß als **generelles Extremumprinzip** formuliert werden. Die Tätigkeiten der Distributionslogistik führen während des Prozesses zur Erstellung von Leistungen, wobei diese dem Ziel der Erreichung eines gewünschten Lieferserviceniveaus zu dienen haben (Krulis-Randa 1977, S. 174). Der Systemprozeß besteht aus **Kombination, Synchronisation und Harmonisierung.**

Durch **Kombination** der logistischen Tätigkeiten sollen Synergieeffekte ausgenutzt werden. Durch **Synchronisation** wird der Einsatz der logistischen Tätigkeiten zeitlich und durch **Harmonisierung** konzeptionell abgestimmt. Es geht in der Handhabung des Systemprozesses um die Bestimmung des optimalen **Distributionslogistik-Mix** (vgl. Krulis-Randa 1977, S. 175).

Informationen über den aktuellen Zielerreichungsgrad hinsichtlich des Lieferservice und die dafür aufgewendeten **Kosten** beeinflussen das zukünftige Logistik-Mix. Ebenso wichtig für die Gestaltung des zukünftigen Logistik-Mix sind die **langfristigen Ziele der Unternehmung.** Beide Informationen, Kosten und die Übereinstimmung mit den kurz- und langfristigen Unternehmenszielen, dienen mittels der **Rückkopplung** der Steuerung und Kontrolle des Distributionslogistiksystems.

Die **Randbedingungen,** die nicht nur auf die **Ausgestaltung,** sondern auch auf die **Effizienz** des Distributionslogistiksystems Einfluß nehmen, können in unbeeinflußbare externe, unbeeinflußbare interne und beeinflußbare interne Faktoren aufgeteilt werden (vgl. Abb. 25).

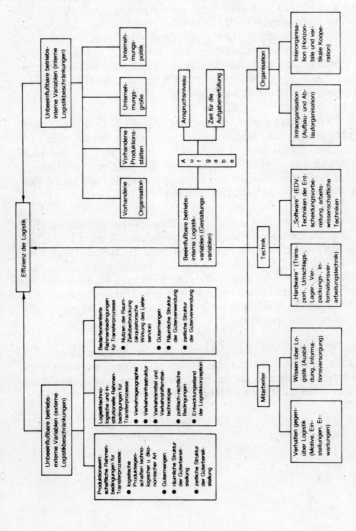

Abb. 25 Externe und interne Einflußgrößen auf die Effizienz und Logistik
Quelle: Pfohl 1980, S. 1203

1.3.2.4 Schlußfolgerungen aus der Systemanalyse

Aus der systemtheoretischen Sicht der Distributionslogistik lassen sich **sieben Schlußfolgerungen** ableiten (vgl. zum folgenden Krulis-Randa 1977, S. 196 und S. 202 f).

- Die Bestimmung des optimalen Distributionslogistik-Mix ist nur dann möglich, wenn die **Kosten** aller das Distributionslogistiksystem bestimmenden Elemente in ihrer Gesamtheit erfaßt werden.
- Die Gesamtheit der Kosten ist nicht die Addition der Elementkosten. Die **wechselseitigen Beeinflussungen** sind zu berücksichtigen.
- Nicht alle Elemente sind in gleichem Maße beeinflußbar (vgl. Abb. 25).
- **Suboptima** in den Entscheidungsbereichen der Distributionslogistik sind zu vermeiden; die Interdependenzen der Subsysteme und die Einflüsse der Außenwelt sind bei der Bestimmung des optimalen Distributionslogistik-Mix zu berücksichtigen.
- Distributionslogistikkosten können nur durch **Manipulation des gesamten Systems** reduziert werden (vgl. insbesondere Krulis-Randa 1977, S. 200 ff). Kostenreduktion in einem Subsystem löst oft eine Kostensteigerung in einem anderen Subsystem aus.
- Nur auf der Basis **solider Informationen** läßt sich eine operative Steuerung des Systems verwirklichen.
- Die operative Steuerung des Systems darf nicht von **organisatorischen Kompetenzabgrenzungen** behindert werden.

Nach dieser konzeptionellen Grundlegung rückt die methodischinstrumentelle Dimension in den Mittelpunkt der Betrachtung.

1.3.3 Planung und Gestaltung der Lagerhäuser

1.3.3.1 Begriff, Arten und Funktionen des Distributionslagers

Distributionslager sind Orte bzw. Punkte der Lagerhaltung, die in den physischen Weg eines Produkts vom Hersteller zum Letztverwender eingeschaltet sind. Dazu gehören **Fertigwarenlager** in der Produktionsstätte, ausgegliederte zentrale, regionale und lokale **Auslieferungslager des Herstellers, Lager in Groß- und Einzelhandelsbetrieben** (einschließlich der Verkaufsräume der Ladengeschäfte), die **Lager von logistischen Distributionshelfern** (z.B. Speditionslager, Lagerhausbetriebe) und schließlich **sonstige Lager** (z.B. von Kommissionären). Im engeren Sinne gehören die Verkaufsräume von Einzelhandelsgeschäften nicht zu den Distributionslagern, da deren Gestaltung i.d.R. nicht primär von logistischen, sondern in erster Linie von akquisitorischen Überlegungen abhängt.

Aus drei Gründen spielen **Distributionslager eine wichtige Rolle**:

- Unternehmen mit Distributionslagern sind leichter in der Lage, Güter am richtigen Ort zur richtigen Zeit zur Verfügung zu stellen.
- Der Lieferservice wird immer mehr zum Wettbewerbsinstrument. Geschickt plazierte Distributionslager vermindern die Lieferzeit.
- Massentransporte sind billiger als Kleintransporte. Die Versendung großer Mengen erfolgt über größere Distanzen (Produzent ---> Distributionslager), die Versendung kleiner Mengen kann auf geringere Distanzen beschränkt bleiben (Distributionslager ---> Kunde)(vgl. Coyle/Bardi 1976, S. 96 ff).

Die Funktionen des Distributionslagers sind in Abbildung 26 dargestellt (vgl. Bowersox 1978, S. 212).

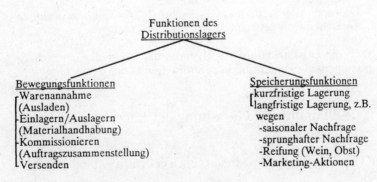

Abb. 26   Funktionen des Distributionslagers

Zusätzliche Funktionen sind:

- Auszeichnen, Etikettieren,
- Kontrolle der ein- bzw. ausgehenden Ware,
- spezielle Be- und Verarbeitungsschritte,

96

- Auftragsabwicklung und
- Verpacken.

1.3.3.2 Standort, Betriebsform, Größe und Anzahl, Entwurf und Kontrolle des Distributionslagers

Bei der Wahl des **Standorts** können drei grundlegende Philosophien verfolgt werden. Falls Produkte im Distributionslager einer Behandlung zu unterziehen sind, falls Saisonartikel längerfristig gelagert werden oder wenn ein Unternehmen an verschiedenen Orten produziert, dann kann ein **produktionsorientierter Standort** von Vorteil sein. Ist die Minimierung der Auslieferungskosten (und damit eine Erhöhung des Lieferserviceniveaus) vorrangiges Ziel, so empfiehlt sich ein **marktorientierter Standort.** Wenn weder Produktions- noch Markterfordernisse ausschlaggebend sind, so erfolgt die Auswahl nach anderen Gesichtspunkten (eventuell gemischt produktions- und marktorientiert) (Rose 1979, S. 121).

Auf jeden Fall sind bei Standortfragen **mindestens folgende Faktoren zu berücksichtigen:**
- gefordertes Lieferserviceniveau,
- Verteilung der Nachfrage über das Absatzgebiet (gleichmäßig oder ungleichmäßig),
- geographische Besonderheiten (Berge, Seen),
- zukünftige Nachfrageentwicklung,
- Verkehrsverbindungen,
- Transport- und Lagerhauskosten und
- Arbeitskräfteangebot.

Zur Lösung von Standortproblemen gibt es eine Reihe von **Operations-Research-Verfahren** (vgl. zum folgenden Tempelmeier, S. 29-113; Fandel, S. 126, Hummeltenberg 1983, S. 461).

Abb. 27   Klassifikation von Standortproblemen

Eine genaue Darstellung, welches Modell in welcher Situation anzuwenden ist, ist im Rahmen dieser Arbeit nicht möglich. Hier sei besonders auf die Arbeit von Fandel (1983) hingewiesen, der 143 Literaturstellen zu Operations-Research-Verfahren für die Marketinglogistik angibt.

Nach der Lösung der Standortfrage stellt sich das Problem der **Betriebsform**, wobei Eigenbetrieb (Miete, Kauf, Leasing) und **Fremdbetrieb** zu unterscheiden sind.

Distributionslager im Fremdbetrieb könnten erwogen werden, weil

- sie von spezialisierten Profis betrieben werden,
- keine Investitionen seitens der Unternehmung nötig sind,
- sie oft in ein Netz fremdbetriebener Lager eingebunden sind und
- sie den Cash-Flow der Unternehmung erhöhen (siehe dazu Coyle/Bardi 1976, S. 115).

Tabelle 4 zeigt die Voraussetzungen für Distributionslager im Eigen- und Fremdbetrieb.

Eigenbetrieb bietet sich an, wenn	Fremdbetrieb bietet sich an, wenn
- die Nachfrage sehr stabil ist, - die Märkte sehr stark konzentriert sind, - ein hoher Lagerdurchsatz gewährleistet ist, - direkte Kontrolle nötig ist, - spezielle Ausrüstung zur Materialhandhabung erforderlich ist, - die Produkte vor der Auslieferung eine spezielle Behandlung erfordern.	- die Nachfrage sehr stark schwankt bzw. saisonal unterschiedlich ist, - die Märkte weit verstreut sind oder häufiger wechseln, - die Transportmittel häufig wechseln, - ein Produkt neu eingeführt wird (Markterprobungsphase, Markteinführungsphase).

Tab. 4   Kriterien für die Wahl der Betriebsform eines Distributionslagers

Wichtig, obwohl nicht immer ausschlaggebend, ist ein **Kostenvergleich**. Dabei wird häufig angenommen, daß bei Lagerhaltung im Fremdbetrieb nur variable Kosten anfallen (vgl. Abb. 28).

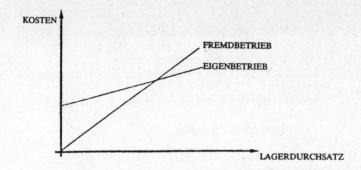

Abb. 28   Lagerhauskosten in Abhängigkeit vom Lagerdurchsatz
Quelle: Coyle/Bardi 1976, S. 110

Diese idealtypische Darstellung geht von zwei Annahmen aus:

- Die variablen Kosten im Eigenbetrieb sind niedriger als im
  Fremdbetrieb und
- der Lagerdurchsatz ist konstant.

Ist die erste Bedingung nicht erfüllt, rentieren sich Lager im
Eigenbetrieb nicht. Nur wenn die in Tabelle 4 aufgeführten Er-
fordernisse zwingend sind, wird man sich für den Eigenbetrieb
entscheiden. Bedingung zwei ist meistens bei solchen Unternehmen erfüllt, die eine breite Produktpalette führen. In diesem Falle
treten Kompensationseffekte auf (Coyle/Bardi 1976, S. 110).

Die Frage nach der **Anzahl der Distributionslager** hängt von
deren **Größe** ab. Je mehr Distributionslager eingerichtet werden,
desto niedriger ist der Platzbedarf für jedes Lager. Dieses Entscheidungsproblem läßt sich mit Hilfe des folgenden Operations-
Research-Ansatzes lösen (vgl. für die exakte Darstellung: Tempelmeier 1983, S. 32):

min Gesamtkosten =

$\sum_{K} \sum_{U}$ (Fixkosten des Lagers k + variable Umschlagkosten

des Lagers k) + $\sum_{J} \sum_{K} \sum_{i \in I_j}$ Kosten für den Transport des

Produkts i von der Produktionsstätte j zum Lager k

+ $\sum_{K} \sum_{l \in L_k} \sum_{I}$ Kosten für die Auslieferung des Produktes i

an das Verbrauchszentrum l

Dabei bedeuten:

K : Anzahl der (potentiellen) Lagerstandorte
U : Anzahl der Kapazitätsklassen im Lager k
J : Anzahl der Produktionsstätten
I_j : Indexmenge der in der Produktionsstätte j hergestellten Produkte
L_k : Indexmenge der dem Lager k zugeordneten Abnehmerstandorte
I : Indexmenge der Produkte

Unter Berücksichtigung der Nebenbedingungen ergibt sich folgender Gesamtkostenverlauf:

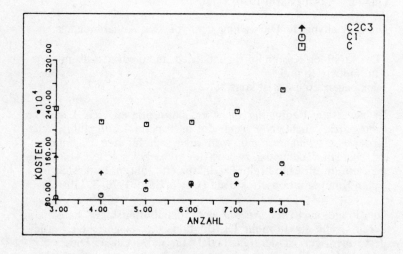

Abb. 29   Verlauf der Gesamtkostenfunktion in Abhängigkeit von der Anzahl der Lagerhäuser
Quelle: Tempelmeier 1983, S. 34

Die gesamten Transportkosten fallen zunächst degressiv. Je mehr Lager in der Nähe der Abnehmerstandorte errichtet werden, um so größere Anteile der Gesamtentfernung zwischen Produktion und Kunde können mit kostengünstigeren Massentransporten überbrückt werden. Sie steigen dann wieder an, denn bei konstanten Bestellrhythmen können die vielen Lager nur noch mit nicht mehr voll ausgelasteten Fahrzeugen beliefert werden. Eine

Verringerung der Bestellzyklen würde zu höheren Lagerkosten führen.

Die Lagerkosten steigen progressiv in Abhängigkeit von der Anzahl der Lager, denn mit zunehmender Anzahl verringert sich die durchschnittliche Lagergröße (mit steigender Lagergröße - und damit steigender Umschlagsmenge - steigen die Lagerkosten nur degressiv, d.h. mit sinkender Lagergröße steigen die durchschnittlichen Lagerumschlagskosten/Mengeneinheit an).

Die optimale Anzahl der Distributionslager ist in unserem Beispiel 5; die Größe der Lager ist damit ebenfalls determiniert.

Der **Entwurf eines Distributionslagers** ist u.a. abhängig von

- den zu lagernden Produkten (Stückgut, Schüttgut, flüssige/gasförmige Güter),
- den zusätzlich zu erbringenden Leistungen,
- der Lagergröße,
- den Transportmitteln, die die Produkte anliefern bzw. abholen,
- dem Grad des Einsatzes von logistischen Einheiten,
- der Anzahl der Ein-/Auslagerungen und
- den Materialhandhabungssystemen (vgl. Rose 1979, S. 130).

Logistische Einheiten sind z.B. Lagerkästen, Flach- oder Boxpaletten oder Container. Man unterscheidet folgende räumliche **Anordnungen** eines Lagers: Flachlager (Höhe < = 6 m), mittelhohe Lager (Höhe < = 10 m), Hochlager und innerhalb solcher Anordnungen noch Bestsellerzonen, Reservelager und Greif- bzw. Kommissionierlager.

Entscheidungen sind weiterhin zu fällen hinsichtlich:

- Art der Kommissionierung
Kommissionieren ist das Zusammenstellen von Waren nach gegebenen Aufträgen. Die Kommissionierleistung wird berechnet nach der Anzahl der kommissionierten Aufträge pro Zeiteinheit (in Abhängigkeit von der Struktur des Auftrags). Da die Kommissionierzeit von großer Bedeutung ist, kommt es auf eine zweckmäßige Ein- und Auslagerung an. Die **räumliche Anordnung** ist als fix anzusehen (z.B. Blockstaffel, Durchlaufregal, Umlaufregal). Damit liegt auch das **Ein- und Auslagerungsverfahren** fest (Stichgangverfahren mit Gangwiederholung, Rundgang ohne Gangwiederholung, Durchgangsverfahren, vgl. Brauer/Krieger 1982, S. 117). Zur Minimierung der Ein- bzw. Auslagerwege bzw. zur Bestim-

mung optimaler Lagerpositionen eignen sich Operations-Research-Verfahren. Bei eindimensionaler Kommissionierung (nur horizontale Bewegungen) hilft die Wahrscheinlichkeitsrechnung (z.B. Kunder/Gudehus 1975), für zweidimensionale Kommissionierung in Hochlagern gibt es spezielle Formulierungen des Traveling-Salesman-Problems.

- Art der Bedienung/Materialhandhabung
Bei innerbetrieblichen Transportsystemen unterscheidet man **fahrerbediente** Fahrzeugsysteme, **fahrerlose Transportsysteme (induktiv gelenkt), mechanisch gelenkte Fahrzeugsysteme, Stetigförderer und andere** (Bandförderer, Wandertische, Kettenförderer).

In der Praxis werden immer **Kombinationen** dieser Transporteinrichtungen vorkommen, wobei vollautomatisierte Lager (vgl. zum Entwurf vollautomatisierter Lager: Krausskopf 1972) immer wichtiger werden, sofern die Lieferserviceanforderungen erfüllbar sind.

Zur **Kontrolle** eines Distributionslagers ist eine Kostenermittlung notwendig. Es genügt nicht, die Lagerungskosten als Prozentsatz des Umsatzes (oder Gewinns), der durch das Lager abgewickelt (oder erzielt) wird, anzugeben. In diesem Fall gibt es keine Bewertungsprobleme (Aufwand und Ertrag derselben Periode werden verglichen), die Kostenverursachung kann aber nicht erkannt werden (Rose 1979, S. 134).

Um die Kostenverursachung festzustellen, müssen folgende **Kostenarten** erhoben werden:

- Lagerungskosten (pro qm/pro 100 Kilo/pro Palette),
- Handhabungskosten (pro Std./pro 100 Kilo/pro Palette)
- Verwaltungskosten (pro Std./pro Auftrag/pro Lagereinheit) und
- Intralagertransportkosten (pro Fahrzeug-km/pro Fahrzeugstd. /pro Auslieferung).

Die Kontrolle dieser Kosten weist u.U. auf schlechte Lagerplanung hin (Rose 1979, S. 135, dort sind weitere Maßgrößen definiert).

1.3.4 Lagerhaltung

1.3.4.1 Funktion und Kosten der Lagerhaltung

Wie kann ein Unternehmen durch **Senkung der Lagerbestände** Kosten senken, ohne das Lieferserviceniveau zu mindern und ohne die Produktion negativ zu beeinflussen? Mit anderen Worten: Von welchem Artikel ist wieviel zu lagern und wann ist wieviel nachzubestellen (Pfohl 1972, S. 95)? Dies ist die zentrale Frage der Lagerhaltung.

Lagerhaltung ermöglicht **Kosteneinsparungen im Produktionsbereich** (Realisierung größerer Fertigungslose) und bildet Barrieren gegen ungewisse Ereignisse (Ausfälle in der Produktion, Streik, unvorhersehbare Mehrnachfrage). Bei **saisonal bedingten Nachfragespitzen** ist ebenfalls Lagerhaltung erforderlich. Am wichtigsten ist aber die **Erhöhung des Lieferserviceniveaus** durch Reduzierung der Wahrscheinlichkeit, daß die Nachfrage nicht befriedigt werden kann (Coyle/Bardi 1976, S. 51). Daneben gibt es weitere Funktionen wie z.B. produktspezifischen Schutz und Reifung.

Aus Abbildung 30 ist zu erkennen, daß die Erreichung eines 100%igen Lieferserviceniveaus mit unvertretbar hohen Kosten einhergeht.

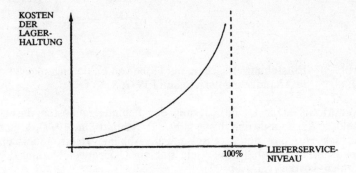

Abb. 30 Kosten der Lagerhaltung in Abhängigkeit vom Lieferserviceniveau

Die **Kosten der Lagerhaltung** setzen sich zusammen aus (Rose 1979, S. 147):

- Bestellkosten,
- Lagerungskosten: Zinskosten in Abhängigkeit von Menge und Wert der Produkte, Schwund, Beschädigung, Versicherung, Steuern, Abschreibung auf Gebäude und Ausrüstung, Berichterstattung, Verwaltung (siehe Lambert/Menzer 1982, S. 56 ff),
- Fehlmengenkosten und
- Beschaffungskosten (Produkteinstandskosten für selbständige Absatzmittler).

Sowohl die Lagerungskosten als auch die Bestell- und Beschaffungskosten sind gut quantifizierbar. Probleme bereiten die Fehlmengenkosten (vgl. Abb. 31).

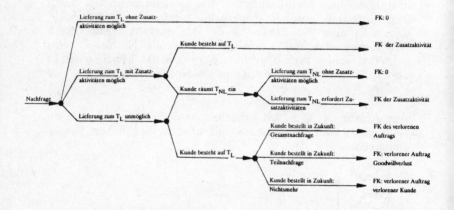

Abb. 31   Entstehungsursachen und Höhe von Fehlmengenkosten
Quelle: in Abänderung nach Schmid 1977, S. 33 f

Auf Modelle zur Quantifizierung der Fehlmengenkosten, insbesondere des Goodwillverlusts, geht z.B. Schmid ein (1977). Unter Berücksichtigung der wechselseitigen Abhängigkeiten innerhalb des Entscheidungsbereichs ergibt sich ein U-förmiger Verlauf der **totalen Kosten** (vgl. Abb. 32).

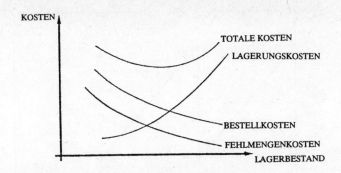

Abb. 32 Die totalen Kosten der Lagerhaltung

1.3.4.2 Komponenten des Lagerbestands

Der Lagerbestand wird durch die Liefer- und Absatzmengen bestimmt. Dabei sind die Liefermengen relativ gut prognostizierbar; schwer vorhersehbar sind vielfach die Absatzmengen. Zur Einhaltung des gewünschten Lieferserviceniveaus muß deshalb nicht nur ein Lagerbestand vorgehalten werden, der einer durchschnittlichen Nachfrage entspricht, sondern darüber hinaus ein Sicherheitsbestand, mit dem Nachfragespitzen abgefangen werden können (vgl. Abb. 33).

Für den Sicherheitsbestand sind vor allem folgende Faktoren maßgeblich (vgl. zum folgenden Pfohl 1985, S. 103):

(1) Länge der Wiederbeschaffungszeit
(2) Fehler der Vorhersage von Nachfrage und Wiederbeschaffungszeit
(3) Angestrebte Lieferbereitschaft
(4) Anzahl der Auslieferungslager

Die **Länge der Wiederbeschaffungszeit** ist von Bedeutung, weil mit der Länge der Wiederbeschaffungszeit die Abweichungen der tatsächlichen Nachfrage von der erwarteten durchschnittlichen Nachfrage größer werden können. Bestrebungen zur Verkürzung von Wiederbeschaffungszeiten können allerdings Kostenerhöhungen (z.B. wegen des Einsatzes schnellerer Transportmittel) zur Folge haben, so daß Kostensenkungen aus der Verminderung des Sicherheitsbestands und Kostenerhöhungen aus der Verkürzung von Wiederbeschaffungszeiten miteinander verglichen werden müssen.

105

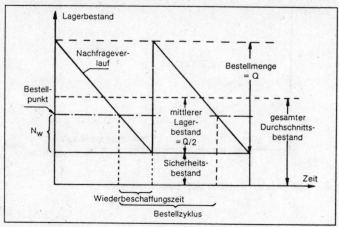

N_W = Nachfrage während der Wiederbeschaffungszeit

Abb. 33   Komponenten des Lagerbestands und Bestell-
dispositionen
Quelle: Pfohl 1972, S. 96

Unmittelbar einsichtig ist, daß der Sicherheitsbestand mit der
Zunahme der **Genauigkeit einer Absatzprognose** (aber auch der
Prognose der Wiederbeschaffungszeit) abnehmen kann. Allerdings
sind für den Sicherheitsbestand nur jene Vorhersagefehler relevant, die zu überhöhten Nachfrageprognosen führen. Von Bedeutung ist dabei nicht nur die Größe des Vorhersagefehlers, sondern
auch die Häufigkeit ihres Auftretens.

Je höher die gewünschte **Lieferbereitschaft** ist, desto größer muß
der Sicherheitsbestand sein. In der Praxis wird i.d.R. das Maß der
Lieferbereitschaft und damit die Wahrscheinlichkeit des Auftretens von Fehlmengen im Lager definiert. Der Ansatz von Fehlmengenkosten und deren Vergleich mit den Kosten zur Vermeidung von Fehlmengen spielt praktisch kein Rolle. Je nach Messung
der Lieferbereitschaft können verschiedene Verfahren zur Ermittlung des Sicherheitsbestands eingesetzt werden. Bei der Definition
des Grads der Lieferbereitschaft ist allerdings zu beachten, daß die
Kosten der Haltung eines Sicherheitsbestands mit der Erhöhung
des Grades der Lieferbereitschaft schneller steigen können als der
Nutzen aus der höheren Lieferbereitschaft.

106

Die **Zahl der Auslieferungslager** wirkt sich insofern auf die Höhe des Sicherheitsbestands aus, als bei mehreren kleinen Auslieferungslagern die Sicherheitsbestände in diesen Lagern höher sein müssen als der Sicherheitsbestand in einem großen Lager. Dies ist auf einen Ausgleichseffekt der Nachfrageschwankungen einzelner Kunden bei höherer Kundenzahl pro Auslieferungslager zurückzuführen.

1.3.4.3 Lagerhaltungsdispositionen

Die Lagerhaltungsdispositionen betreffen die Lagerbestandsführung und damit zugleich Maßnahmen zur Lagerräumung und zur Wiederauffüllung. Während der erste Problembereich bisher von den Logistik-Wissenschaftlern weitgehend vernachlässigt worden ist, hat man sich seit der Veröffentlichung der ersten einfachen **Formel für die optimale Bestellmenge** durch Stefanic Allmeyer im Jahre 1927 um so intensiver mit der Wiederauffüllung beschäftigt. Dabei geht es um die miteinander verbundenen Probleme der Liefermenge, der Bestellmenge, der Bestellzeiten und Bestellfrequenzen.

In der **Grundversion** lautet die Formel für die optimale Bestellmenge wie folgt:

$$BM_{opt} = \sqrt{\left(\frac{200 \cdot BK \cdot DPN}{P \cdot (1 + z)} \right)}$$

Legende:

BM_{opt} = optimale Bestellmenge
BK = feste Bezugskosten, die von der Bestellmenge unabhängig sind
DPN = durchschnittliche Periodennachfragemenge
P = Einstandspreis des gelagerten Gutes
l = prozentualer Lagerkostensatz (Verhältnis der gesamten Kosten des Lagers pro Periode im Verhältnis zum Wert des durchschnittlichen Lagerbestandes)
z = prozentualer Zinskostensatz (gewünschte Durchschnittsverzinsung des in den gelagerten Gütern gebundenen Kapitals).

Zur Lösung derartiger Fragen werden zahlreiche Operations-Research-Verfahren angeboten, die allerdings wegen ihrer teilweise unrealistischen Annahmen in der Praxis nur selten eingesetzt werden. Ausführliche Darstellungen sind z.B. bei Tempelmeier (1983) und Fandel (1983) zu finden.

Die wichtigsten OR-Ansätze lassen sich dem folgenden Schema gemäß klassifizieren (vgl. Abb. 34):

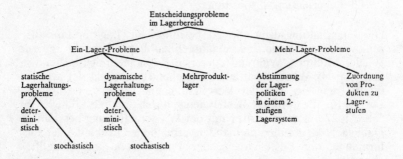

Abb. 34   Entscheidungsprobleme im Lagerbereich

Die einfachste formale Problemstellung betrifft ein **statisches, deterministisches** Problem der Lagerhaltung. Dabei werden folgende Annahmen gemacht:

- die Nachfrage ist kontinuierlich, in ihrer Höhe deterministisch bekannt,
- die Länge der Wiederbeschaffungszeit ist "0", die Wiederauffüllung des Lagers erfolgt unmittelbar nachdem der Lagerbestand b den Bestellpunkt s = 0 erreicht hat,
- die Beschaffungskosten sind unabhängig von der Höhe der Bestellmenge BM, und
- es gibt keine Beschränkungen bezüglich der Bestellmenge BM.

In diesem Fall sieht eine Erweiterung der klassischen Bestellmengenformel um Fehlmengenkosten wie folgt aus:

$$BM_{opt} = \sqrt{\frac{2 \cdot BK \cdot DPN}{LK} \cdot \frac{LK + FK}{FK}} \quad , \quad S_{opt} = \frac{FK}{(LK + FK) \cdot BM}$$

In dieser Formel und in weiteren sind die Symbole wie folgt bezeichnet:

LK = Lagerkosten, BK = feste Bezugskosten, DPN = Durchschnittliche Periodennachfragemenge, BM = Bestellmenge, S = Lagerbestand, FK = Fehlmengenkosten, NF = Nachfragemenge, E(F) = Erwartungswert, daß Fehlmengen auftreten, r_j = prognostizierte NF in der Wiederbeschaffungszeit j.

Ähnliche Formeln existieren für die **Einbeziehung von Mengenrabatten, Sonderpreisen oder Vorpreisänderungen.**

Ist die Periodennachfragemenge R nicht bekannt und liegt für R eine Wahrscheinlichkeitsverteilung E(R) vor, so haben wir es mit einem **statischen, stochastischen Lagerhaltungsproblem** zu tun. Unter den Voraussetzungen, daß kein Sicherheitsbestand gehalten wird und die Fehlmengenkosten FK bekannt sind, wird dieses formale Problem durch Anwendung folgender Formeln gelöst:

$$BM_{opt} = \sqrt{\frac{2 \cdot E(R) \cdot (BK + FK \cdot E(F))}{LK}} \qquad \text{und}$$

$$P\{NF > S_{opt}\} = \frac{LK \cdot BM_{opt}}{FK \cdot E(R)}$$

Diese beiden Gleichungen bilden ein Nicht-Lineares-Gleichungssystem mit zwei Unbekannten, das mittels eines iterativen Verfahrens angegangen wird. Sind jedoch die Fehlmengenkosten unbekannt, so können sie nicht direkt in der Zielfunktion berücksichtigt werden. Ihre Höhe wird dann in einer Nebenbedingung beschränkt (Formulierung eines a-Servicegrades, b-Servicegrades oder einer Lieferzeitbeschränkung).

Bei **dynamischen Lagerhaltungsproblemen** schwankt die Periodennachfragemenge im Zeitablauf. Für den deterministischen Fall gelten folgende Annahmen:

o Endlicher Planungshorizont der Länge T,
o Fehlmengen sind nicht erlaubt,
o Im Planungszeitpunkt $t=0$ ist der Lagerbestand $S=0$,
o Der prognostizierte Bedarf der Periode t, r_j, muß zu Beginn der Periode t im Lager vorliegen,
o Es wird nur ein Produkt betrachtet,
o Die Lagerungskosten werden nur für die von einer Periode t in die nächste Periode $t+1$ übernommenen Produktmengen berechnet.

Zur Lösung eignet sich die **Silver-Meal-Heuristik**:

(1) Setze Kosten (Periode 0) = ∞

(2) Berechne Kosten (Periode T) = $BK + \sum_{i=2}^{T} \dfrac{r_i \cdot (i-1) \cdot LK}{T}$

(3) Falls Kosten (Periode T) < Kosten (Periode T-1), führe eine weitere Iteration durch

(4) sonst ergibt sich $BM_T = \sum_{i=1}^{T} r_i$

Nachteil dieses Verfahrens ist, daß es bei einem lokalen Minimum enden kann. Verläuft die Nachfrage **dynamisch und stochastisch**, so muß ein Sicherheitsbestand gehalten werden. Bei der Prognose der Nachfrage tritt ein Prognosefehler auf, der seinen Niederschlag in einem sogenannten Sicherheitsfaktor findet. Der Bestellpunkt ergibt sich in einem solchen Fall mit:

$Bestellpunkt_T = r_j +$ Sicherheitsfaktor + Standardabweichung

des Prognosefehlers

Eine Methode der Nachfrageprognose ist das **Exponential Smoothing**. Verfahren zur Lösung von **Mehr-Produkt-Lagerproblemen** sind bei Tempelmeier (1983, S. 191-215) zu finden. Die Abstimmung der Lagerpolitik in einem zweistufigen Lagersystem gehört zu den **Mehr-Lagerproblemen**.

Unter der **Minimierung der auf den Grundbestand bezogenen Lagerkosten** wird die Beantwortung der Frage verstanden, wie hoch der kostenminimale Grundbestand in allen Lagerorten (einschließlich dem Zentrallager) ist und in welcher Weise er auf die einzelnen Lager verteilt werden muß.

Bei der **Zuordnung von Produkten zu Lagerstufen** bei gegebenen Standorten liegt das Problem darin, daß in einem Mehr-Produkt-Unternehmen nicht alle Produkte in gleichem Maße am Gesamtumsatz beteiligt sind. Ein großer Prozentsatz des Umsatzes entfällt auf einen kleinen Anteil von Produkten. Daher ist es nicht sinnvoll, Produkte mit sporadischem Bedarf in Zentrallagern und allen Regionallagern zu halten (vgl. Tempelmeier 1983, S. 234 ff).

Damit ist das Problem der **selektiven Lagerhaltung** angesprochen. Tatsache ist, daß nicht alle Artikel für das Unternehmen von gleicher Bedeutung sind, weil sie z.B. in unterschiedlichem Maße zum Umsatz, Wachstum oder Gewinn beitragen. Naheliegenderweise wird versucht, die Kosten der Lagerhaltung dadurch niedrig zu halten, daß für die einzelnen Artikel unterschiedliche Lieferbereitschaften definiert werden.

Wenn in einem speziellen Fall 20% der Artikel 80% des Umsatzes ausmachen (vgl. Abb. 35), so werden diese 20% der Artikel bevorzugt disponiert, sofern im Einzelfall nicht andere Überlegungen dagegen sprechen. Notwendige Voraussetzung einer unterschiedlichen Behandlung der einzelnen Artikel ist eine sogenannte A,B,C-Analyse. In der Regel werden dabei die Artikel nach dem Umsatz in drei oder vier Klassen eingeordnet. A-Artikel tragen in besonders hohem Maße zum Umsatz bei; für sie wird z.B. besonders genau geplant und kontrolliert. A-Artikel werden in allen Lagerhäusern vorrätig gehalten. B-Artikel, also Artikel, deren Anteil an der Artikelzahl in etwa dem Anteil am Umsatz entspricht, werden weniger kostspielig disponiert als A-Artikel. Sie werden z.B. nicht mehr in allen regionalen Auslieferungslagern mit Sicherheitsbestand geführt. Die C-Artikel haben einen hohen Anteil an der Artikelzahl, aber nur einen sehr geringen Anteil am Umsatz. Dementsprechend sind sie u.U. nur noch in einem Zentrallager vorrätig oder sie werden nur auf Bestellung gefertigt.

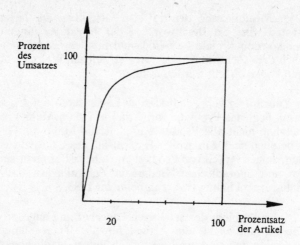

Abb. 35   Artikelanteil-/Umsatzanteil-Kurve

Verfeinerungen der A,B,C-Analyse führten zur stärkeren Gewichtung "**kritischer Artikel**" (Pfohl 1985, S. 113). Solche Artikel sind z.B. für das Unternehmen im Blick auf den Umsatzanteil wenig bedeutend, für den Nachfrager spielt ihre Vorrätigkeit jedoch eine große Rolle. Dies zwingt die Hersteller zu entsprechenden kundenorientierten Lagerdispositionen.

Als zweckmäßig hat sich in der Praxis auch eine zweidimensionale Ordnung von Produkten (P_1, ..., P_{10}) nach dem Umsatz und dem Umsatzwachstum erwiesen (vgl. Abb. 36). Diese Darstellung erlaubt die Berücksichtigung des Umsatzwachstums bei Lagerbestandsdispositionen.

Abschließend sei nochmals betont: Die Lagerhaltungsdispositionen dürfen nicht nur unter Kostenminimierungsgesichtspunkten analysiert werden, wie dies allzu lange geschehen ist. Stets sind die Lieferserviceeffekte, Produktionsauswirkungen, und auch die Verknüpfungen mit den anderen distributionslogistischen Teilbereichen Auftragsabwicklung, Kommissionieren, Verpackung und Transport zu berücksichtigen (vgl. Studiengesellschaft für den kombinierten Verkehr SGKV 1978, S. 34-57).

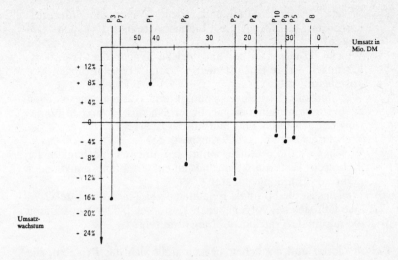

Abb. 36   Ordnung von Artikeln nach Umsatz und Umsatzwachstum

1.3.5 Transport

1.3.5.1 Transportprobleme und Transportdispositionen

In diesem Abschnitt wird nicht auf innerbetriebliche, sondern nur auf außerbetriebliche Transportprobleme eingegangen. Die **Grundfrage** lautet: Wie werden oder sollen Außenlager oder Kunden von herstellereigenen Fabriklagern oder zentralen, regionalen oder lokalen Außenlagern mit Gütern versorgt werden?

Daraus läßt sich erstens die Frage nach den geeigneten **Transportmitteln** und zweitens die Frage nach dem **Träger der Transportleistung** (Eigen- oder Fremdtransport) ableiten. Schließlich stellt sich drittens die Frage nach den **Planungs-, Steuerungs- und Organisationsinstrumenten** für eine zweckmäßige Transportdurchführung.

Auch für diesen Bereich gibt es zahlreiche Operations-Research-Lösungsansätze. Allerdings werden auch in diesem Zusammenhang die Probleme i.d.R. verkürzt und idealtypisch gesehen. Im einzelnen sind **folgende Fragen** zu beantworten:

(1) Welche Transportmittel und welche Träger der Transportleistungen erfüllen die Lieferserviceanforderungen am besten?

(2) Welche Transportmittel und welche Träger der Transportleistungen erbringen definierte Lieferserviceleistungen am kostengünstigsten?

(3) Wie sind die Auslieferungspunkte und Auslieferungsmengen zu bestimmen, um bei gegebener Nachfrage eine Minimierung der gesamten Transportkosten zu erreichen?

(4) Welches ist der kürzeste Transportweg?

(5) Welches ist die optimale Route bei einem Lieferpunkt oder mehreren Lieferpunkten und einem Empfangspunkt oder mehreren Empfangspunkten?

(6) Welches ist die optimale Beladung eines Transportmittels?

(7) Wie läßt sich bei vorgegebenen Kosten und/oder Kapazitäten die maximale Transportleistung ermitteln?

Bei all diesen und ähnlichen Fragen stellt sich das Problem, die Entscheidung an **relevanten Kriterien (Transportkriterien)** zu orientieren. Hinsichtlich der Wahl der Transportvariante (Transportmittel und -träger) sind z.B. **folgende Kriterien** wichtig:

(a) **Kostenkriterien** (Vollkosten oder Teilkosten), und zwar:
  die Transportkosten,
  plus die Kostenauswirkungen in sonstigen Bereichen der Distributionslogistik,
  plus die Kostenauswirkungen außerhalb der Distributionslogistik;

(b) **Leistungskriterien**, und zwar:
  o Transportzeit
  o Transportfrequenz
  o Quantitative und qualitative Eignung der Transportvariante in technischer Hinsicht
  o Vernetzungsfähigkeit
  o Elastizität und Flexibilität der Transportvariante
  o Anfangs- und Endpunkte der Transportvariante (z.B. Bahnhof oder Kundengrundstück)
  o Zuverlässigkeit des Transports
  o Nebenleistungen der Transportvariante (z.B. Leergutrücknahme, akquisitorische Eignung).

Verfahren zur Lösung von Transportproblemen sind nur dann praktisch relevant, wenn sie **Kosten- und Leistungsaspekte** in der gewünschten Form ausreichend beachten. Dies können durchaus auch isolierte Kostenvergleichsrechnungen sein, sofern die Leistungen ähnlich sind.

Die unterschiedlichen **Methoden des Kostenvergleichs** sind in Tabelle 5 zusammengestellt (vgl. Pfohl 1972, S. 149 f).

Kostenvergleich	Anwendungsgebiet	Vorgehen
Vollkosten-vergleich	Neuplanung einer Unternehmung; Entscheidung über Ersatzinvestitionen; Erweiterungsinvestitionen, wenn werkseigene Kapazitäten ausgelastet sind	Vollkosten der Inanspruchnahme eines Spediteurs ↔ Vollkosten des werkseigenen Fuhrparks
Vollkosten-/ Grenzkosten-vergleich	Ausnutzung noch vorhandener Transportkapazitäten oder Anschaffung neuer Transportmittel	Vollkosten des neuen LKW ↔ Grenzkosten der stärkeren Ausnutzung der werkseigenen Güterwagenkapazität
Grenzkosten-vergleich	Es stehen verschiedene eigene Transportmittel mit freien Kapazitäten zur Verfügung: Welches ist für die Bewältigung des Transportmengenzuwachses das kostengünstigste?	Vergleich der Grenzkosten der verschiedenen Transportmittel

Tab. 5   Kostenvergleich zur Ermittlung der günstigsten Transportmethoden

Die Frage nach **Eigen- und Fremdbetrieb** stellt sich nur beim Straßentransport (vgl. ZVEI 1982, S. 44 ff; Slater 1982, S. 72 ff; Rose 1979, S. 69):

Vorteile Fremdbetrieb	Vorteile Eigenbetrieb
- professioneller Service	- größere Kontrolle über Service und Produkte
- nationale und internationale Abdeckung	- Spezialausrüstung
- Delegation von Pflichten und Verantwortlichkeiten	- Werbeträgernutzung
- keine Investitionen/Instandhaltungskosten	- flexibel in der Flächenabdeckung
- flexibel (kombinierter Verkehr)	- stärkere Kunden-Beziehung
	- kurzfristig verfügbar

Tab. 6   Vergleich Eigen-/Fremdbetrieb im Straßentransport

Unter Berücksichtigung versender-, transport- und empfänger-spezifischer sowie außerbetrieblicher Merkmale hat das **Transport-Management** folgende Aufgaben zu erfüllen:

o Transportmittelbereitstellung:
Neben der Ermittlung von speziellen - auftragsabhängigen - Ausrüstungsbedürfnissen, der Auswahl von Spediteuren und allen anderen operativen Tätigkeiten (siehe Rose 1979, S. 87 f) ist der **Transportmittelpark** zu planen. Hier können Operations-Research-Verfahren eingesetzt werden (z.B. Algorithmus von New 1975 oder Algorithmus von Lützenkirchen 1982, siehe Tempelmeier 1983, S. 297 ff).

o Transport-Planung:
Bei der **Routenplanung** sind deterministische und stochastische Probleme zu unterscheiden. Deterministische Probleme werden z.B. mit dem Saving-Algorithmus von Clarke/Wright (Ein-Lager-Lieferplanproblem) oder mit dem Verfahren von Fisher/Jaikumar (Mehr-Lager-Lieferplanproblem) formal gelöst. Zur Transportmengenplanung steht z.B. die Stepping-Stone-Methode von Neumann zur Verfügung (siehe Fandel 1983, Tempelmeier 1983).

Transportentscheidungen weisen zahlreiche **Interdependenzen** mit anderen Entscheidungen auf. Zu denken ist z.B. an Ausstrahlungseffekte auf die Verpackung, die Lagerhäuser, die Auftragsabwicklung, das Kommissionieren, die Lagerhaltung und auf außerlogistische Bereiche.

Im folgenden soll eine Übersicht über Transportmethoden gegeben werden.

1.3.5.2 Transportmethoden

Als **Transportmethoden** stehen Straßentransport, Schienentransport, Leitungstransport, Transport über Wasser und durch die Luft zu Verfügung (vgl. Tab. 7; Zusammenstellung nach Brauer/Krieger 1982, S. 41 ff; Rose 1979, S. 65; Bowersox 1978, S. 111 ff; ZVEI 1982, S. 47 f).

Unter **kombiniertem Verkehr** versteht man die Bildung von **Transportketten** mit dem Zweck, die Vorteile der verschiedenen Verkehrsträger zu kombinieren. Die logistischen Einheiten (Paletten,

Container) werden nicht aufgelöst. Dadurch können die Lager-, Transport- und Umschlagsarbeiten leichter mechanisiert werden.

Eine Kopplung Straße-Schiene ist durch den "Huckepack-Verkehr" (Sattelauflieger) möglich (vgl. Abb. 37).

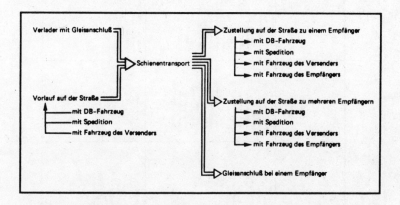

Abb. 37   Beispiele für die Verknüpfung Straße-Schiene
Quelle: SGKV 1983a, S. 71

Roll-On/Roll-Off-Verkehr verknüpft landgebundenen Oberflächenverkehr (Straße, Schiene) mit dem Seeverkehr. Die Verkehrsträger Binnenschiffahrt und Seeschiffahrt werden durch den Einsatz spezieller Leichter (LASH-Lighter Aboard-Ship) miteinander kombiniert (Brauer/Krieger 1982, S. 66 f).

Die spezifischen Merkmale der einzelnen Transportmethoden werden in der folgenden Tabelle 7 beschrieben.

117

Träger	Straße	Schiene	Wasser		Leitung	Luft
			Binnenschifffahrt	Seeschifffahrt		
Bedeutung: - Anteil an der insgesamt der BRD beförderten Gütermenge in % (1985), gerundet - grenzüberschreitender Verkehr (V=Versand, E=Empfang) in % (1985), gerundet	11% (1) 64,3% (2) V: 25,1% E: 13,6%	11% V: 20,5% E: 8,8%	7,3% V: 27,2% E: 32,2%	4,5% V: 27% E: 30,5%	1,9% V: 0,2% E: 0,07%	0,02% V: -- E: 14,9%(4)
Kurzcharakteristik	- landgebundener Oberflächenverkehr mittels LKW - Man unterscheidet: Güternahverkehr (GNV; ≤ 50km) Güterfernverkehr (GFV) grenzüberschreitender GFV (gGFV)	- landgebundener Oberflächenverkehr mittels Eisenbahn - ca. 150 sog. "Nichtbundeseigene" Eisenbahnen erfüllen Zubringer- u. Verteilerfunktion für Deutsche Bundesbahn (DB) - Haus-zu-Haus-Transport: Kooperation mit gewerbl. Güterverkehr - DB bietet auch Straßengütertransport an	- Knotenpunkttransport transportkostenempfindlicher Massengüter (z.B. Containerverkehr Zu- und Ablauftransport der Seehäfen) - Bedeutung wird weiter steigen wegen zunehmender Containerisierung	- Man unterscheidet Linienverkehr, Trampverk.	- Transport innerhalb festgelegter Netze, nur bestimmte Güter, meist kontinuierlich in großen Mengen in eine Richtung - auch offene/gedeckte Rinnen, Rohre, Kabel - wichtig für Mineralölindustrie, Energieversorgungsunternehmen	- z.Z. fast ausschließlich in Ausnahmesituationen für besonders eilbedürftige Güter - Bedeutung wird weiter steigen, da nur 10% der Gesamttransportzeit auf Flug entfallen, 90% entfallen auf Vor- u. Nachlauf, Zollabwicklung, Umschlag
Beförderungsbedingungen	GNV: HGB häufig abbedungen, Allg. Beförderungsbedingungen für gewerbl. GNV; Allg. dt. Spediteurbedingungen GFV: zwingend: Kraftverkehrsordnung für den GFV mit Kfz gGFV: Beförderungsverträge im internationalen Straßengüterverkehr (CMR), viel Verhandlungssache	Eisenbahnverkehrsordnung (EVO), Haftung für Schäden durch Verlust, Beschädigung, Überschreiten der Lieferfrist	Gesetz über den gewerblichen Binnenschiffsverkehr (BSchG)	Linienverkehr: Seefrachtrecht des HGB (aufbauend auf Haager Regeln) Trampverkehr: volle Vertragsfreiheit	(entfällt, da nur Eigenbetrieb)	Warschauer Abkommen, Protokolle von Montreal

Tab. 7 Vergleich der Transportmethoden

Tarife	GNV: Zwingend ist der Tarif für den GNV mit Kfz GFV: Zwingend im Reichskraftwagen-tarif geregelt GÜFG: Vertrags-freiheit	Deutscher Eisen-bahn-Gütertarif (DEGT), Nebenleistungen frei verhandel-bar	im BSchG geregelt	Linienverkehr: einheit Fest-legung auf in-ternationalen Schiffahrts-konferenzen Transportverkehr: volle Vertragsfreiheit	(entfällt, da nur Eigenbetrieb)	Zahlreiche Einzel- und Spezialraten
Kostenstruktur	10-15% fix, 85-90% var., hohe Kosten/Einheit	50-60% fix, 40-50% var., niedrige Kosten/Einheit	15-25% fix, 75-85% var., niedrigste Kosten/Einheit		85-95% fix, 5-15% var., sehr niedrige Kosten/Einheit	20-25% fix, 75-80% var., höchste Kosten/Einheit
Betriebsform	Eigen- und Fremdbetrieb	DB, z.T. Eigenbe-trieb durch Ein-satz von Privat-güterwagen	Fremdbetrieb	Eigenbetrieb	Eigenbetrieb	Fremdbetrieb
Anwendungsgebiete Vorteile/Nachteile	- Tür-zu-Tür-Service - schnell: < 2 Tage überall in BRD - flächenmäßg. Abdeckung: fast jeder Ort erreichbar (gutes Straßennetz in Europa) - hohe Frequenz mögl. - flexibel: für fast alle Güter einsetzbar	- Massengüter - hohe Kapazitäten - gutes Strecken-netz - z.T. Spezial-transporte - Langstrecken-transporte - Nebenleistungen: Lagerung, Umschlag, Zollabfertigung - erfordert stoß-sichere Verpackung	- Massentranspor-ter Produkte (Kohle, Öl) möglich - Containerverkehr - langsame Variante - hohe Verpackungskosten bei nicht containerisierten, verpackungsbedürftigen Gütern wegen langer Transport-zeit		- Massentranspor-te flüssiger/gasförmiger Produkte - hohe Kapazitä-ten - Langstrecken-transporte - inflexibler Transport - schlechteste flächenmäßige Ab-deckung - sehr sicher - Kosten sinken überproportional mit steigendem Durchsatz	- schneller, teuer-ste und sicherste Variante - Total-Cost-Effekt: hohe Frachtkosten, dafür niedrige Verpackungs-, Lagerhaltungs- und Versicherungs-kosten

Quelle der stat. Daten: Statistisches Bundesamt (Hrsg.): Statistisches Jahrbuch 1987 für die Bundesrepublik Deutschland, S.286, Wiesbaden 1987.

(1) Fernverkehr mit Lastkraftfahrzeugen ohne Werkfernverkehr deutscher Lastkraftwagen bis einschl. 4t Nutzlast und Zugmaschinen mit einer Leistung bis einschl. 40 kW.

(2) Nahverkehr mit Lastkraftfahrzeugen ohne grenzüberschreitenden Verkehr und ohne freigestellten Verkehr.

(3) Ohne Verkehr mit der DDR.

(4) Nur Transport von rohem Erdöl.

Tab. 7 Fortsetzung

1.3.6 Verpackung

1.3.6.1 Funktion, Gestaltung und Kosten der Verpackung

Mit dem Begriff **Verpackung** ist die nach dem Verpackungsprozeß feste, relativ leicht zu beseitigende, vollständige oder teilweise Umhüllung des Produktes gemeint. Sie hat folgende Funktionen zu erfüllen:

- o Schutz bei der Raum-/Zeitüberbrückung,
- o Produktionserleichterung (Aufnahme der Produkte), Lagerungserleichterung,
- o Transport- und Umschlagserleichterung,
- o Verkaufserleichterung (Signal- und Informationswert, Anmutungsqualität etc.),
- o Verwendungs- und Entsorgungserleichterung (Knödel 1978, S. 17 ff).

Bei der **Gestaltung** der Verpackung treten verschiedene Wahlprobleme auf, und zwar hinsichtlich:

- o Packstoffen (Glas, Blech, Holz ...),
- o Packformen (unter Beachtung von Apperzeption und Akzeptanz der Formprägnanz sowie Transport und Lagererfordernissen),
- o Packfarben und
- o Möglichkeiten der graphischen und textlichen Gestaltung (für die Kommunikation im mikrologistischen System, im makrologistischen System - z.B. durch Verwendung der Europäischen Artikelnummer EAN - und mit dem Konsumenten).

Die Höhe der Verpackungskosten pro Packung für eine Abrechnungsperiode ergibt sich nach der Formel (Knödel 1978, S. 70 f):

$$\text{Verpackungskosten} = \frac{E + (x - 1) \cdot (R + I) - A + L + K + F + S}{x \cdot m} \ \text{DM/Stück}$$

Dabei bedeutet:

E	= Kosten der Packmittel,
R	= Rücktransport der Verpackung,
A	= Altmaterialwert
K	= Kapitalkosten,
S	= durch Verpackung verursachter Schaden,
x	= Einsatzhäufigkeit der Verpackung,
I	= Instandhaltung und Reinigung,
L	= Personalkosten,

F   = Fremdleistungskosten,
m   = Packmittel in der Unternehmung.

Eine Aufschlüsselung der Kosten nach den Verpackungsfunktionen nimmt Knödel (1978, S. 72 ff) vor.

Die enge Verknüpfung zu den anderen Bereichen der Distributionslogistik kann aus den Funktionen abgeleitet werden. Auch in diesem Falle werden die engen Beziehungen zwischen logistischer und akquisitorischer Funktion deutlich.

1.3.6.2 Bildung logistischer Einheiten

Die **Bildung logistischer Einheiten**, d.h. das Zusammenfassen der auszuliefernden Güter zu größeren Einheiten, dient folgenden Zwecken:

    o Standardisierung der Form in Einheit und Abmessung,
    o Erleichterung des Einsatzes mechanischer Hilfsmittel bei Manipulationsvorgängen,
    o Stapelfähigkeit und
    o Bildung von Transportketten (nach Pfohl 1982, S. 144).

Eine Abgrenzung zwischen den verschiedenen logistischen Einheiten ist nicht immer möglich (vgl. Abb. 38).

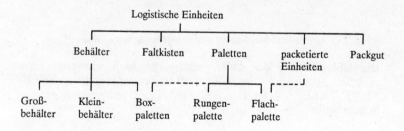

Abb. 38   Logistische Einheiten
Quelle: Pfohl 1972, S. 145

1.3.7 Auftragsabwicklung

Bis jetzt wurden **Objektflüsse** im Distributionslogistik-System betrachtet. Eng verknüpft mit den Objektflüssen sind **Informationsflüsse**

o als Grundlage der Gestaltung und Steuerung des Systems und
o zur Steuerung und Kontrolle des Güterstroms vom Lieferanten zum Kunden (Pfohl 1972, S. 87).

Die Gestaltung und Steuerung des Systems wird in Kapitel 1.3.2 behandelt. Die **Auftragsabwicklung** aber steht in direktem Bezug zum **Sachziel der Unternehmung**. Abbildung 39 zeigt einen Überblick über die Funktionen der Auftragsabwicklung:

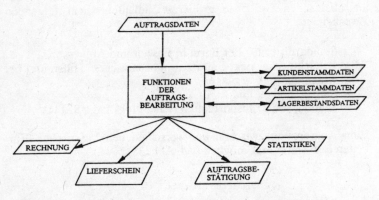

Abb. 39   Datenflußdiagramm zur Auftragsabwicklung

Die **Übermittlung der Auftragsdaten** geschieht entweder fernmündlich, schriftlich, durch Datenfernübertragung (Btx, TELETEXT, TELEFAX, Rechnerkopplung, Telex) oder durch persönliche Abgabe.

Die **Auftragsdaten** (sog. Eingabeereignisdaten) enthalten u.a. die Auftragsnummer, das Auftragsdatum, die Kundenadresse, die Artikelnummer, Mengen, Preise, Liefertermin, Rabatte und u.U. die Kundennummer.

Die Funktionen der Auftragsbearbeitung lassen sich grob untergliedern in:

o Prüfungen (Prüfen Auftrag, - Bonität, - Lieferbereitschaft),

o Erzeugen der Ausgabedaten (Rechnung, Lieferschein, Auftragsbestätigung, Statistiken ...) und

o Datenbestandspflege (Kundenstamm, Artikelstamm, Lagerbestandsdaten ...).

Die **Ausgabeereignisdaten** (Rechnung, Lieferschein, Statistiken, Auftragsbestätigung) nehmen unterschiedliche Wege; so wird die Rechnung z.B. an die Buchhaltung, an den Kunden und u.U. an die Verkaufsaußenstelle weitergeleitet. Eine Analyse, wer die Ausgabeereignisdaten weiter verarbeitet und wer die Stamm-/Referenz- und Hilfsdaten benötigt, ergibt die **Schnittstellen** zu den anderen Systemen der Distributionslogistik und den anderen Systemen der Unternehmung. Heute erfolgt die Auftragsbearbeitung mittels **maschineller On-Line-Systeme**. Hierzu gibt es die verschiedensten Standard-Software-Lösungen.

Literaturhinweise zu Kapitel 1.3

Ballou, R.H. (1978): Basic Business Logistics; Englewood Cliffs 1978

Bowersox, D.J. (1978): Logistical Management; New York 1978

Herron, D.P. (1980): The Use of Computers in Physical Distribution management; Sonderheft des IJPD&MM, 1980

Heskett, J.L. (1977): Logistics - Essentials to Strategy; in: HBR 6(1977), S. 85-96

Krulis-Randa, J.S. (1977): Marketing-Logistik; Schriftenreihe des Instituts für betriebswirtschaftliche Forschung an der Universität Zürich, Bd. 21; Bern, Stuttgart 1977

Pfohl, H.-Chr. (1983): Logistik als Überlebenshilfe in den achtziger Jahren; in: ZfB 8(1983), S. 1201-1228

Pfohl, H.-Chr. (1985): Logistiksysteme, Betriebswirtschaftliche Grundlagen, Berlin u.a. 1985

Rose, W. (1979): Logistics Management; Dubuque, Iowa 1979

Tempelmeier, H. (1983): Quantitative Marketing-Logistik, Berlin u.a. 1983

2 Analyse der Distributionssituation

2.1 Aufgaben der Situationsanalyse

Nachdem in Abschnitt 1.1.6 ein Grundkonzept für ein Distributions-Management entworfen und in den Kapiteln 1.2 und 1.3 auf das notwendige Sachwissen hinsichtlich der Organe der Distribution und der Distributionslogistik eingegangen wurde, sollen in den folgenden Abschnitten einzelne **Aufgabenbereiche eines Distributionsmanagementprozesses** behandelt werden.

Da für sozio-ökonomische Systeme keine generell gültigen optimalen Handlungsalternativen bestimmt werden können (vgl. Staehle 1980, S. 69), kommt es darauf an, Handlungsalternativen zu finden, die einer spezifischen Situation angemessen sind. Am Beginn von Distributionsentscheidungsprozessen steht infolgedessen eine eingehende **Situationsanalyse**.

Eine solche Situationsanalyse hat es auch im Rahmen der Distribution mit einem dynamischen Wandel zu tun, dessen Tempo zunimmt. Notwendig ist deshalb eine **Früherkennung** von Sachverhalten, die für ein erfolgreiches strategisches und taktisch-operatives Distributionsmanagement relevant sind.

Die Situationsanalyse muß sich dabei auf folgende **Aufgaben** konzentrieren (vgl. Töpfer/Afheldt 1983, S. 6-23; Hinterhuber 1980, S. 37-57):

o **Analyse und Prognose der distributionsrelevanten unternehmensinternen und -externen Veränderungen:**
Chancen und Risiken von Unternehmen in Distributionskanälen und von Distributionskanälen insgesamt ergeben sich aus Veränderungen der Umwelt der Distributionskanäle und aus Veränderungen im Insystem. Es kommt darauf an, jene Faktoren zu ermitteln, die für den Erfolg von Distributionskanälen insgesamt und für das einzelne Unternehmen im Kanal ausschlaggebend sind. Diese Faktoren werden als **kritische Erfolgsfaktoren** bezeichnet. Das Leistungspotential eines Distributionskanals und des einzelnen Unternehmens sollte mit diesen kritischen Erfolgsfaktoren korrespondieren.

o **Analyse und Prognose der Position des Distributionskanals im Markt und der Position des Unternehmens im Distributionskanal:**

Die Positionsanalyse bezieht sich auf Struktur- und Verhaltensmerkmale des Kanals und der Kanalmitglieder. Dies erlaubt die Identifikation von Leistungs- und Machtpotentialen. Zu denken ist z.B. an verfolgte Ziele, Strategien, Taktiken und operative Maßnahmen sowie an Machtressourcen der verschiedensten Art.

o **Stärken-Schwächen-Analyse:**

Der Vergleich der Leistungspotentiale mit den kritischen Erfolgsfaktoren unter Berücksichtigung der Konkurrenzsituation ermöglicht die Identifikation von Stärken und Schwächen, und zwar Stärken und Schwächen der Distributionskanäle und solche des Unternehmens im Distributionskanal. Aus dieser Gegenüberstellung läßt sich u.U. der "Strategische Fit" bzw. die "Strategische Lücke" ermitteln (vgl. Abb. 40).

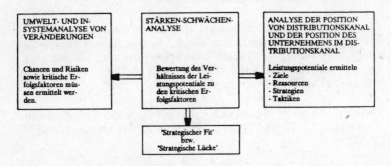

Abb. 40   Aufgaben der Situationsanalyse

o **Analyse der Handlungsfreiräume:**

Zweckmäßigerweise wird eine Situationsanalyse mit der Suche nach den Handlungsfreiräumen verknüpft. Derartige Informationen über den Handlungsspielraum erleichtern die Identifikation erfolgversprechender defensiver oder offensiver Strategien und taktisch-operativer Maßnahmen.

In allen Aufgabenbereichen der Situationsanalyse ist eine **Konkurrenzanalyse** wesentlicher Bestandteil, sei es eine Analyse konkurrierender Unternehmen im gleichen Distributionskanal oder eine Analyse von konkurrierenden Distributionskanälen.

2.2 Bereiche der Situationsanalyse

2.2.1 Objekte der Distribution

Ein wesentlicher Einfluß auf das Management von Distributionskanälen geht von den **Produkten** aus, die zu distribuieren sind.
Dabei ist vor allem an folgende **Eigenschaften** zu denken:

o Materialeigenschaften
   (chemisch-physikalische Eigenschaften wie Aggregatzustand,
   Umweltempfindlichkeit, Gewicht, Größe, Sperrigkeit, Halt-
   barkeit)

o Technisch-funktionale Eigenschaften
   (Ge- oder Verbrauchsgut, technischer Verwendungszusammen-
   hang)

o Technische Komplexität und Erklärungsbedürftigkeit
   (z.B. hoch, mittel oder gering)

o Ergänzungsbedürftigkeit durch Dienstleistungen
   vor, während oder nach dem Kauf (z.B. viele oder wenige
   Garantie- und Serviceleistungen)

o Qualitäts- und Preislage
   (z.B. hohes, mittleres oder niedriges Niveau)

o Anforderungen an das Fachwissen von Verkauf und technischem
   Kundendienst

o Bedarfs- und Einkaufshäufigkeit

o Imagesensibilität und Imageausstrahlungseffekte
   (z.B. Problem der Irradiation des Images einer Verkaufsstätte auf
   das Image eines Produkts)

o Neuheitsgrad bzw. Alter des Produkts im Lebenszyklus.

All dies ist mehr oder weniger für die logistische und akquisitorische Distribution bedeutsam (vgl. Ahlert 1985, S. 40-45). Auf
die Konsequenzen für das Design und die Führung von Absatzkanälen wird an anderer Stelle eingegangen.

2.2.2 Zielmärkte der Distribution

Die Zielgruppen auf den Absatzmärkten sind Endglieder jedes Distributionskanals. Ein Distributionskanal muß die **Zielgruppen möglichst lückenlos und ohne "Streuverluste" erfassen**. Zugleich müssen die Anforderungen dieser Zielgruppen an die Leistungen eines Distributionskanals im Rahmen des ökonomisch Vertretbaren möglichst gut erfüllt werden. Dies erfordert eine genaue Kenntnis der Zielmärkte hinsichtlich distributionsrelevanter Zustands- und Verhaltensmerkmale.

In der folgenden Tabelle 8 sind einige wichtige **Merkmale von Zielmärkten** aufgeführt, die für das Distributionsmanagement relevant sind.

Hinsichtlich der Bedeutung dieser Zielmarktmerkmale für das Distributionsmanagement wird auf die folgenden Abschnitte verwiesen. Exemplarisch sei erwähnt, daß z.B. die Neigung spezieller Konsumenten einer Zielgruppe, eine bestimmte Betriebsform zu präferieren, für den Hersteller diese Betriebsform attraktiver macht als andere.

Konkret ist daraus zu folgern, daß eine **distributionsbezogene Marktforschung von Herstellern** nicht nur die unmittelbaren Abnehmer im Absatzkanal, sondern auch die Endnachfrager einbeziehen muß.

Angemerkt sei, daß sich das Distributionssystem an die Zielgruppen und deren Verhalten nicht nur **anpassen** muß; Distributionssysteme sind auch in der Lage, das Kaufverhalten zu **beeinflussen**.

- **Markttyp**

  - Konsumentenmarkt
  - Markt der öffentlichen Betriebe
  - Produzentenmarkt

- **Demographische Merkmale**

  - Geschlecht und Alter der Zielpersonen
  - soziale Schicht der Zielpersonen
  - Einkommen, Lebenszyklus von Familie oder Unternehmen

- **Geographische Merkmale**

  - Bevölkerungsdichte
  - Fläche des Zielmakrtes
  - geographische Lage und Klima

- **Psychographische Merkmale**

  - Motive, Wünsche, Bedürfnisse
  - Einstellung, Meinungen
  - Werte, Normen
  - Lebensstil der Zielgruppe
  - Persönlichkeitsvariable

- **Kaufverhaltensmerkmale**

  - Markentreue, Treue zum Einzelhändler
  - Verwendungsrate und Kaufhäufigkeit
  - Zahl der Personen im Entscheidungsprozeß
  - Ablauf des Entscheidungsprozesses (Verhaltenstypen)
  - Preissensibilität
  - Mediengewohnheiten

- **Wettbewerbssituation im Markt**

  - Zahl und relative Größe konkurrierender Anbieter
  - Zahl konkurrierender Kanäle
  - deren Marktanteil und Wachstum
  - Marktanteile der Produkte und Hersteller

- **Größe des Zielmarktes**

  - Zahl der Kunden, Beschaffungsanteile der Kunden
  - Markt- und Absatzpotential
  - Absatz und Umsatz
  - Wachstumsraten

Tab. 8   Distributionsrelevante Merkmale des Zielmarktes

2.2.3 Distributionskanal

Analysiert ein Produzent Distributionskanäle, so stehen **zwei Problemkreise** im Zentrum:

(1) die Attraktivität sowie die relativen Stärken und Schwächen realisierbarer Distributionskanalsysteme
(2) die Hersteller-Absatzmittler/-helfer-Interaktionssituation im Blick auf die Attraktivität als Partner im Distributionskanal und im Blick auf die interaktionsrelevanten Machtrelationen.

Die **Attraktivität eines Distributionskanalsystems** für einen Produzenten ergibt sich in erster Linie aus dem Vergleich des **Leistungspotentials des Kanals** mit den **Anforderungen der anvisierten Endglieder des Kanals** (d.h. der Zielgruppen) und den **Anforderungen der Umwelt** dieser Zielgruppen. Letztlich handelt es sich um die Erfassung von **Chancen und Risiken** alternativer Absatzkanäle in den relevanten Umfeldern. Dabei zeigt sich i.d.R., daß die einzelnen Distributionskanäle **Stärken und Schwächen** aufweisen.

Im folgenden sind exemplarisch **Leistungspotentiale** zusammengestellt, die bei einer **distributionskanalbezogenen Attraktivitätsanalyse** eine Rolle spielen:

o **Marktposition des Kanals**
  - Marktanteil des Kanals
  - Wirtschaftlichkeit
  - Wachstumspotential
  - Finanzielle Ressourcen
  - Zahl und Größe der Distributionsorgane
  - ...

o **Marketingpotential**
  - Image des Kanals
  - Sortimentsbreite und -tiefe
  - logistische und akquisitorische Zielgruppennähe
  - Flexibilität
  - Preisniveau
  - Informationsbeziehungen
  - ...

o **Logistikpotential**
  - Lagerkapazitäten
  - Lieferservice
  - Logistikkosten
  - ...

o **Qualifikation der Verkaufspersonen**
  - Beratungs- und Kundendienstleistung
  - Flexibilität der Verkaufspersonen
  - Motivation der Verkaufspersonen
  - ...

o **Vertikales Marketingpotential**
  - Kooperation zwischen Distributionsorganen
  - Motivation der Distributionsorgane
  - Konflikte
  - Managementpotential des führenden Unternehmens
  - ...

Eine distributionskanalorientierte Analyse der Interaktionssituation, in der sich die Hersteller und Absatzmittler/-helfer befinden, muß die **doppelte Interessenlage der Beteiligten** berücksichtigen:

(1) Hersteller und Absatzmittler (in weniger starkem Maße die Absatzhelfer) sind **einerseits Kooperationspartner**, die zusammen eine Distributionsleistung erbringen müssen, die im Blick auf die Anforderungen der Endglieder der Absatzkette besser ist als diejenige konkurrierender Distributionskanäle.

(2) **Andererseits** sind Hersteller und Absatzmittler (-helfer) **Träger divergierender Interessen**. Jeder möchte zu Lasten des anderen Vorteile aus ihrer Lieferanten-Kunden-Beziehung erzielen. So gesehen sind sie Konkurrenten, die jeder für sich nach einem möglichst positiven Kosten-Nutzen-Verhältnis streben.

Während im ersten Fall primär die jeweiligen Leistungspotentiale von Herstellern und Absatzmittlern/-helfern sowie deren Komplementarität und Substitutionalität interessiert, ist im zweiten Fall in erster Linie die relative Machtposition der Beteiligten ausschlaggebend.

Hinsichtlich der **Leistungspotentiale der Unternehmen im Kanal** sind z.B. folgende Charakteristika beachtenswert:

o **Marktposition der Unternehmung**
- Marktanteile
- Kosten- und Erlössituation
- Wachstumspotential
- Finanzielle Ressourcen
- ...

o **Marketingpotential**
- Image der Produkte
- Produktprogramm
- Kundennähe
- Flexibilität
- Preispolitik
- Informationsfluß
- ...

o **Logistikpotential**
- Lagerkapazitäten
- Lieferservice
- Logistikkosten
- ...

o **Qualifikation der Mitarbeiter**
- Organisationsklima
- Flexibilität der Mitarbeiter
- Führungspotential
- ...

Auf die Probleme Macht und Konflikt in Distributionskanälen wird an anderer Stelle gesondert eingegangen (vgl.Kapitel 8.1).

2.2.4 Umfelder der Distribution

Zu den relevanten Bereichen des Umfeldes zählen alle Phänomene, die mit dem Distributionskanal in Beziehung stehen. Tabelle 9 zeigt die **Umsysteme der Distribution**. Es ist zu erkennen, daß auch der Produktionsbetrieb selbst zum Teil dem Umfeld zuzurechnen ist. Bei der Analyse wird deshalb das **organisationsinterne und das organisationsexterne Umfeld** unterschieden. In Tabelle 9 sind die distributionsrelevanten Attribute des Umfeldes zusammengefaßt.

organisationsexternes Umfeld	
● <u>ökonomisches Umfeld</u>	● <u>sozio-kulturelles Umfeld</u>
- Konkurrierende Distributions- kanäle	- Bevölkerungsstruktur und -ent- wicklung
- Wachstum des Zielmarktes	- Mobilität und soziale Bindungen
- relativer Marktanteil	- Verbraucherbewußtsein
- gesamtwirtschaftliche Entwicklung Preise, Konjunktur, Struktur, Konzentration im Handel ... - ...	- Erwerbsquote und Arbeitszeit - soziale Werte der Verbraucher Statusdenken, Konsumverweigerung, Selbstverwirklichung ... - ...
● <u>rechtliches Umfeld</u>	● <u>technologisches Umfeld</u>
- Gesetz gegen Wettbewerbsbeschrän- kungen Fusionskontrolle, Mißbrauchs- aufsicht, Preisbindungsverbot ... - Gesetz gegen unlauteren Wett- bewerb Klagerechte, Sonderverkaufs- aktionen ... - Datenschutzrecht Verbot der Weitergabe personen- bezogener Daten ... - ...	- im Bereich des Transports: zuneh- mende private Motorisierung, neue Transportsysteme ... - im Bereich der Lagerung: Automa- tisierung der Lagerungsprozesse, EDV-gestützte Verwaltung - im Bereich des Verkaufs: Bestellungen und Rechnungser- stellung über EDV, bargeldloser Zahlungsverkehr, neue Kommunika- tionswege ... - ...

organisationsinternes Umfeld	
● <u>Marketingsystem</u>	● <u>Nicht-Marketingsystem</u>
- Marketingziele Umsatz, Marktanteil, Image ...	- Produktion Losgrößen, zeitl. Verlauf ...
- Produktpolitik Innovationen, Qualität ...	- Finanzwesen Budgets, Kapitalbindung ...
- Preispolitik Marktdurchdringung oder -abschöpfung ...	- Rechnungswesen Kostenplanung und -kontrolle ...
- Kommunikationspolitik Sender, Empfänger, Inhalt ...	- Personalwesen Auswahl der Verkaufspersonen, ...

Tab. 9   Distributionsrelevante Merkmale des Umfeldes

Einige Beispiele einschneidender Umweltveränderungen mögen genügen, um die Notwendigkeit ihrer Beachtung im Rahmen des Distributionsmanagement nachzuweisen:

o **Veränderungen im ökonomischen Umfeld**
- Die Zunahme der Einkommen ermöglichte eine zunehmende Motorisierung der Verbraucher. Damit war die Voraussetzung für das Entstehen von Verbrauchermärkten "auf der grünen Wiese" geschaffen.
- Der starke Benzinpreisanstieg seit der ersten Ölpreiskrise 1974 bis zum Jahre 1985 begünstigte (vor allem in den USA) Nachbarschaftsläden und Verbrauchermärkte mit kleineren Verkaufsflächen.

o **Veränderungen im sozio-kulturellen Umfeld**
- Die wachsende Gastarbeiterzahl führte in den sechziger Jahren zu Vorteilen bei innerstädtischen Warenhäusern, Supermärkten und sonstigen stadtnahen Selbstbedienungsläden. Die Gründe dafür waren die oft innerörtliche Wohnlage der Gastarbeiter, das Angewiesensein auf öffentliche Verkehrsmittel und die anfangs fehlenden Kenntnisse in der deutschen Sprache.
- Die Rückbesinnung auf traditionelle Werte und die zunehmende Vereinsamung älterer Personen machte den Tante-Emma-Laden mit persönlicher Bedienung in speziellen Konsumentensegmenten interessant.
- Die zunehmende Berufstätigkeit der Hausfrauen begünstigte Betriebsformen, die nicht an vorgeschriebene Ladenöffnungszeiten gebunden sind (z.B. Versandhandel, Bahnhofsgeschäfte).

o **Veränderungen im rechtlichen Umfeld**
- Die Baunutzungsverordnung und entsprechende Initiativen zu ihrer Verschärfung im Jahre 1986 werden städtische Einzelhandelslagen gegenüber außerstädtischen Standorten aufwerten.
- Die Kartellgesetzgebung und Rechtsprechung versucht durch Fusionskontrollen und -verbote speziell die Nachfragemacht von Einzelhandelsgruppen zu begrenzen.

o **Veränderungen im technischen Umfeld**
- Der Computereinsatz an Kassen und in der Distributionslogistik wird weiterhin erhebliche Rationalisierungen und Effizienzsteigerungen zulassen.

- Die neuen Medien (Btx, Telefax, Kabelfernsehen usw.) werden die Zielgenauigkeit der Werbemittelstreuung erhöhen und zu räumlichen Strukturveränderungen im Handel führen.
- Die technischen Möglichkeiten zur Abwicklung des Zahlungsverkehrs (Scheckkarte, Kundenkarten usw.) werden neue Möglichkeiten zur Leistungsdifferenzierung in Einzelhandelsbetrieben eröffnen.

Auf die sich wandelnden Chancen und Risiken in der Umwelt kann das Management mit drei **Basisstrategien** reagieren (vgl. Walters/Bergiel 1982, S. 79 f):

o **Ignorieren der Umwelt**
In einigen Fällen sind die Auswirkungen der Umweltveränderungen so gering, daß sie ignoriert werden können. Diese Strategie hat i.d.R. aber nur kurzfristig keine negativen Wirkungen auf den Erfolg. Langfristig wird sie zu einer Schwächung der Wettbewerbsposition führen.

o **Anpassen an die Umwelt**
Eine Anpassungsstrategie birgt die Gefahr in sich, daß die Anpassung zu spät eingeleitet wird, wenn keine sicheren Prognosen über die Umweltentwicklung vorliegen.

o **Aktive Veränderung der Umwelt**
Eine proaktive Politik der Innovation im Marketing ermöglicht die Einflußnahme auf Umweltentwicklungen. In vielen Fällen ist die Veränderung der Umwelt aktiv einzuleiten, um Wettbewerbsvorteile zu erlangen. Zu denken ist z.B. an eine aktive Förderung von Fußgängerzonen in historischen Altstadtkernen durch Betriebe des mittelständischen Facheinzelhandels mit hochwertigen Gebrauchsgütern, die für Fußgängerbereiche geeignet sind.

2.3 Techniken der Stärken-Schwächen-Analyse

Die interne und externe Umfeldanalyse liefert Informationen über **situationsspezifische kritische Erfolgsfaktoren** und ermöglicht die **Beurteilung der Attraktivität von Distributionskanälen**. In der Distributionskanalanalyse wurden u.a. Leistungspotentiale ermittelt. Aufgabe der **Stärken-Schwächen-Analyse** ist es, die strategische Wettbewerbsposition der Unternehmung oder eines Absatzkanals zu beurteilen. Hierzu werden die Leistungspotentiale mittels unterschiedlicher **Techniken** bewertet. Einige dieser

Techniken werden im folgenden dargestellt (vgl. hierzu Kotler 1971, S. 287-296; Hinterhuber 1980, S. 46-49):

o **Punktbewertungsverfahren (Scoring-Modelle)**
Die einzelnen kritischen Erfolgsfaktoren werden entsprechend ihrer Bedeutung mit Gewichtungen versehen. Die Potentiale des Kanals werden z.B. im Vergleich zum stärksten konkurrierenden Kanal beurteilt. Dem Beurteilungsbereich von "sehr schwach" bis "sehr stark" werden Punktwerte zugeordnet. Die Multiplikation des Punktwertes mit der Gewichtung des Faktors ergibt einen gewichteten Punktwert. Die Summe dieser Werte über alle Erfolgsfaktoren ergibt den gewichteten Gesamtpunktwert für den analysierten Kanal. Er gibt im gewählten Beispiel die relative Stärke bzw. Schwäche des Kanals an. Bei diesem Verfahren wird eine aggregierte Bewertung vorgenommen, wodurch die Detailinformation über einzelne Erfolgspotentiale verlorengeht. Diese ist in dem als Entscheidungskriterium errechneten Gesamtpunktwert nicht enthalten. In Tabelle 10 ist ein fiktives Beispiel eines Scoring-Modells wiedergegeben. Bei der hier gewählten Punktezuordnung ist ein Gesamtpunktwert von größer Null ein Hinweis auf eine relative Stärke des Kanals im Wettbewerb.

o **Stärken-Schwächen-Profil**
Bei der Erstellung eines Stärken-Schwächen-Profils werden wie bei Scoring-Modellen die kritischen Erfolgsfaktoren in die Basisspalte einer Bewertungsmatrix eingetragen. Die Kopfzeile enthält die Bewertungsdimension von "sehr schwach" bis "sehr stark". In die Matrixfelder wird die Bewertung des Erfolgspotentials des Distributionskanals (oder Unternehmens) im Vergleich zu dem stärksten Konkurrenzkanal (oder Unternehmen) bezüglich der kritischen Erfolgsfaktoren eingetragen. Abbildung 44 im Kapitel 4.5.1 zeigt Stärken-Schwächen-Profile für zwei Absatzkanäle, die für einen konkreten Anwendungsfall erstellt wurden.

Stärken-Schwächen-Profile geben einen sehr guten Überblick über die spezifischen Stärken und Schwächen der Bezugsorganisation; sie visualisieren die Detailinformation. Nachteilig an diesem Verfahren ist, daß eine Gewichtung der Erfolgsfaktoren nicht in anschaulicher Weise vorgenommen werden kann. Es sollte aus diesem Grund zusätzlich zu diesem Verfahren ein gewichteter Punktwert ermittelt werden.

o **Portfolio-Analyse**
Je nach den Anforderungen der Situationsanalyse können die verschiedenen Grundtypen von Distributionssystemen oder auch die Betriebsform der zu selektierenden Einzelhändler ähnlich wie

kritische Erfolgsfaktoren	Gewichtung 1	Bewertung im Vergleich zum stärksten Konkurrenten 2											gewichteter Punktwert 1 x 2
		sehr schwach ...... befriedigend ...... sehr stark											
		-5	-4	-3	-2	-1	0	1	2	3	4	5	
Marktanteil	10								x				20
Wirtschaftlichkeit	15						x						0
Finanzierung	5				x								-10
Image	10									x			30
Zielgruppennähe	5									x			15
Flexibilität	5			x									-15
Preisniveau	5				x								-10
Lieferservice	5								x				10
Qualifikation des Personals	5						x						0
Kooperation	10							x					10
Motivation	15							x					15
Kanalbeherrschung	10						x						0
	Σ100												Σ 65

Tab. 10   Fiktives Beispiel für ein Punktbewertungsverfahren zur Beurteilung der Stärke des Distributionskanals

strategische Geschäftsfelder in der Portfolio-Analyse behandelt werden (vgl. Halbach 1982, S. 10; Drexel 1981, S. 155-178). Die Methode, mit Hilfe der Portfolio-Matrix die strategischen Geschäftsfelder einer Unternehmung hinsichtlich der Marktattraktivität und der Wettbewerbsposition zu bewerten, wird als in ihren Grundzügen bekannt vorausgesetzt (vgl. hierzu Dunst 1983; Hinterhuber 1980, S. 71-130).

Für die Erfassung der Attraktivität der Kanäle sowie für die Beurteilung der Wettbewerbsposition müssen für jede Analyse spezielle Kriterienkataloge erstellt werden. In Tabelle 11 sind wichtige Kriterien erfaßt. Über ein Gewichtungs- und Bewertungssystem werden für die beiden Dimensionen Attraktivität des Distributionskanals und Wettbewerbsposition des Kanals gewichtete Punktwerte von 0 bis 100 ermittelt. Diese Punktwerte ermöglichen die Positionierung des analysierten Kanals in der Portfolio-Matrix (vgl. Abb. 41).

Kriterien zur Beurteilung der Attraktivität von Distributionskanälen	Kriterien zur Beurteilung der Wettbewerbsposition von Distributionskanälen

Absatzbezogene Kriterien
 • Wachstumspotential
 • Machtsituation
 • Zutrittsbarrieren
 • Kooperation
 • Risiko
 • Differenzierungsmöglichkeiten von Wettbewerbern
 	
 Zielmarktbezogene Kriterien
 • Zielgruppenkontaktzahl und -qualität
 • Markterträge
 • Martwachstum
 • Informationsbeziehungen
 	
 Umfeldbezogene Kriterien
 • Reagibilität auf Umweltveränderungen
 • Eignung für Produkte
	• relative Distributionskosten und -erlöse
	 • relativer Marktanteil des Kanals
	 • relatives Finanzierungspotential
	 • relatives Marketing-Potential
	    – Image
	    – Sortiment
	    – Flexibilität
	    – Innovationsfähigkeit
	    – Informationsfluß
	 • relative Qualität der Führungskräfte und Mitarbeiter
	 • relative Leistungsvorteile bei der Erfüllung der Distributionsfunktionen
	    – Logistikpotential
	    – Akquisitorisches Potential

Tab. 11   Relevante Kriterien für eine Portfolio-Analyse

Diese Methode eignet sich sowohl zur **Ist-Analyse** als auch zur **Bestimmung von Zielen**, da die gegenwärtig benutzten und die alternativen Kanäle in der Portfolio-Matrix hinsichtlich ihrer strategischen Position verglichen werden können. Die **Normstrategien** des Portfolio-Ansatzes können auch auf Distributionsentscheidungen angewendet werden (vgl. Abb. 41).

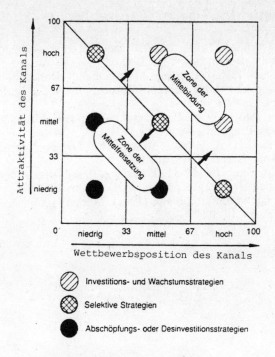

Abb. 41 Grundschema der Portfolio-Matrix
Quelle: in Anlehnung an Hinterhuber 1980, S. 73

Die Positionierung der Distributionskanäle erfolgt mittels zweier aggregierter Punktwerte. Die Portfolio-Analyse hat deshalb mit den Punktbewertungsverfahren den **Verlust der Detailinformation** gemeinsam. Die Vielzahl der Einflußkriterien wird auf zwei Dimensionen reduziert. Der Vorteil dieser Technik ist darin zu sehen, daß die Wettbewerbsstärke des Kanals direkt dessen Chancen und Risiken in der Umwelt gegenübergestellt wird. Dies ermöglicht die Ableitung von Ziel-Portfolios und von Strategien für den Ressourceneinsatz.

Literaturhinweise zu Kapitel 2:

Drexel, Gerhard (1981): Strategische Unternehmensführung im Handel, Berlin, New York 1981

Dunst, Klaus (1983): Portfolio-Management - Konzeption für die strategische Unternehmensführung, 2. Aufl., Berlin, New York 1983

Gälweiler, Aloys (1974): Unternehmensplanung - Grundlagen und Praxis, Frankfurt, New York 1974

Hinterhuber, Hans (1980): Strategische Unternehmensführung, 2. Aufl., Berlin, New York 1980

Töpfer, Armin/Afheldt, Heik (Hrsg.)(1983): Praxis der strategischen Unternehmensplanung, Frankfurt 1983

Walters, Glenn/Bergiel, Blaise (1982): Marketing Channels, 2. ed., Glenview, Ill. 1982

3 Strategische Ziele und Strategien des Distributionsmanagement

Distributionsentscheidungen, insbesondere solche bezüglich des Designs des Absatzkanals, sind **i.d.R. nicht kurzfristig revidierbar.** Sie sind deshalb intensiv und unter Berücksichtigung der langfristigen Auswirkungen zu planen. Zur Reaktion auf die sich ändernde Umwelt sind Strategien zu entwickeln, die der Zielerreichung dienen. Kurzfristiges Reagieren auf Umweltveränderungen birgt die Gefahr des Verlassens des Pfades in sich, der zum strategischen Ziel führt. In diesem Kapitel werden strategische Ziele und Basisstrategien der Distribution dargestellt.

3.1 Strategische Ziele und Zielbestimmung

Ziele stellen einen gewünschten, vom System anzustrebenden, zukünftigen Zustand dar (vgl. Hauschildt 1980, Sp. 2419). Die strategischen Alternativen, mit denen diese gewünschten Zustände in erwarteten Situationen erreicht werden können, werden hinsichtlich ihrer wahrscheinlichen Zielerfüllungsgrade bewertet. Das Ziel bestimmt demnach, welche Strategie in einer bestimmten Situation zu wählen ist.

Das **Distributionsmanagement ist ein Teilbereich der Unternehmensführung.** Die Distributionsziele sind deshalb in das Gesamtzielsystem der Unternehmung zu integrieren. Die Organisation als Ganzes strebt i.d.R. nach Gewinn und langfristigem Wachstum bzw. Stabilität sowie dem Aufbau spezifischer Erfolgspotentiale, die eine Differenzierung von der Konkurrenz ermöglichen. Aus diesen **Globalzielen** sind **strategische Marketingziele** und hieraus wiederum **Ziele für die Distribution** abzuleiten (vgl. Abb. 42). Die Distributionsziele beschreiben die Rolle, die die Distribution beim Erreichen der Marketingziele einnehmen soll (vgl. Rosenbloom 1978, S. 113).

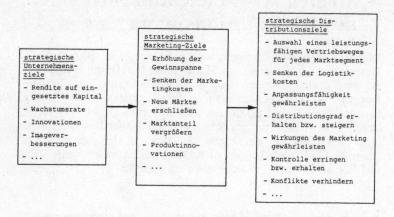

Abb. 42   Bestimmung strategischer Distributionsziele

Strategische Ziele betreffen z.B.:

- Die Art und Weise, wie die letztlich anvisierten Endkunden erreicht werden sollen
- Die Rolle, die das Unternehmen im Absatzkanal spielen soll (z.B. Führer oder Folger)
- Die langfristige äußere Gestalt des Distributionssystems
- Den Imagebeitrag, den das Distributionssystem erbringen soll
- Die logistischen Leistungsmerkmale des Distributionssystems
- usw.

Die Zielbildung ist mit der Ermittlung der strategischen Distributionsziele noch nicht abgeschlossen. Aus diesen sind die **Ziele für die taktische und operative Planung** abzuleiten, die an die jeweilige Entscheidungssituation anzupassen sind.

Das Problem der Zielbildung in dem komplexen Bereich der Distribution wird durch die Existenz unabhängiger Unternehmen mit eigenen Zielen erschwert. Um die Ziele des Distributionsmanagement zu handlungsrelevanten Zielen der Distributionsorgane werden zu lassen, müssen diese die **Ziele akzeptieren** und im günstigsten Fall **internalisieren** (vgl. Staehle 1980, S. 112). Die Zielbildung umfaßt auch den **Prozeß der Koordination** unterschiedlicher Zielsysteme, um die effiziente Funktionserfüllung im Kanal zu gewährleisten (vgl. Abschnitt 7.2).

Zusammenfassend können folgende notwendigen Merkmale des strategischen Zielsystems der Distribution festgehalten werden (vgl. auch Gümbel 1979):

o Anpassung an die Bedürfnisse im anvisierten Marktsegment
o Beachtung der relevanten Situation
o Eigenständige Distributionspolitik zur Abhebung von Konkurrenten
o Berücksichtigung der Interdependenzen im Zielsystem
o Berücksichtigung der Multiorganisationalität des Distributionssystems
  - Koordination der Zielsysteme
  - Formulierung akzeptabler Ziele durch Orientierung an Anforderungen der Distributionsorgane
o Operationale Zielvorgaben
o Vollständiges, in sich geschlossenes Zielsystem.

3.2 Distributionsstrategien

Eine **Strategie** ist eine geplante Folge von Aktivitäten, mit denen gesetzte langfristige Ziele unter Beachtung des Handlungsspielraumes erreicht werden sollen (vgl. Grünewald 1983, S. 85). Im Blick auf die Distribution geht es vor allem um die **Segmentierung** des Marktes in Zielgruppen **von Endkunden** des Kanals, eine **Segmentierung der Absatzmittler**, um **Selektions- und Differenzierungsmaßnahmen**, um **Stabilisierung und Rationalisierung des Distributionskanals**, um **Imagebildung** und um die **Internationalisierung** des Geschäfts.

3.2.1 Segmentierungsstrategien

Die Erfolgsposition des Anbieters verbessert sich, wenn er erkennt, daß der Gesamtmarkt aus **Kundengruppen mit unterschiedlichem Kaufverhalten** besteht und diese mehr oder weniger klar abgegrenzten Zielgruppen mit einem jeweils spezifischen Marketing-Mix bearbeitet werden. **Zielgruppen** können aufgrund geographischer, demographischer, psychographischer oder sonstiger kaufverhaltensbezogener Merkmale gebildet werden (vgl. Kotler 1982, S. 219). Eine **Marktsegmentierung** ist dann sinnvoll, wenn die einzelnen Zielmärkte in ihrer Reagibilität auf die einzelnen Marketingaktivitäten ausreichend stark voneinander abweichen.

Als Reaktion auf vorhandene Marktsegmente können die Unternehmen folgende **Strategien** anwenden:

- **Ignorieren** der unterschiedlichen Präferenzen
  (undifferenziertes Marketing)

- **Entwicklung von spezifischen Marketingkonzeptionen** für
  mehrere oder alle Segmente
  (differenziertes Marketing)

- **Selektion eines besonders interessanten Segmentes**
  (konzentriertes Marketing).

Im Bereich der Distribution sind nicht nur die Endabnehmer zu segmentieren, sondern auch die **Distributionsorgane.** Deren Segmentierung erfolgt nach **Merkmalen, die den Erfolg des Distributionskanals und die Position des Herstellers im Kanal erheblich beeinflussen.** Solche Merkmale sind Standort, durchschnittlicher Jahresumsatz, durchschnittliche Abnahmemenge, Bestellhäufigkeit, Zahlungsgewohnheiten, Kundengruppe des Absatzmittlers, Übernahme von Distributionsfunktionen wie Transport, Lagerung, Service, Beratung etc. (vgl. Ahlert 1973, S. 109) sowie die Machtressourcen der Absatzmittler gegenüber Herstellern. Die Segmentierung des Marktes und der Distributionsorgane ist Voraussetzung für die optimale Auswahl eines Absatzkanals und für die Festlegung der Behandlung seiner Mitglieder.

3.2.2 Selektions- und Differenzierungsstrategien

Strategische Entscheidungen des Distributionsmanagement betreffen die **Auswahl des Absatzkanals,** die **Bestimmung der Zahl und Art der Absatzmittler** und **Entscheidungen über deren Behandlung.** Entscheidungsdaten hierbei sind die Produkte und die Zielmärkte, die von der Marketingstrategie vorgegeben sind. Dem Anbieter stehen bei der Selektion folgende Strategien offen:

o **Intensive Distribution**
Bei der Intensivdistribution werden so viele Absatzmittler wie möglich eingeschaltet, um eine Ubiquität (Überall-Erhältlichkeit) des Produktes zu erreichen.

o **Selektive Distribution**
Bei der selektiven Distribution werden von den segmentierten Distributionsorganen nur diejenigen ausgewählt, die die geforderten Distributionsleistungen zufriedenstellend erbringen können.

o **Exklusive Distribution**

Bei exklusiver Distribution wird für einen regionalen Zielmarkt nur ein einziger Absatzmittler eingesetzt.

Die Distributionsintensität ist situativ in Abhängigkeit von den **Produkteigenschaften** zu bestimmen (vgl. Tab. 12). Tendenziell eignen sich für geringe Intensitäten direkte Distributionskanäle (vgl. Bowersox u.a. 1980, S. 202 f). In Abschnitt 4.6 wird im Zusammenhang mit der Selektion der Distributionsorgane auf diesen Problembereich näher eingegangen.

Differenzierungsstrategien sind eng mit der Selektion verknüpft, da die Auswahl der Distributionsorgane hinsichtlich der erwarteten Erfolgsbeiträge erfolgt, die wiederum von der auf sie angewandten Marketingpolitik abhängen. **Selektions- und Differenzierungsstrategien** müssen deshalb Gegenstand eines **simultanen** Entscheidungsprozesses sein (vgl. Ahlert 1973, S. 112).

Unter **Differenzierung** ist die unterschiedliche Behandlung der Distributionsorgane zu verstehen. Es werden hierbei zur Beeinflussung der zuvor segmentierten Absatzorgane spezifische Kombinationen absatzpolitischer Maßnahmen eingesetzt. Dies kann sich in unterschiedlichen Produkten, Preisen, Zahlungs- und Lieferbedingungen, Kommunikationsbeziehungen etc. ausdrücken. Die Mitglieder im Absatzkanal werden aufgrund ihrer spezifischen Präferenzen und Leistungen differenziert behandelt. Die unterschiedliche Reaktion der einzelnen Segmente auf die eingesetzten Marketing-Instrumente ermöglicht eine Steigerung des akquisitorischen Potentials durch Differenzierung. Die Wirkungen hinsichtlich Kosten und Erlösen sind im Einzelfall zu prüfen.

MERKMAL	Merkmalsausprägung, die zu intensiver Distribution führt	Merkmalsausprägung, die zu selektiver oder exklusiver Distribution führt
Kaufhäufigkeit	häufiger Wiederholungskauf	einmaliger oder aperiodischer Kauf
Verkaufsanstrengungen	Kunde wählt aufgrund der Verpackung selbst aus	Kunde verlangt fachgerechte Beratung
Produktdifferenzierung	austauschbare, anonyme Produkte	große, für den Kunden erkennbare Leistungsunterschiede der Produkte
technische Komplexität	keine bzw. geringe	groß, erfordert Spezialkenntnisse oder Training zum Gebrauch
Wert je Stück	niedriger Preis	hoher Preis
Markentreue	Kunde kauft bei Nichtverfügbarkeit eine andere Marke	Kunde nimmt Suche nach der gewünschten Marke in Kauf
Kundendienstleistungen	keine	notwendig, Investitionen des Händlers in Maschinen und Ersatzteile nötig
Lagerinvestitionen des Handels	gering in Relation zum Umsatz	hoch, Risiko des Veraltens der Produkte

Tab. 12 Einflußfaktoren auf die Distributionsintensität
Quelle: in Anlehnung an Cannon 1968, S. 244

Im Zusammenhang mit den **Selektionsentscheidungen** ist das Problem der **Händlerakquisition** zu berücksichtigen. Die ausgewählten Händler müssen dazu veranlaßt werden, die Produkte in ihr Sortiment aufzunehmen und das Herstellermarketing zu unterstützen. Um dieses Ziel zu erreichen, kann der Hersteller seine Akquisitionsmaßnahmen direkt an die Händler richten und durch Zusicherung hoher Spannen, durch besondere Serviceleistungen, persönliche Verkaufsgespräche etc. den Händler zum Führen des Produkts in seinem Sortiment bewegen. Von dieser 'Push-Strategie' ist die 'Pull-Strategie' zu unterscheiden, bei der die akquisitorischen Anstrengungen an den Endverbraucher gerichtet sind. Hierdurch soll eine so starke Nachfrage nach dem Produkt ausgelöst werden, daß der Händler das Produkt führen muß (vgl. Meffert 1980, S. 397 f). Da beide Strategien stark hersteller- und markenorientiert sind und selbst bedeutende Markenartikel i.d.R. substituierbar sind, liegen gegenwärtig die größten Erfolgschancen in der Kombination von Kooperationsangeboten an den Handel, um ihn für den eigenen Absatzkanal zu gewinnen, mit Pull-Maßnahmen, um den Handel über die Verbrauchernachfrage zu einer Kooperation zu veranlassen.

3.2.3 Stabilisierungsstrategien

Um einen konstanten hohen Distributionsgrad (vgl.Kap.1.1.2) und Erfolg abzusichern, ist es ein Ziel des Management, das **Distributionssystem langfristig zu stabilisieren**. Bei intensiver Distribution wird eine ständige Pull-Strategie stabilisierend wirken. Die langfristige Gewährung finanzieller Vorteile ist ebenfalls möglich. Eigene oder vertraglich gebundene Vertriebssysteme ermöglichen dem Hersteller eine bessere Kontrolle der Distributionsleistungen der Absatzmittler. Hierdurch kann die Stabilität von Preis, Service und Qualität gewährleistet werden. Selektive oder exklusive Distribution ist i.d.R. vertraglich abgesichert, um die Effizienz des Systems zu erhöhen und es durch gemeinsame Zielvorgaben zu stabilisieren. Die **vertraglichen Vertriebssysteme** werden in Abschnitt 4.8 dargestellt.

3.2.4 Rationalisierungsstrategien

Wenn sich die Umwelt, die Kenntnis von der Umwelt und/oder die Zielvorstellungen in erheblichem Maße ändern, kann die bisherige Struktur des Distributionskanals ineffektiv werden. Aus sich anbietenden neuen Strukturen ist jene Struktur auszuwählen, die unter den veränderten Bedingungen optimal ist. Dieser Prozeß der Wahl und Durchsetzung einer Alternative, die bei geändertem Entscheidungsfeld eine optimale Zielerreichung ermöglicht, wird **Rationalisierung** genannt (vgl. Schweitzer/Küpper 1975, Sp. 3304).

Ein Ziel des Distributionsmanagement ist die **Erfüllung der notwendigen Distributionsaufgaben zu minimalen Kosten**. Im Rahmen einer Rationalisierungsstrategie sind demnach die Leistung des Distributionssystems und die Kosten ständig zu analysieren. Auch ist laufend zu prüfen, was notwendige Distributionsaufgaben sind. Durch Umweltveränderungen wie z.B. die Motorisierung und bessere Lagerungsmöglichkeiten können Distributionsaufgaben überflüssig werden. Die Aufgabe der Distribution, kleine Mengen in direkter Nähe der Konsumenten bereitzuhalten, ist heute weit weniger wichtig als früher (vgl. Stern/El Ansary 1977, S. 253 f). Die Abwertung dieser kostenintensiven Aufgabe führte zu erheblichen Rationalisierungen, die die Expansion der Verbrauchermärkte ermöglichte.

Bei den **Kosten** sind folgende wichtige **Einflußfaktoren** zu beachten:

o **Lieferservice**: Sind die Produkte an einer Verkaufsstelle nicht verfügbar, ergeben sich dadurch nicht nur Logistikkostenminderungen, sondern auch Erlösausfälle.
o **Transport**: Neue Transporttechnologien können Rationalisierungen ermöglichen.
o **Lagerung**: EDV-gesteuerte Lagerungssysteme ermöglichen große Kosteneinsparungen.
o **Lagerbestände**: Durch nachfrageadäquate flexible Fertigung können Lagerbestände gesenkt werden.
o **Einzelhandel**: Die Verwendung elektronischer Kassen mit Scanner-Lesegeräten ermöglicht erhebliche Produktivitätssteigerungen.

Im Einzelfall sind die kostenintensiven Bereiche des Distributionssystems zu finden und zu analysieren. Die oben genannten Faktoren sind lediglich Beispiele, keine vollständige Liste (vgl. Abschnitt 1.3.3).

3.2.5 Imagebildungsstrategien

Die langfristige Positionierung in einem Markt erfordert i.d.R. die Verankerung eines Unternehmens- oder Markennamens im Gedächtnis der Kunden. Nicht ohne Grund wird deshalb im Rahmen der Überprüfung von Wirkungen eines Marketing-Mix der Messung des **Bekanntheitsgrads** und der unternehmens- und produktbezogenen **Einstellungen bzw. Images** besondere Bedeutung zugemessen.

Distributionskanäle sind in dieser Hinsicht sehr unterschiedlich zu bewerten, je nachdem ob Hersteller- und/oder Produktnamen auf allen Stufen des Absatzkanals sichtbar bleiben und entsprechend herausgestellt werden oder ob das Marketing der Absatzmittler dies nicht zuläßt. Dieses Problem ist eng verbunden mit der Wahl eines direkten oder indirekten Absatzweges und mit der Frage nach der Macht in indirekten Absatzkanälen. Eine klare **strategische Entscheidung unter Imagebildungsaspekten** ist deshalb dringend erforderlich.

3.2.6 Internationalisierungsstrategien

Vor allem im letzen Jahrzehnt ließen sowohl Hersteller als auch Händler im Investitions- und Konsumgütersektor starke **Internationalisierungsbemühungen** erkennen. Das Distributionsmanagement blieb davon nicht unberührt. Für Hersteller stellt sich die Frage, welches Internationalisierungskonzept in regionaler, zeitlicher und sachlicher Hinsicht verfolgt werden soll und welche Distributionsorgane zur Realisierung dieses Konzepts am besten geeignet sind.

In diesem Zusammenhang sind vor allem **internationale Distributionsanalysen** erforderlich, zumal davon ausgegangen werden muß, daß sich die Distributionssysteme erheblich unterscheiden. Zu denken ist z.B. an Unterschiede zwischen marktwirtschaftlichen Industrieländern, Staatshandelsländern und Entwicklungsländern sowie an Unterschiede zwischen verschiedenen Kulturen in der Welt. So zeichnet sich z.B. das Distributionssystem Japans durch eine relativ tief gegliederte Kette von Groß- und Einzelhandelsunternehmen aus, während die vertikale Struktur des Handels in Deutschland i.d.R. nur wenige Stufen aufweist.

Nicht selten scheitern Internationalisierungsstrategien von Herstellern an einer unzureichenden Berücksichtigung nationaler Distributionsunterschiede. "**Global Marketing**" im Bereich der Distribution dürfte nicht immer sinnvoll sein.

Literaturhinweise zu Kapitel 3:

Ahlert, Dieter (1973): Probleme der Abnehmerselektion und der differenzierten Absatzpolitik auf der Grundlage der segmentierten Markterfassung; in: Der Markt 1973, Heft 4, S. 103-112

Cannon, Thomas (1968): Business Strategy and Policy, New York u.a. 1968, S. 220-255

Kotler, Philip (1982): Marketing Management; 4. Aufl., Stuttgart 1982

Meffert, Heribert (1980): Marketing - Einführung in die Absatzpolitik, 5. Aufl., Wiesbaden 1980

Rosenbloom, Bert (1978): Marketing Channels - a management viewpoint; Hinsdale, Ill. 1978

4 Distributions-Design

Unter **Distributions-Design** soll sowohl der Prozeß des Strukturierens von Distributionssystemen als auch dessen Ergebnis, die Struktur selbst, verstanden werden. Um das Ziel der Erfüllung aller Distributionsfunktionen erreichen zu können, müssen die Aufgaben der Distribution auf die selektierten Distributionsorgane aufgeteilt und die Beziehungen zwischen ihnen festgelegt werden. Die sich hieraus ergebende Struktur des Distributionssystems bildet den Rahmen für das laufende Distributionsmanagement und die Marketingpolitik. Das **Distributions-Design** stellt deshalb den **Kernbereich des Distributionsmanagement** dar.

4.1 Merkmale des Distributions-Design-Problems

Durch Distributions-Design-Entscheidungen wird ein multiorganisationales System institutionalisiert. Die Mitglieder im Kanal sind i.d.R. selbständige Unternehmen mit eigenen Zielen. Das Distributions-Design wird deshalb nicht zwangsläufig vom Herstellerunternehmen bestimmt; alle Mitglieder können entsprechend ihrer Machtposition Einfluß nehmen. Im folgenden werden Design-Entscheidungen aus Herstellersicht analysiert.

Der **Entwurf eines Distributionskanals** kann in der völligen Neuentwicklung, in der Beschreibung und Inanspruchnahme eines existierenden oder in der Modifikation des bereits genutzten Kanals bestehen (vgl. Walters/Bergiel 1982, S. 163). Die unterschiedlichen Chancen und Risiken dieser Strategien sind im Einzelfall zu prüfen.

Bei allen Design-Entscheidungen ist von einem gegebenen Produktprogramm und Zielmarkt auszugehen. Der Distributionskanal wird unter Berücksichtigung der Wirtschaftlichkeit optimal an die Bedürfnisse im Zielmarkt angepaßt. Um suboptimale Lösungen zu vermeiden, ist eine simultane Organisation des logistischen und akquisitorischen Subsystems erforderlich.

Entscheidungen im **Distributions-Design sind konstitutive, langfristig wirksame, strategische Entscheidungen, die das Erfolgspotential der Unternehmung erheblich beeinflussen.** Sie sind deshalb unter Berücksichtigung strategischer Aspekte gründlich vorzubereiten und können nicht, wie heute noch häufig in der Praxis vorkommend, intuitiv getroffen werden.

Das **Distributions-Design** setzt sich aus folgenden **sieben Komponenten** zusammen, die in den folgenden Abschnitten untersucht werden:

o Erkennen der Notwendigkeit des Distributions-Design
o Erfassen situativer Aktionsbedingungen
o Spezifikation von Zielen und Aufgaben der Distribution
o Berücksichtigung rechtlicher Aspekte
o Auswahl des Distributionskanals
o Strukturelle Aufgabenverteilung im Distributionskanal
o Bestimmung des Integrationsgrades.

4.2 Anlässe für Distributions-Design-Entscheidungen

Distributionssysteme müssen ständig der sich **wandelnden Umwelt**, den **veränderten Marketingzielen** der Unternehmung, den neuen **Bedürfnissen der Zielgruppen** und der **Dynamik in den Institutionen der Distribution** angepaßt werden (vgl. McCammon 1971, S. 134). Da Distributionskanäle i.d.R. eine sehr komplexe Struktur aufweisen und auf die Erfüllung vieler Funktionen ausgerichtet sind, ist eine in jeder Hinsicht optimale Organisation deshalb in der Praxis nicht realisierbar. Daraus ergibt sich eine andauernde Herausforderung, den Distributionskanal durch Neustrukturierung effizienter zu gestalten (vgl. Walters/Bergiel 1982, S. 158). Im folgenden werden exemplarisch **wichtige Anlässe** aufgeführt:

o **Erschließung neuer Märkte**
Neugegründete und alte Unternehmen müssen zur Erschließung neuer Märkte Design-Entscheidungen treffen. Das gleiche gilt für die Ansprache neuer oder bisheriger Kundensegmente mit neuen Produkten.

o **Verteidigung alter Märkte**
Durch tiefgreifende Veränderungen in der Kostenstruktur oder im Wettbewerb, aber auch in anderen Umweltbereichen werden oftmals neue Distributionssysteme notwenig, um den Marktanteil zu halten. Infolge der Standardisierung von Produkten, der damit einhergehenden geringeren Erklärungsbedürftigkeit und einer Tendenz zur Preissenkung wurde z.B. im Bereich der speicherprogrammierbaren Steuerungen oder der Micro-Computer der Direktabsatz zunehmend in Frage gestellt. Hersteller, die diesen

Vertriebsweg nutzen, sind gezwungen, neue Distributionskanäle zu finden, um ihre Wettbewerbsposition zu sichern.

o **Bessere Anpassung an Marktnischen**
Hersteller, die ein konzentriertes Marketing betreiben, sind auf eine gezielte Anpassung ihres Vertriebsweges an die Bedürfnisse ihrer Kundengruppe angewiesen. Produktimage und Image der Distributionsorgane sind in diesem Fall besonders sorgfältig aufeinander abzustimmen. Veränderungen der Wünsche der Zielgruppe und/oder in den Leistungen der Distributionsorgane führen bei einer Nischenpolitik sehr schnell zu der Notwendigkeit der Neustrukturierung. Um die Zielmarktsegmente erreichen zu können, sind in einigen Fällen eigene oder gebundene neue Vertriebssysteme aufzubauen.

4.3 Situative Aktionsbedingungen

Die Bereiche der Situationsanalyse wurden in Kapitel 2.2 ausführlich dargestellt. Für das Distributions-Design sind die **Eigenschaften der Produkte und der Zielmärkte** von großer Bedeutung. Wichtig sind auch die Merkmale der Distributionsorgane. Diese wurden eingehend in Abschnitt 1.2 untersucht.

4.3.1 Produktmerkmale

Produkteigenschaften wie Größe, Gewicht, Wert, Verderblichkeit, Erklärungsbedürftigkeit etc. **haben direkte Auswirkungen auf die Design-Entscheidungen** (vgl. Walters/Bergiel 1982, S. 169-172). Die sich aus den Produktanforderungen ergebenden Aufgaben, z.B. tägliche Anlieferung bei schneller Verderblichkeit, werden von den einzelnen Kanaltypen unterschiedlich gut gelöst. Aus den Produktmerkmalen können **Auswahlheuristiken** abgeleitet werden (vgl. Tab. 13). Diese Heuristiken können aufgrund ihrer einseitigen Betrachtungsweise keine Entscheidung herbeiführen. Sie bieten aber einen ersten Anhaltspunkt.

Produktmerkmal	entsprechender Distributionskanal
relativ groß relativ schwer schnell verderblich große Absatzmengen je Kauf	direkte physische Distribution
hoher Wert stark erklärungsbedürftig marktneu niedrige Standardisierung breites Produktprogramm	direkte Akquisition

Tab. 13   Produktmerkmale, die zu direkter Distribution führen

Auch darf nie das Ziel des positiven Abhebens von der Konkurrenz aus den Augen verloren werden. Oft sind gerade die **unkonventionellen Absatzkanäle** die erfolgreichsten.

Einen differenzierten situativen Ansatz zur Wahl des Distributionskanals nach dem Produkttyp liefert **Aspinwall's (1967) "Parallel Systems Theory"**. Nach den Kaufverhaltenskriterien Wiederbeschaffungsrate, Verbrauchszeit und Suchzeit, dem Spezialisierungskriterium Anpassung an Kundenbedürfnisse sowie dem wirtschaftlichen Kriterium Gewinnspanne werden die Produkte auf dem kontinuierlichen Farbspektrum von rot über orange bis gelb klassifiziert. Rote Produkte sind durch eine hohe Wiederbeschaffungsrate und niedrige Werte bei den vier anderen Kriterien gekennzeichnet. Für solche billigen Produkte des täglichen Bedarfs eignen sich nach Aspinwall indirekte Kanäle, die eine intensive Distribution ermöglichen. Sein Modell sagt darüber hinaus aus, daß eine solche Distributionspolitik von einer indirekten, weitgestreuten Werbung begleitet ist (vgl. Abb. 43).

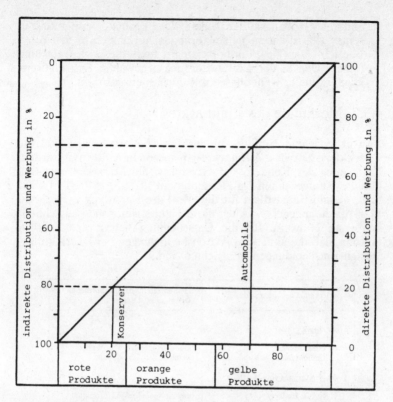

Abb. 43 Zusammenhang zwischen Produkttyp und Grundtyp der Distribution

Quelle: in Anlehnung an Walters/Bergiel 1982, S. 204

Dieser Ansatz ermöglicht einige interessante Interpretationen zum **Zusammenhang der situativen Aktionsbedingungen mit der Kanalstrategie:**

o Es wird in diesem Modell gezeigt, daß nicht entweder nur direkte oder nur indirekte Distribution praktiziert wird, sondern daß i.d.R. die **gleichzeitige Nutzung verschiedener Kanäle sinnvoll** ist.

o Die **Klassifikation der Produkte** ändert sich während ihres **Lebenszyklus.** Neue Produkte zeichnen sich i.d.R. durch eine starke Anpassung an bestimmte Kundenbedürfnisse, hohe Gewinnspannen, lange Suchzeit und niedrige Wiederbeschaffungsraten aus. Sie sind als gelbe Produkte einzustufen. Mit zunehmender Verbreitung und Standardisierung des Produktes in der Wachstumsphase wird die Wiederbeschaffungsrate steigen, die

155

anderen Größen werden sinken. Das Produkt bewegt sich in seiner Klassifikation in den orangen, u.U. auch in den roten Bereich. Die Distributionsstrategie muß dieser Entwicklung folgen. Der in der Einführungsphase gewählte Distributions-kanal ist in der Reifephase i.d.R. nicht mehr effizient.

4.3.2 Merkmale des Zielmarktes

Von erheblichem Einfluß auf das Distributions-Design sind die **Charakteristika des Zielmarktes**, insbesondere die Marktgröße, Entfernung der Kunden vom Hersteller, die Marktkonzentration und das Kaufverhalten (vgl. Rosenbloom 1978, S. 157-181). In Ta-belle 14 sind **Heuristiken für die Wahl des Kanaltyps** nach diesen Merkmalen angegeben. Auch diese Heuristiken sollen ausschließ-lich erste Hinweise für die Entscheidung liefern und deutlich machen, daß die situativen Aktionsbedingungen bei Distributions-Design-Entscheidungen zu beachten sind.

Merkmale des Zielmarktes	Heuristiken für das entsprechende Distributions-Design
● Marktgröße	
viele Kunden hoher Umsatz je Kunde	indirekte, intensive Distribution Tendenz zum Direktabsatz
● Entfernung vom Hersteller	
große Entfernung	mehrstufig-indirekte Distribution
● Marktkonzentration	
regional konzentrierte Nachfrage	direkte Distribution bzw. einstufig-indirekt
● Kaufverhalten	
- häufiger Einkauf kleiner Mengen	indirekte, intensive Distribution
- Kunden mit spezifischen Präferenzen	selektive oder exklusive Distri-bution, u.U. direkt
- Kaufentscheidungen werden in Gremien getroffen (Investitionsgütermarkt)	direkte Distribution mit gezielter Ansprache der Mitglieder des 'Buying Center'

Tab. 14   Heuristiken für das Distributions-Design in
          Abhängigkeit von Merkmalen des Zielmarktes
Quelle: in Anlehnung an Rosenbloom 1978, S. 122

4.4 Ziele und Aufgaben der Distribution

Ziele und Aufgaben des Distributionssystems formuliert der Distributionsmanager unter Berücksichtigung der wichtigsten situationsbedingten Beschränkungen. Diese ergeben sich im wesentlichen aus den Produkt- und Zielmarktvariablen sowie aus den Stärken und Schwächen der Distributionsorgane (vgl. Kotler 1982, S. 448). Bei der Aufgabenspezifikation sind jedoch ebenso alle übrigen in Kapitel 2.2.4 genannten Umfeldfaktoren zu berücksichtigen. Auf den Prozeß der Zielbildung wurde in Kapitel 3.1 eingegangen. Ausgehend von den ermittelten strategischen Zielen, die generelle Leitlinien für alle Distributionsentscheidungen darstellen, sind situationsspezifisch konkrete Aufgaben zu formulieren.

Wie bei allen organisatorischen Maßnahmen, steht auch bei Distributions-Design-Entscheidungen die **zu lösende Aufgabe im Zentrum** aller Überlegungen (vgl. Kosiol 1962, S. 41 f). Eine Aufgabenanalyse ist deshalb Voraussetzung für die Lösung des Distributions-Design-Problems. In Tabelle 15 sind z.B. wichtige Vertriebsaufgaben wiedergegeben, die für die Distribution von Elektromotoren und Generatoren in Algerien spezifiziert wurden.

- Lagerraumbereitstellung in Kundennähe

- Lagerhaltung und -disposition

- Kundenbetreuung
  - Produktinformation
  - technische Anwendungsberatung
  - Reklamationen

- Auftragsabwicklung
  - internes Informationssystem
  - Transportwesen
  - Rechnungswesen
  - Zahlungsverkehr mit dem Kunden und
    dem Hersteller

Tab. 15   Aufgaben der Distributionsorgane beim Vertrieb von
          Elektromotoren und Generatoren in Algerien
Quelle: vgl. Specht/Speth 1983, S. 20

Die **Aufgaben ergeben sich** teilweise zwingend **aus den situativen Aktionsbedingungen, sie können aber zum großen Teil gemäß der verfolgten Strategie vorgegeben werden.** Die Distributionsaufgabe, alle Verkaufsstellen täglich mit Produkten zu versorgen, stellt sich z.B. zwangsläufig, wenn das Unternehmen schnell verderbliche Milchprodukte herstellt. Oder: Die Distributionsaufgabe, einen Distributionsgrad von 99,5% zu gewährleisten, ist z.B. für einen Produzenten von Kartoffelchips nicht aus der Situation abzuleiten. Diese kostenintensive Strategie erscheint sogar irrational. Dennoch belegen die gute Rendite und der hohe Marktanteil eines amerikanischen Herstellers die Zweckmäßigkeit dieses Verhaltens in der gegebenen Situation (vgl. Peters/Waterman 1983, S. 20). Dieses Beispiel soll verdeutlichen, daß es eine Aufgabe der Planung des Distributions-Designs sein muß, sich in positiver Weise von der Konkurrenz abzuheben, um so Erfolgspotentiale aufzubauen.

4.5 Selektion des Distributionssystems

Zentrale Komponente einer Distributions-Design-Entscheidung ist die **Auswahl des Distributionskanals und seiner Mitglieder.** Ausgehend vom Zielmarkt und der Absatzstrategie ist jener Kanaltyp zu entwerfen und auszuwählen, der die Distributionsfunktionen am effizientesten erfüllt. Unter Berücksichtigung aller Distributionsaufgaben sind Art und Zahl der Mitglieder im Kanal zu bestimmen.

4.5.1 Bestimmung von Art und Zahl der Distributionskanäle

In Abschnitt 1.1.4 wurden die Arten von Distributionssystemen beschrieben. **Nach der Zahl der Zwischenstufen** werden **direkte und ein- oder mehrstufige indirekte Absatzkanäle** unterschieden. **Nach der Zahl der parallel verwendeten Distributionskanäle wird von Ein- und Mehrwegabsatz gesprochen.** An dieser Stelle müßten Entscheidungsfindungsmethoden angegeben werden, die eine situativ optimale Auswahl aus diesen Grundtypen ermöglichen. Ein **idealer Absatzkanal** ist aber in der Praxis u.a. aus folgenden Gründen **nicht realisierbar** (vgl. Rosenbloom 1978, S. 127; Walters/Bergiel 1982, S. 164):

o Ein zur optimalen Erreichung des Zielmarktes notwendiges **Verkaufsstellennetz** existiert häufig nicht und ist im Rahmen der Möglichkeiten des Unternehmens nicht zu entwickeln, oder existierende Absatzmittler können nicht für das eigene Produktprogramm gewonnen werden.

o Die Eigenschaften der Alternativen sind hinsichtlich der Distributionsziele nur mit hohem **Informationsaufwand** zu bewerten, eine quantitative Bewertung ist oft nicht möglich.

o Die Leistung des Distributionssystems wird letztlich von den selektierten Mitgliedern bestimmt. Wegen der Vielzahl der sich dadurch ergebenden Alternativen sind **nicht alle Alternativen erfaßbar.**

Ziel der Selektion ist es deshalb, einen Distributionskanal oder mehrere Kanäle zu ermitteln, mit dem oder denen die Distributionsaufgaben effizient erfüllt werden können. Zum **Vergleich der Effizienz** können verschiedene Entscheidungsfindungsverfahren eingesetzt werden. Die wichtigsten werden im folgenden kurz dargestellt (vgl. hierzu Kotler 1971, S. 287-298; Tietz 1976, S. 207-210; Rosenbloom 1978, S. 127-140).

o **Punktbewertungsverfahren**

Distributionsziele und -aufgaben werden im Einzelfall unter Berücksichtigung der situativen Aktionsbedingungen spezifiziert. Die Effizienz alternativer Kanäle ist hinsichtlich dieser Ziele und Aufgaben zu beurteilen. Der Zielerfüllungsgrad wird durch den Punktwert, die Bedeutung der Aufgabe bzw. des Ziels durch die Gewichtung angegeben. Mindestanforderungen an das Distributionssystem fließen in Form von Restriktionen, z.B. maximale Kapitalbindung oder minimaler Distributionsgrad, in die Entscheidungsfindung ein. Für die alternativen Kanäle, die gegen keine Restriktionen verstoßen, werden aggregierte, gewichtete Punktwerte ermittelt, die als Entscheidungskriterium dienen (vgl. Abschnitt 2.3).

Ergänzend können mit Hilfe von Stärken-Schwächen-Profilen die Eigenschaften alternativer Kanäle in anschaulicher Weise gegenübergestellt werden. In Abbildung 44 sind die Profile für den Direktvertrieb und den indirekten Absatz über einen existierenden Kanal für Elektromotoren und Generatoren in Algerien dargestellt. Da eine Kriteriengewichtung und Restriktionenvorgabe von den Entscheidungsträgern durchgeführt werden muß, wurde in dieser Studie keine Punktbewertung vorgenommen.

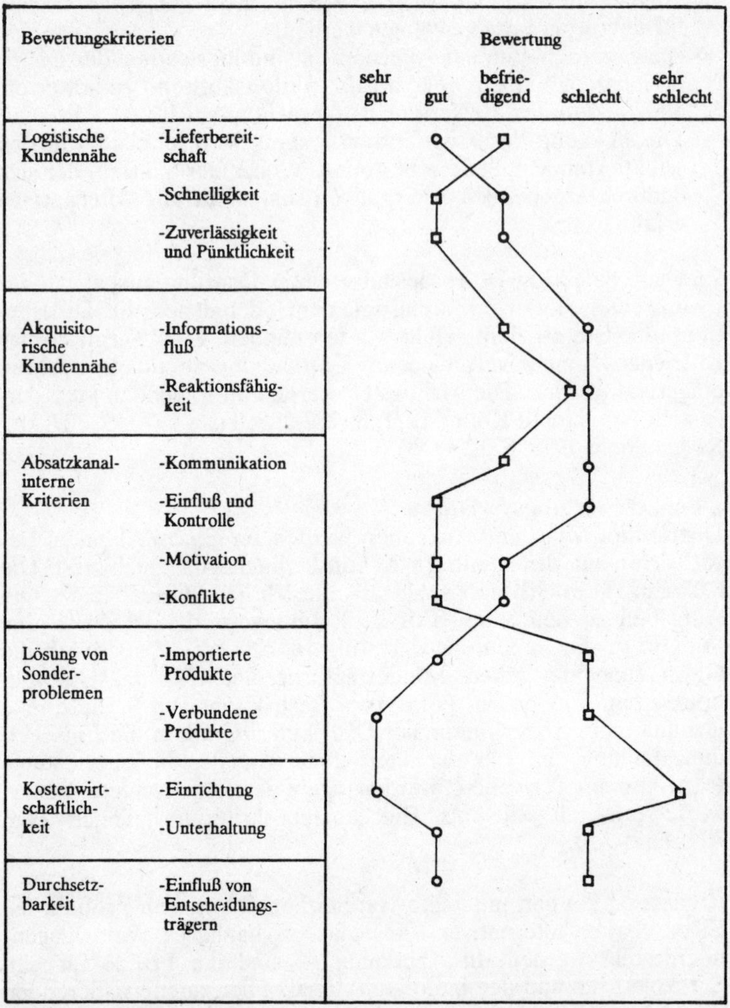

Bewertungskriterien		Bewertung				
		sehr gut	gut	befrie-digend	schlecht	sehr schlecht
Logistische Kundennähe	-Lieferbereit-schaft					
	-Schnelligkeit					
	-Zuverlässigkeit und Pünktlichkeit					
Akquisito-rische Kundennähe	-Informations-fluß					
	-Reaktionsfähig-keit					
Absatzkanal-interne Kriterien	-Kommunikation					
	-Einfluß und Kontrolle					
	-Motivation					
	-Konflikte					
Lösung von Sonder-problemen	-Importierte Produkte					
	-Verbundene Produkte					
Kostenwirt-schaftlich-keit	-Einrichtung					
	-Unterhaltung					
Durchsetz-barkeit	-Einfluß von Entscheidungs-trägern					

Abb. 44   Stärken-Schwächen-Profile alternativer Distributions-kanäle

Quelle: Specht/Speth 1983, S. 24

o **Eindimensionale Entscheidungsheuristiken**
Die Art und Zahl der Distributionskanäle kann mit eindimensio-nalen Entscheidungsheuristiken bestimmt werden. So können z.B. Charakteristika der Produkte oder des Zielmarktes direkt als Entscheidungskriterien herangezogen werden (vgl. Abschnitt 4.3). Den Heuristiken ist der Nachteil gemeinsam, daß sie aufgrund

ihrer eindimensionalen Betrachtungsweise nicht zu optimalen Entscheidungen führen. Dies gilt z.B. auch für den Ansatz Aspinwalls, der nicht alle relevanten Kriterien berücksichtigt.

o **Investitionsrechenverfahren**
Die Auswahl eines Absatzkanals kann auch wie eine Investitionsentscheidung behandelt werden (vgl. Lambert 1971, S. 214). Ausgehend von der Kapitalbindung, den zu erwartenden Einnahmen und Ausgaben, dem Risiko und anderen finanzwirtschaftlich relevanten Daten können Verfahren der Investitionsrechnung angewendet werden. Der Einsatz solcher Verfahren verursacht erhebliche Informationsprobleme. Absatzkanalentscheidungen sind langfristig orientiert. Kosten und Erlöse sind deshalb für eine ferne Zukunft zu prognostizieren, was in der Praxis erhebliche Schwierigkeiten bereitet. Selbst eine kurzfristige Gewinnprognose ist schwierig, da viele externe Größen, insbesondere die Leistungen der Absatzmittler, den Erfolg beeinflussen. Auch spezielle Verfahren des Operations Research wie z.B. Distributions-Simulationsmodelle sind aufgrund der Datenunsicherheit und der Problemkomplexität nicht oder nur bedingt anwendbar. Auf ihre Darstellung verzichten wir deshalb (vgl. hierzu Rosenbloom 1978, S. 132-134).

Investitionsrechnungen können grundsätzlich ergänzend zur Anwendung kommen, wenn andere Verfahren keinen bestimmten Kanal favorisieren.

o **Portfolio-Analyse**
Eine sehr gute Visualisierung der Vor- und Nachteile alternativer Distributionskanäle ermöglicht die Portfolio-Analyse. Bezüglich der beiden Dimensionen Attraktivität des Marktkanals und Wettbewerbsposition werden unter Beachtung aller relevanten Einflußfaktoren gewichtete Punktwerte ermittelt. Diese beiden Punktwerte ermöglichen die Positionierung alternativer Kanäle oder alternativer Typen von Distributionsorganen in der Portfolio-Matrix (vgl. Abschnitt 2.3).

In Abbildung 45 sind die Positionierungen für einen indirekten Vertrieb über ein bestehendes Händlernetz und einen direkten Absatz mit einem neu zu bildenden Verkaufsteam eingetragen. Bei diesem Beispiel handelt es sich um den Vertrieb einer transportablen Baustellenmaschine (vgl. Halbach 1982, S. AII-AVIII). Beide Absatzwege liegen in der Zone der Selektionsstrategien. Das bedeutet, die Normstrategien der Portfolio-Technik geben keine eindeutige Verhaltensempfehlung. Die hohe Attraktivität des neu aufzubauenden Direktvertriebs läßt es empfehlenswert erscheinen, das Vertriebssystem umzustellen, wenn durch Investitionen die Wettbewerbsposition in diesem Kanal verbessert werden kann. Aufgrund der niedrigen Attraktivität des indirekten Absatzes erscheint eine Rückzugsstrategie sinnvoll.

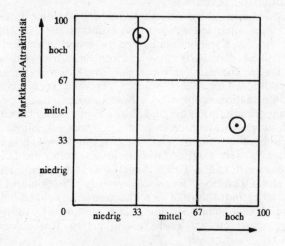

Unternehmensposition im Marktkanal (Stärken)

Abb. 45   Positionierung alternativer Distributionskanäle in einer Portfolio-Matrix

Keines der erwähnten Verfahren ist in der Lage, die **Zahl der Distributionskanäle** zu bestimmen. Generell ist mit einer Erhöhung des Konfliktpotentials beim Übergang von einem Kanal auf mehrere Kanäle zu rechnen. Dennoch können in bestimmten Situationen die Vorteile einer solchen Entscheidung deren Nachteile übersteigen.

4.5.2 Bestimmung von Art und Zahl der Distributionsorgane

Die Entscheidung über Art und Zahl der Distributionsorgane muß simultan mit der Selektion des Distributionskanals getroffen werden. In die Bewertung des Kanals müssen die Leistungen seiner Mitglieder und deren Verfügbarkeit eingehen.

Zur Selektion eines Distributionssystems müssen neben der Wahl seines Grundtyps ausgewählt werden:

- die Zahl der Distributionsorgane
- die Art der Distributionsorgane
- die einzelnen Distributionsorgane selbst.

Die **Zahl der Distributionsorgane** ergibt sich zum Teil aus der gewählten Selektionsstrategie (vgl. Abschnitt 3.2.2). Bei der Intensivdistribution ergibt sich die Zahl der Absatzmittler aus deren Bereitschaft, Produkte eines Herstellers in das Sortiment aufzunehmen. Aus Herstellersicht geht es bestenfalls um die Erfüllung von Minimalanforderungen an die Distributionsleistungen. Ganz anders ist die Situation bei einer Selektivdistribution bzw. beim Selektivvertrieb. In diesem Fall werden mögliche Partner im Absatzkanal sehr sorgfältig hinsichtlich ihrer Leistungen geprüft und ausgewählt. Bei der Festlegung der Zahl der Partner in einem gegebenen Raum werden zugleich Markt- und Absatzpotentiale sowie Konkurrenzeffekte auf der Handelsebene mit berücksichtigt. Damit soll sichergestellt werden, daß auf längere Sicht die Interaktion des Herstellers mit dem jeweiligen Handelsbetrieb für beide Seiten erfolgreich ist.

Die **Art der Distributionsorgane** ist entsprechend den spezifischen Distributionsaufgaben zu bestimmen. Die verschiedenen Betriebsformen im Handel eignen sich in unterschiedlicher Weise für einzelne Aufgaben. Für serviceintensive und erklärungsbedürftige Produkte sind z.B. vornehmlich Fachgeschäfte geeignet. Für exklusive Güter empfehlen sich Spezialgeschäfte. Für den Vertrieb von Nahrungs- und Genußmitteln werden z.B. Supermärkte, Verbrauchermärkte und Discounthäuser bevorzugt. Diese Beispiele sollen deutlich machen, daß die Art der Distributionsorgane entsprechend den Aufgaben, die diese übernehmen sollen, festzulegen sind.

Bei der **Auswahl der Distributionsorgane** selbst sind folgende Grundprobleme zu lösen (vgl. Rosenbloom 1978, S. 141):

- Finden geeigneter Distributionsorgane
- Bewertung alternativer Distributionsorgane
- Gewinnung erwünschter Distributionsorgane.

Als Informationsquelle über existierende Institutionen und ihre Charakteristika dienen im wesentlichen die eigene Verkaufsorganisation, Brancheninformationsdienste und Kunden.

Ein größeres Problem als das Auffinden von Absatzmittlern stellt deren Bewertung dar. Auch in diesem Zusammenhang können Punktbewertungsverfahren eine Hilfe sein. In die Bewertung gehen eine Vielzahl von Kriterien ein, die situativ festzulegen sind. Wichtige **Selektionskriterien** sind (vgl. Boyd/Massy 1972, S. 385 f):

o **Finanzielle Situation**
Dieses Kriterium gibt Auskunft über die Überlebenschance, das Wachstumspotential und die Kreditwürdigkeit des Zwischenhändlers. Finanzwirtschaftliche Kennzahlen können Aufschluß über die finanzielle Situation geben.

o **Einzugsgebiet**
Der Hersteller zielt mit der Einschaltung eines Absatzmittlers auf die Erreichung eines bestimmten Marktsegments. Das Einzugsgebiet des Händlers kann zu klein sein, so daß potentielle Kunden nicht erreicht werden, es kann aber auch zu groß sein, so daß sich ein unerwünscht harter Wettbewerb mit anderen Händlern ergibt. Es ist ferner die Marktstellung des Händlers im Einzugsgebiet zu analysieren.

o **Sortiment**
Zu analysieren ist, aus welchen Produkten das Sortiment des Absatzmittlers besteht und wie stark diese Produkte mit den eigenen konkurrieren. Wesentlich für diese Bewertung ist, ob der Händler ein attraktives Sortiment führt, das Kunden anzieht, die als Zielgruppe angesprochen werden sollen.

o **Verkaufspotential**
Die Zahl und die Qualifikation der Verkaufspersonen, die Erfolge des Händlers beim Verkauf ähnlicher Produkte und seine Möglichkeiten, die Produkte attraktiv zu präsentieren sowie u.U. zu reparieren, sind oft von ausschlaggebender Bedeutung. Auch das Image des Absatzmittlers und seine Motivation sind mit zu berücksichtigen.

o **Logistikleistungen**
Lagerung und Transport müssen vom Händler sachgemäß und effizient durchgeführt werden können. Zu prüfen ist, ob die Lagermöglichkeiten beim Händler hinsichtlich der Attraktivität der Verkaufsfläche und hinsichtlich der Verfügbarkeit der Produkte die Anforderungen erfüllen und ob eine schnelle Zulieferung gewährleistet ist.

Das Hauptproblem bei der Auswahl von Distributionsorganen ist nicht ihre Bewertung, sondern ihre **Gewinnung. Leistungsfähige Absatzmittler sind oft leicht zu erkennen, schwierig ist es jedoch, sie für den eigenen Absatzkanal zu gewinnen.** Bei der Händlerakquisition können Methoden der Push-Strategie wie Gewährung hoher Gewinnspannen, Übernahme von Handelsfunktionen, Einräumung von Exklusivrechten etc. oder aber Pull-Methoden, die ein hohes akquisitorisches Potential der Produkte bewirken, eingesetzt werden (vgl. Abschnitt 3.2.2).Um gute Distributionsorgane zu gewinnen, müssen die Unternehmen deren Bedürfnisse analysieren und mit den zur Verfügung stehenden Mitteln des Marketing auf diese eingehen. Da die Leistungsfähigkeit der Distributionsorgane den Erfolg wesentlich beeinflußt, sind kreative und innovative Methoden einzusetzen, um sich bei der Händlerakquisition in positiver Weise von den Konkurrenten abzuheben.

4.6 Strukturelle Aufgabenverteilung im Distributionskanal

Nach der Festlegung der Grundstruktur des Distributionssystems und der Selektion von Distributionsorganen sind die zu erfüllenden **Aufgaben auf die einzelnen Organe zu verteilen**. Voraussetzung hierfür ist eine genaue Analyse der Distributionsaufgaben (vgl. Abschnitt 4.4). Nach der **Synthese von Elementaraufgaben zu Teilaufgaben** könnten diese auf die Institutionen so verteilt werden, daß eine **maximale Effizienz des Gesamtsystems** erreicht wird. Diese Forderung ist in der Praxis nicht erfüllbar, da die Aufgabenverteilung primär von **Realisierungsmöglichkeiten und Machtpositionen** und erst sekundär von Effizienzüberlegungen geprägt ist.

Wenn der Produzent für seine Produkte einen bereits bestehenden Distributionskanal übernimmt, muß er seine Anforderungen mit der bereits realisierten Aufgabenverteilung in Einklang bringen (vgl. Sims u.a. 1977, S. 149). Da die Übernahme von Distributionsaufgaben i.d.R. auch mit Kosten verbunden ist, sind die selbständigen Unternehmen bestrebt, kostenintensive Aufgaben wie Lagerhaltung, Preisauszeichnung etc. auf andere Institutionen zu überwälzen. Die Möglichkeit zur **Überwälzung** wird von der Machtposition im Kanal bestimmt. Mit der Verlagerung der Macht vom Hersteller zum Handel war eine entgegengerichtete Verlagerung der Aufgaben verbunden. Heute werden 'typische Handelsaufgaben' wie Regalpflege, Transport zur Endverbrauchsstelle, Verkaufsförderung, Preisauszeichnung etc. oft vom Hersteller ausgeführt. Diese **Aufgabenverlagerung** hat in vielen Fällen zu einer Effizienzminderung des Gesamtsystems geführt und ist dann als dysfunktional im makroökonomischen Sinne einzustufen.

Eine weitere Aufgabe der Planung eines Distributions-Designs ist die Festlegung des Integrationsgrades. Denkbar sind die beiden Extremfälle der **'totalen Integration'** bei herstellereigenen Vertriebssystemen und **völlig fehlender Integration** bei nicht kooperierenden, nur lose verknüpften 'free flow channels' (vgl. Bowersox u.a. 1980, S. 11). Zwischen diesen beiden Extremen liegt der weite Bereich der in Abschnitt 4.8 beschriebenen vertraglichen Vertriebssysteme.

Bei der Wahl des Integrationsgrades und damit der Kooperationsstrategie sind **situations- und unternehmensspezifisch** die verschiedenen Alternativen zu bewerten. Die Durchsetzbarkeit der Strategie, die stark von der Machtposition des Herstellers und des Handels abhängt, ist zu berücksichtigen.

Zur Entscheidungsfindung können auch hier Punktbewertungsverfahren eingesetzt werden. Distributionssysteme mit unterschiedlichen Integrationsgraden können mit diesen Verfahren beurteilt werden (vgl. Abschnitt 2.3).

4.8 Vertragliche Absicherung des Distributions-Design

4.8.1 Koordination im Absatzkanal durch die Distributions-Design-Gestaltung

Konventionelle Absatzkanäle stellen nur lose verknüpfte Systeme unabhängiger Unternehmen dar, die primär ihre Eigeninteressen verfolgen. Wie u.a. aus der Spieltheorie bekannt ist, sind Entscheidungen, die von Mitgliedern eines Systems autonom getroffen werden und bezüglich der eigenen Ziele optimal erscheinen, im Hinblick auf das Gesamtsystem nicht zwangsläufig optimal. Die Koordination von Einzelentscheidungen kann den Zielerfüllungsgrad des Gesamtsystems erhöhen (vgl. Kirsch 1975, S. 302-307). Durch **vertikale Kooperation in Absatzkanälen** werden aufgrund folgender Effekte **Effizienzsteigerungen** erzielt (vgl. Ahlert 1981, S. 58):

o entgegengerichtete Aktivitäten von Distributionsorganen werden vermieden,

o Duplizierungen von Anstrengungen unterbleiben,

o Rationalisierungspotentiale durch Arbeitsteilung und Spezialisierung werden genutzt.

Durch Kooperation mit dem Handel **soll** ferner **den negativen Auswirkungen wachsender Nachfragemacht begegnet werden.** Die Forderungen des Handels und dessen Marketing erschweren die Durchsetzung von Herstellermarketingstrategien. Zur Realisierung des Herstellermarketing eignen sich Strategien der Umgehung des Handels oder der Kooperation mit ihm. Umgehung des Handels ist durch den Aufbau eines eigenen oder eng gebundenen Vertriebssystems möglich. Kooperation äußert sich in der vertraglichen **Verhaltensabstimmung** mit dem Ziel, Distributionsfunktionen gemeinsam mit maximaler Effizienz zu erfüllen (vgl. Meffert/Kimmeskamp 1983, S. 216).

Koordination kann durch folgende **drei Typen von Distributionskanälen** erreicht werden (vgl. McCammon 1970, S. 43 f):

o **Unternehmenseigene Vertriebssysteme** verbinden Herstellerunternehmen und Absatzmittler durch Eigentum. Die zentrale Koordination und Kontrolle des Kanals ist in diesen Systemen am ausgeprägtesten. Nachteilig ist der hohe Kapitalbedarf zum Aufbau eines eigenen flächendeckenden direkten Distributionssystems. Auf den Direktvertrieb wird hier nicht näher eingegangen (vgl. z.B. Engelhardt/Kleinaltenkamp/Rieger 1984).

o **Zentral geführte Absatzkanäle** zeichnen sich dadurch aus, daß die Koordination der Marketingpläne durch die zentrale Planung des führenden Unternehmens ermöglicht wird. Zur Durchsetzung der Pläne benötigt das Unternehmen wirtschaftliche Sanktionsmacht und/oder Informationsmacht, über die infolge der Konzentration der Nachfragemacht nur noch wenige große Markenartikelhersteller verfügen. Auf die Probleme der Steuerung von Kanälen wird in Abschnitt 8.2 eingegangen.

o **Vertragliche Distributionssysteme** sind durch umfassende Vertragswerke integrierte Kanäle, die eine Vielzahl vertikaler Bindungen enthalten. Sie dienen der rechtlichen Absicherung selektiver Strategien und der Koordination der Entscheidungen. Typische Formen und die rechtlichen Rahmenbedingungen werden im folgenden dargestellt.

4.8.2 Vertragliche Vertriebssysteme zwischen Industrie und Handel

Zur Realisierung herstellereigener Marketingkonzeptionen sowie zur Stabilisierung und Rationalisierung der Absatzwege setzen die Produzenten **häufig vertragliche Vertriebssysteme** ein. Im Jahre 1975 hatten 29% der Industrieunternehmen ihre Großhandelspartner vertraglich gebunden. Eine Umfrage im Jahre 1981 ergab, daß 79% der großen Konsumgüterhersteller ihre Zusammenarbeit mit dem Handel vertraglich fixiert hatten. Insgesamt ist ein verstärkter Trend zur Nutzung vertraglicher Vertriebssysteme festzustellen (vgl. Ahlert 1982, S. 62 f).

Unterschieden werden **Kooperationsformen mit Handelsvermittlern und solche mit Eigenhändlern** (vgl. Tietz/Mathieu 1979, S. 28 f).

Handelsvermittler verkaufen auf Rechnung des Herstellers, werden nicht Eigentümer der Ware und tragen somit kein Absatzrisiko. Folgende Grundformen der Einschaltung von Handelsvermittlern können unterschieden werden:

o **Kommissionshandel**: Verkauf in eigenem Namen und auf fremde Rechnung; Beispiele: Depothandel von Kosmetikherstellern und Kaffeeröstereien
o **Agenturhandel**: Verkauf in fremdem Namen und auf fremde Rechnung, der meist auf Dauerverhältnisse gerichtet ist; Beispiele: Tankstellen der großen Mineralölgesellschaften, neuer Vertriebsweg der Telefunken AG
o **Maklerhandel**: Der Maklerhandel ist eine reine Vermittlungstätigkeit in beiderseitigem Interesse ohne Dauervertragsbindung.

Infolge der 'Telefunken Offensive 81' rückte der **Kommissions- und Agenturhandel** in den Brennpunkt der aktuellen Diskussion. Ab März 1981 stellte die Telefunken AG ihr bis dahin mit unabhängigen Fachhändlern arbeitendes Vertriebssystem auf Kommissionshandel um, indem sie mit den meisten Fachhändlern Kommissionsverträge abschloß. Im Mai 1983 wurde das System aus wettbewerbsrechtlichen Gründen in einen Agenturhandel überführt (vgl. o.V. 1983 c, S. 46 f), der inzwischen (1986) vom BGH als zulässig beurteilt wurde. Damit ist das Agentursystem als eine Art Handelsvertretersystem aufzufassen. Die grundlegenden Rechte und Pflichten der Vertragspartner, die durch Kommissions- oder Handelsvertreterverträge begründet werden, sind im Handelsrecht geregelt. Der Hersteller bleibt Eigentümer der Ware und hat weitgehende Weisungsrechte gegenüber dem Handel. So kann er insbesondere auf Preispolitik, Sortiment und Warenpräsentation Einfluß nehmen. Der Hersteller erlangt direkten Marktkontakt, der ihm bessere Informationen für seine Marketingpolitik liefert, aber er trägt das gesamte Finanzierungs- und Absatzrisiko für das Produktprogramm.

Bisher ist schwer zu beurteilen, ob die Vor- oder Nachteile dieser Kooperationsstrategie überwiegen. Die Telefunken AG sieht im Kommissionshandel die Ursache für den Erfolg ihrer Sanierung (vgl. o.V. 1983 b, S. 44). Dagegen mußte Grundig sein im Juli 1983 eingeführtes Depotsystem wegen Finanzierungsproblemen bereits im November 1983 unter Inkaufnahme großer Verluste aufgeben (vgl. o.V. 1983 a, S. 16). In Tabelle 16 sind die Vor- und Nachteile dieser Vertriebswege gegenübergestellt.

HERSTELLER	
VORTEILE	NACHTEILE
- Festsetzung einheitlicher Preise	- großes Finanzierungspotential nötig
- Einfluß auf Sortimentspolitik	- Absatzrisiko liegt allein beim Hersteller
- Einfluß auf Warenpräsentation	- aktive, preisaggressive Händler können nicht gewonnen werden
- rasche Einführung neuer Produkte	- Preiswettbewerb wird durch Provisionswettbewerb ersetzt
- direkte Informationen über Wirkungen von Marketingaktivitäten	- keine strategische Preisanpassung
- gute Informationsgrundlagen für Entscheidungen über das Produktprogramm	- wettbewerbsrechtliche Probleme, da Preisbindung besteht

HÄNDLER	
VORTEILE	NACHTEILE
- kein Absatz- und Finanzierungsrisiko	- eigenes Marketing erschwert
- sichere Handelsspanne	- Differenzierung von Konkurrenz erschwert
- viele akquisitorische Tätigkeiten werden vom Hersteller übernommen	- Verlust der wirtschaftlichen Eigenständigkeit hinsichtlich der Vertragsprodukte

Tab. 16   Beurteilung von Kommissions- und Agenturhandel

Eigenhändler verkaufen anders als Handelsvermittler Waren auf eigene Rechnung und im eigenen Namen. Nach der Intensität der Verhaltensabstimmung lassen sich die vertraglichen Vertriebssysteme mit Eigenhändlern wie in Abbildung 46 typisieren. Das geringste Maß an vertraglicher Koordination weisen **Vertriebsbindungssysteme** auf. Sie stellen eine Kombination verschiedener Vertriebsbindungsklauseln zur lückenlosen Absicherung einer selektiven Distribution dar.

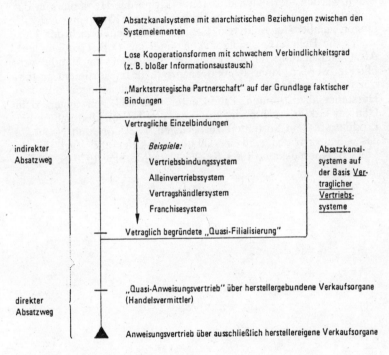

Abb. 46   Intensitätsstärke der Verhaltensabstimmung in Absatzkanälen

Quelle: Ahlert 1981, S. 76

Die festgelegten Selektionsklauseln ermöglichen es, nur solche Distributionsorgane in den Absatzkanal zu integrieren, die bestimmte Anforderungen erfüllen. Hierbei sind räumliche und personelle **Vertriebswegebindungen** von besonderer Bedeutung. Räumliche Bindungen begrenzen das Absatzgebiet der Absatzmittler durch Gebietsschutzklauseln. Bei personellen Bindungen wird die Gruppe von Personen bzw. Institutionen festgelegt, an die die Absatzmittler die Produkte veräußern dürfen. Markenartikelhersteller verpflichten z.B. ihre Großhändler häufig, nur an den qualifizierten Fachhandel zu verkaufen, um die den Produkten und der Marketingstrategie entsprechende Distribution zu gewährleisten.

Ist die vertragliche Bindung mit einem regionalen Ausschließlichkeitsrecht verbunden, liegt ein **Alleinvertriebssystem** vor. Hierbei wird für jeden regionalen Teilmarkt nur ein Absatzmittler selektiert. Diesem Händler kann **absoluter Gebietsschutz** eingeräumt werden, der einen direkten Vertrieb des Herstellers in das Gebiet ausschließt oder nur in Verbindung mit Kompensationszahlungen zuläßt. Bei **relativem** Gebietsschutz behält sich der Hersteller die Belieferung einiger Abnehmer vor (z.B. Großkunden). Als Gegenleistung für die Exklusivrechte kann der Handel verpflichtet werden, keine Konkurrenzprodukte im Sortiment zu führen und seine Marketing- und Kundendienstleistungen mit dem Hersteller abzustimmen. Produzenten sind u.U. gezwungen, dem Händler Exklusivrechte einzuräumen, um ihn zur Übernahme der Produkte in sein Sortiment zu bewegen. Die Vor- und Nachteile des Alleinvertriebs sind in Tabelle 17 aufgeführt (vgl. hierzu Meffert/Kimmeskamp 1983, S. 226; Tietz/Mathieu 1979, S. 39).

HERSTELLER	
VORTEILE	NACHTEILE
- effiziente, schnelle Einführung neuer Produkte	- hohes Risiko bei Händlerausfall
- Rationalisierung des Vertriebs	- niedriger Distributionsgrad
- wenige, große Abnehmer	- inflexibel gegenüber neuen Betriebsformen
- intensiver Kontakt zum Handel	- u.U. geringe Effizienz des Händlers infolge fehlender Konkurrenz
- Marktabgrenzung bei regionaler Preisdifferenzierung	- starke Marktstellung des Produktes erforderlich
- sicherer Umsatz und Ertrag	

HÄNDLER	
VORTEILE	NACHTEILE
- exklusives Sortiment	- u.U. keine eigenständige Sortimentspolitik
- sicheres Umsatzpotential	- hohes Produktrisiko
- intensive Unterstützung durch Herstellermarketing	- oft hohe Verkaufsanstrengungen
- sichere Handelsspanne	- Abhängigkeit von Hersteller

Tab. 17   Beurteilung von Alleinvertriebssystemen
Quelle: in Anlehnung an Tietz/Mathieu 1979, S. 39

Die engste Form vertraglicher Bindungen im Vertrieb, die zu einer 'Quasi-Filialisierung' der Absatzmittler führt, ist das **Franchisesystem** (vgl. Boehm 1979, S. 31). Solche Systeme treten in vielfältigen Varianten auf. Zu unterscheiden sind dienstleistungebezogenes Franchising (z.B. McDonalds, Mister Minit etc.) und Franchising im Zusammenhang mit dem Absatz von Produkten (vgl. Ahlert 1981, S. 87). Im folgenden geht es nur um den Absatz von Produkten über Franchisesysteme.

Eine allgemeingültige **Definition des Franchising** ist nur schwer anzugeben. Zur Begriffsbestimmung werden die wesentlichen Merkmale aufgeführt (vgl. hierzu Ahlert 1981, S. 87; Boehm 1979, S. 31). Franchisesysteme zwischen Industrie und Handel zeichnen sind aus durch:

o vertikale Kooperation zwischen rechtlich selbständigen Unternehmen

o langfristige, individualrechtliche Vereinbarungen

o einheitliche Form des Absatzes durch gemeinsame Marke, einheitliches Erscheinungsbild und koordinierte Verkaufsmethoden

o Unterstützung des Händlers bei Betriebsaufbau und -führung

o Entgeltzahlungen des Handels für die Nutzungsrechte des Know-How und die Unterstützung

o unternehmerische Eigenständigkeit des Händlers im Rahmen des Franchisevertrages.

Als Unterfall des Franchising können die **Vertragshändlersysteme** angesehen werden (vgl. Ahlert 1981, S. 89). Obwohl die Firma des Händlers bei diesen Systemen deutlich herausgestellt wird und i.d.R. kein Entgelt an die Hersteller gezahlt wird, ist es aufgrund der übrigen Gemeinsamkeiten wie einheitliche Erscheinungsform, koordiniertes Marketing, langfristiger Kooperationsvertrag etc. als Sonderfall des Produkt-Franchising anzusehen. Diese Form des Hersteller-Einzelhändler-Franchising findet sich z.B. bei den deutschen Automobilherstellern VW/Audi, Opel und Ford und bei einigen Mineralölgesellschaften. Franchisesysteme zwischen Industrie und Großhandel bestehen z.B. in der Erfrischungsgetränkeindustrie bei Coca-Cola und Sinalco (vgl. Meffert/Kimmeskamp 1983, S. 227 f).

Aus Herstellersicht ist ein Franchisesystem einem eigenen Filialsystem sehr ähnlich. Es ist annähernd in gleichem Maße steuer- und kontrollierbar. Die Motivation der Absatzmittler ist sogar höher, da unternehmerischer Einsatz zu entsprechenden Gewin-

HERSTELLER	
VORTEILE	NACHTEILE
- gute Realisierbarkeit der eigenen Marketingkonzeption - schnelle Expansionsmöglichkeiten - hoher Distributionsgrad - geringes Absatzrisiko - hohe Motivation der Distributionsorgane - niedrige Distributionskosten - geringe Kapitalbindung	- starke Marktstellung erforderlich - hohe Managementqualifikation der Führung nötig - oft Mitbestimmung der Partner - aufwendige Kontrolle - geringe Flexibilität

HÄNDLER	
VORTEILE	NACHTEILE
- Risikoabsicherung - Wettbewerbsvorteile durch wirkungsvolle Marketingkonzeption - günstige Einkaufsmöglichkeiten - laufende Managementberatung - oft einzige Möglichkeit zur Selbständigkeit - Finanzierungshilfen	- weitgehende Aufgabe der Dispositionsfreiheit - Tragen des Absatzrisikos - keine situative Anpassungsmöglichkeit - Zwang zur Standardisierung - hohe Arbeitsbelastung

Tab. 18   Beurteilung von Franchisesystemen
Quelle: in Anlehnung an Tietz/Mathieu 1979, S. 57

nen beim Händler führen kann. Für den Hersteller ist es vorteilhaft, daß die Kapitalbindung beim Franchising gegenüber einem flächendeckenden Direktvertrieb wesentlich geringer ist. Die Vor- und Nachteile der Franchisesysteme sind in Tabelle 18 zusammengefaßt.

4.8.3 Rechtliche Probleme vertraglicher Vertriebssysteme

Eine generelle Würdigung der Kooperationsformen aus Sicht der Marketingwissenschaft ist äußerst schwierig, da die Marketingpraxis ständig innovative, an bestimmte Probleme angepaßte Vertriebssysteme entwickelt. Bisher sind solche Systeme ausschließlich in der Praxis entstanden und wurden von der Forschung lediglich analysiert. Bisher fehlen in der Wissenschaft Vorschläge für neuartige, wirkungsvollere Konzeptionen (vgl. Ahlert 1981, S. 95).

Ein wesentliches Problem bei der Konzeption von Kooperationsstrategien sind die zu beachtenden rechtlichen Rahmenbedingungen, die durch die Rechtsprechung ständig im Fluß sind und damit für Wissenschaft und Praxis nur schwer kalkulierbar sind. An dieser Stelle kann nur exemplarisch auf die vielfältigen rechtlichen Probleme eingegangen werden (vgl. zur Vertiefung Pollmüller 1981).

Von zentraler Bedeutung für die Gestaltung vertraglicher Vertriebssysteme sind die Vorschriften des **Gesetzes gegen Wettbewerbsbeschränkungen (GWB)**. Vertragliche Vertriebsbindungen, die den Leistungswettbewerb einschränken, sind aufgrund dieses Gesetzes aufhebbar, sie unterliegen i.d.R. der Mißbrauchsaufsicht des Kartellamtes. **Wettbewerbsbeschränkungen können sich ergeben aus:**

o Beschränkungen der Inhaltsfreiheit beim Abschluß von Folgeverträgen, z.B. vertikale Preisbindung,
o Beschränkungen der Abschlußfreiheit, z.B. durch räumliche oder personelle Vertriebsbindung.

Eine unterschiedliche Behandlung oder Nichtbelieferung von Absatzmittlern ist nach § 26 Abs. 2 GWB keine Einschränkung des Wettbewerbs, wenn dafür sachlich gerechtfertigte Gründe vorliegen. Die Selektionskriterien müssen allerdings auf alle Absatzmittler einheitlich angewendet werden. Eine ungerechtfertigte Diskriminierung ist nicht zulässig (vgl. Lehmpfuhl 1981, S. 253).

Beschränkungen der Freiheit beim Abschluß von Folgeverträgen, insbesondere die vertikale Preisbindung, ist nach § § 15-17 GWB gegenüber selbständigen Unternehmen grundsätzlich nicht zulässig. Möglich sind solche Beschränkungen jedoch teilweise bei Handelsvertreter-, Kommissions- und Agentursystemen (vgl. Pollmüller 1981, S. 155).

Literaturhinweise zu Kapitel 4:

Ahlert, Dieter (Hrsg.)(1981): Vertragliche Vertriebssysteme zwischen Industrie und Handel, Wiesbaden 1981

Aspinwall, Leo (1967): The Characteristics of Goods and Parallel Systems Theories, in: Mallen, Bruce (Hrsg.): The Marketing Channel - a conceptual viewpoint; New York u.a. 1967, S. 82-93

Berg, Thomas (1971): Designing the Distribution System, in: Moller, William (Hrsg.): Marketing Channels - a systems viewpoint, Homewood, Ill. 1971, S. 187-194

Boyd, Harper/Massy, William (1972): Marketing Management - an analytical problem-solving approach to marketing, New York u.a. 1972

Rosenbloom, Bert (1978): Marketing Channels - a management view, Hinsdale, Ill. 1978

Sims, Taylor u.a. (1977): Marketing Channels - Systems and Strategies, New York u.a. 1977

5 Integration der Distribution in das Marketing-Mix

5.1 Das Marketing-Mix

Die Gesamtheit kombiniert eingesetzter Marketinginstrumente wird als **Marketing-Mix** bezeichnet. Relativ grob klassifiziert werden die sogenannten "four Ps" unterschieden:

o Product (Produkt)
o Place (Plazierung)
o Promotion (Verkaufsförderung)
o Price (Preis)

Das Modell, das in dieser Arbeit zugrundegelegt wird, nimmt eine Unterteilung in die folgenden **vier Submix-Bereiche** vor (vgl. auch Abb. 47):

o Produkt-Mix
o Distributions-Mix
o Preis-Mix
o Kommunikations-Mix.

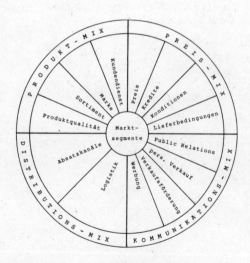

Abb. 47   Komponenten des Marketing-Mix

Alle Instrumente des Marketing-Mix können im Hinblick auf die Ansprache bestimmter Marktsegmente, d.h. relativ homogener Käufergruppen eingesetzt werden. Das Distributions-Mix ist, wie die Abbildung verdeutlicht, in das Marketing-Mix integriert. Distributionsentscheidungen dürfen demgemäß keineswegs isoliert betrachtet werden, sondern müssen unter Berücksichtigung der situativen Aktionsbedingungen mit den übrigen absatzpolitischen Entscheidungen auf ein zu erreichendes Ziel hin abgestimmt werden.

Nachfolgend wird das Distributions-Mix hinsichtlich seiner Interdependenzen mit den wichtigsten Komponenten der anderen Submixe untersucht.

5.2 Produkt-Mix und Distribution

Unter das Produkt-Mix werden alle Entscheidungstatbestände subsumiert, die sich mit der Gestaltung der Absatzleistungen befassen, d.h. mit den Sachgütern und Dienstleistungen, die den Kunden offeriert werden (vgl. Meffert 1980, S. 83). Exemplarisch für die Beziehung zwischen der Produktpolitik und der Distribution werden nachstehend vier Problembereiche näher beleuchtet:

o Produktinnovation
o Produktlebenszyklus
o Sortimentspolitik
o Markenpolitik.

5.2.1 Neuproduktpolitik und Distribution

Neben den in der Literatur üblicherweise angeführten Determinanten des Neuprodukterfolges wie z.B. Qualität des Produktes, dessen Preis, die Übernahmebereitschaft der Nachfrager, die Wettbewerbsstrategie etc. muß dem Distributionskanal, durch den das Produkt zum Letztverbraucher gelangt, mehr Bedeutung geschenkt werden (vgl. Rosenbloom 1978 a, S. 213-218). Denn gerade in diesem Bereich liegen oft entscheidende Gründe für den Erfolg oder den Mißerfolg von neuen Produkten. Deshalb und zur Verbesserung der Erfolgswahrscheinlichkeit von neuen Produkten (im Lebensmittelbereich lag z.B. die Flop-Rate 1976 laut Thies (1976, S. 63) bei 80 bis 90% der auf den Markt gebrachten Produkte) muß auf einen reibungslosen Fluß eines Produktes durch den Absatzkanal geachtet werden. Um dies zu erreichen, ist es wichtig, die Akzeptanz des Neuproduktes durch die Absatzmittler zu erlangen.

Der Handel besitzt im Distributionskanal eine Filterfunktion. Ihm steht die Möglichkeit offen, geeignete Produktinnovationen von Herstellern aufzugreifen und gestaltend mitzuwirken, oder in der Funktion des Einkaufsagenten seiner Kunden überflüssige Neuprodukte zu boykottieren. Deshalb muß es ein Anliegen der Hersteller sein, den Handel in die Neuentwicklung von Produkten miteinzubeziehen, um so zu einem integrativen Problemlösungsprozeß zu gelangen. Einer Antinomie von Hersteller- und Handelsmarketing wird dadurch vorgebeugt (vgl. hierzu Thies 1976, S. 63-65).

Geeignete Aktionsfelder in diesem Sinne sind die **Innovationsphasen** Ideengewinnung, Ideenprüfung und Ideenverwirklichung. Für die Mitarbeit der Absatzmittler in diesen Phasen der Neuproduktentwicklung spricht vor allem die Tatsache, daß sie die größte Kundennähe besitzen und dementsprechend Informationen über unbefriedigte Nachfragerwünsche, über Kundenbeschwerden, über Wettbewerbsentwicklungen o.ä. aus erster Hand liefern können. Auf diese Weise kann das erwünschte Feedback für die Neuproduktgestaltung verbessert werden.

Auch in der Einführungsphase eines neuen Produktes ist die Zusammenarbeit des Herstellers mit dem Handel notwendig, da besonders die Vorgehensweise in dieser Phase über Erfolg oder Mißerfolg eines Produktes entscheidet. Aktionsparameter, die den Bedürfnissen des Handels Rechnung tragen und ihn zu kooperativen Maßnahmen animieren, sind insbesondere die Sortimentsstruktur und die Handelsspanne. Das neue Produkt muß nicht nur in die Sortimentsstruktur des Herstellers, sondern auch in die der Absatzmittler passen. Dies ist schon bei der Entwicklung des Produktes zu berücksichtigen.

Eine weitaus größere Rolle für die Akzeptanz eines neuen Produktes durch die Absatzmittler spielt jedoch die **Handelsspanne.** Da sich die Absatzmittler an die etablierten Spannen des Herstellers gewöhnt haben, werden sie ohne hinreichende Erklärung niedrigere Handelsspannen für neue Produkte nicht hinnehmen, es sei denn, sie stehen in einem starken Abhängigkeitsverhältnis zu dem Hersteller. Deshalb ist der Schnittstelle zwischen der Neuproduktplanung und den etablierten Handelsrabattstrukturen eine genügend große Aufmerksamkeit zu widmen, um sicherzustellen, daß das Produkt konform zu den Bedürfnissen der Absatzmittler und ohne größere Reibungsverluste durch den Absatzkanal fließt.

Für die erfolgreiche Distribution neuer Produkte ist es oft angebracht, den **Absatzmittlern spezielle Schulungen** anzubieten, in denen ihnen die benötigten Produktkenntnisse vermittelt werden können. Die Notwendigkeit und die Art dieser Ausbildung unterscheidet sich je nach dem betrachteten Industriezweig. So sind z.B. für den Vertrieb von komplexen Werkzeugmaschinen solche Trainingsprogramme unerläßlich, während im Lebensmittelbereich darauf meist verzichtet werden kann. Zwischen diesen Extremen gibt es vielerlei Varianten.

Hersteller haben darüber hinaus für die Entwicklung **reklamations- und beschwerdefreier Produkte** Sorge zu tragen. Die Aversion der Absatzmittler gegen die Übernahme von Produkten, die dieser Anforderung nicht genügen, ist groß, da die Reklamations- und Beschwerdebearbeitung nicht nur sehr arbeitsintensiv, sondern vielfach imageschädigend ist. Wenn auch nicht alle Probleme antizipierbar sind, die mit der Einführung neuer Produkte verbunden sein können, so muß dennoch bei der Neuproduktplanung den oben genannten Produkteigenschaften genügend Aufmerksamkeit geschenkt werden.

5.2.2 Produktlebenszyklus und Distribution

Die meisten Unternehmen bieten eine Vielzahl von Sachgütern und/oder Dienstleistungen an. Anhand der **Produktlebenszykluskurve** können **trotz ihres Idealcharakters Anhaltspunkte** darüber gewonnen werden, welche Marketingstrategien für die einzelnen Produkte in der jeweiligen "Lebensphase" anzuwenden sind. Das Konzept des Produktlebenszyklus wird in der einschlägigen Marketingliteratur zur Genüge behandelt (siehe z.B. Cox 1967, S. 375-384), so daß es sich erübrigt, hier näher darauf einzugehen. In den folgenden Ausführungen werden die aus den einzelnen **Phasen der Produktlebenszyklus-Kurve** abgeleiteten Distributionsmaßnahmen erörtert (vgl. hierzu Rosenbloom 1978 a, S. 218-226).

Wie aus der Abbildung 48 zu entnehmen ist, wird die Kurve in vier Phasen unterteilt, die üblicherweise als **Einführung, Wachstum, Reife und Degeneration** bezeichnet werden. Die wichtigsten aus den einzelnen Phasen abgeleiteten Anhaltspunkte für geeignete Distributionsmaßnahmen sind in der Abbildung 48 aufgeführt. Diese gilt es im folgenden noch etwas genauer zu erläutern.

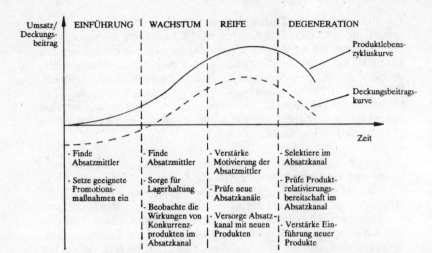

Abb. 48 Zusammenhänge zwischen dem Produktlebenszyklus und absatzkanalorientierten Aktivitäten

In der **Einführungsphase** sind neben der Suche nach weiteren Absatzmittlern große Anstrengungen in der Verkaufsförderung zu tätigen, um den Absatz des Produktes zu forcieren. Dazu sind z.B. geeignete Werbemaßnahmen zu initiieren. Des weiteren ist dafür Sorge zu tragen, daß die Produkte, nachdem sie durch Werbung bekannt gemacht wurden, auch am Point of Sale vorhanden sind, wenn Kunden diese nachfragen. Ist dies nicht der Fall, so ist die erfolgreiche Einführung gefährdet. Um die Verfügbarkeit der Produkte sicherzustellen, muß der Hersteller prüfen, ob die Lagerbestände bei den potentiellen Absatzmittlern auch wirklich vorhanden sind.

Die **Wachstumsphase** stellt neben der weiteren Steigerung des Distributionsgrades zwei zusätzliche Anforderungen an den Distributionsmanager im Hinblick auf das Ziel, das Umsatzwachstum des Produktes aufrechtzuerhalten. Zum einen muß er sich, wie auch in der Einführungsphase, aus Gründen der rasch steigenden Nachfrage um die uneingeschränkte Verfügbarkeit des Produktes bei den Absatzmittlern bemühen. Dies trifft besonders für Konsumgüter zu, bei deren Distribution mehrere Absatzmittler zwischengeschaltet sind. Zum anderen sollte der Distributionsmanager die Aktionen der Absatzmittler beobachten, speziell im Hinblick auf bereits in deren Sortiment befindliche Konkurrenzprodukte. Auch die Aktivitäten potentieller Konkurrenten muß er im Auge behalten, die versuchen, angelockt durch die hohen Wachstumsraten, in den Absatzkanal einzudringen. Ein unternehmensinternes Management-Informations-System oder hinzugezogene

Marktforschungsunternehmen können wertvolle Informationen liefern. Angesichts der in dieser Phase stärker werdenden Konkurrenz schlägt Levitt (1965, S. 91) vor, die Aktionen der Wettbewerber zu antizipieren und entsprechende Gegenaktionen schon während der vorhergehenden Lebensphase des Produktes zu planen. Auf diese Weise ist der Distributionsmanager gerüstet, bei Bedarf mit einem adäquaten Konzept die Unterstützung der Absatzmittler für das eigene Produkt zu gewinnen.

In der **Reifephase**, die durch ein geringes Wachstum bzw. eine Sättigung des Marktes gekennzeichnet ist, stehen drei absatzkanalorientierte Aktivitäten im Vordergrund. So müssen die Absatzmittler verstärkt für den Vertrieb des Produktes motiviert werden, indem die Aktivität derselben z.B. mittels größerer Handelsspannen, Werbezuschüsse etc. erhöht wird. Ansonsten besteht die Gefahr, daß die Absatzmittler aufgrund rückläufiger Verkaufsraten und sinkender Umschlagshäufigkeiten Bestellungen reduzieren oder völlig unterlassen. Ein weiteres Aktivitätspotential besteht darin, neue Absatzkanäle daraufhin zu prüfen, ob sie sich für die Distribution des betreffenden Produktes besser eignen als die etablierten. Dies eröffnet die Chance, eine neue Wachstumsphase einzuleiten, eine Maßnahme, die (Adler 1964, S. 46) oft übersehen wird. Letztlich sollte in dieser Phase auch nicht vergessen werden, die Entwicklung neuer Produkte voranzutreiben, damit der Ersatz der in späteren Phasen ausscheidenden Produkte sichergestellt wird.

Die **Abstiegsphase** zeichnet sich dadurch aus, daß ein Großteil der Absatzmittler das Produkt aus ihrem Sortiment genommen hat. Zumeist sind es Absatzmittler mit hohem Bestellvolumen, da diese sehr schnell auf ein Absinken der Umschlagshäufigkeit reagieren. So verbleibt ein Absatzkanal, der geprägt ist von hohen Kosten und relativ kleinem Auftragsvolumen. In dieser Situation muß der Distributionsmanager durch Abwägung von Kosten und Erträgen prüfen, ob er Absatzmittler mit sehr kleinem Bestellvolumen überhaupt noch beliefern soll, um die sich verschlechternde Gewinnentwicklung nicht noch zu forcieren. Eine Alternative ist die, das Produkt gänzlich aus dem Programm herauszunehmen. Hier ist jedoch zu untersuchen, wie die Absatzmittler auf eine solche Maßnahme reagieren. Denn in den meisten Fällen beziehen die Absatzmittler nicht nur eines, sondern mehrere Produkte bei einem Hersteller. Wird ein Produkt nicht mehr angeboten, so besteht die Gefahr, daß die Händler nicht nur das gewünschte, sondern auch andere Produkte bei der Konkurrenz ordern. Unter diesem Gesichtspunkt erscheint es deshalb in bestimmten Situationen angezeigt, ein verlustbringendes Produkt im Sortiment zu belassen, um das Verkaufsvolumen für gewinnträchtige Produkte nicht zu gefährden. Auch für diese Phase gilt analog zur vorhergehenden, daß die Aktivitäten zur Einführung neuer Produkte zu verstärken sind.

In Anlehnung an Day (1981, S. 65) bleibt abschließend davor zu warnen, vorbehaltlos generalisierte strategische Vorschriften aus den einzelnen Phasen des Produktlebenszyklus abzuleiten. Diese können irreführend sein, wenn unterstellt wird, daß der Produktlebenszyklus die einzige Determinante für die Strategie, die Struktur und die Durchführung solcher Maßnahmen ist.

5.2.3 Produktprogrammpolitik und Distribution

Die Sortimentspolitik der Mitglieder des Absatzkanals (speziell auf Herstellerseite auch als Programmpolitik bezeichnet) betrifft die arten- und mengenmäßige Kombination von Sachgütern und/oder Dienstleistungen, die auf dem Markt angeboten werden. Da heute bis auf wenige Ausnahmen Käufermärkte vorliegen, sollte die Sortimentsbildung sowohl (produktions-) technischen als auch marktbezogenen Gesichtspunkten entsprechen. Bestimmungsgründe können dabei sein (vgl. hierzu Haedrich/Berger 1981, S. 17-19).

o Überlegungen im Hinblick auf die Bedarfsorientierung der Sortimente der Abnehmerseite (Auswirkungen auf Einkauf und Sortimentsbildung im Handel und auf Kauf- und Konsumgewohnheiten der Endverwender)
o marketingstrategische Erwägungen.

Die bedeutendste Rolle spielt die **Bedarfsorientierung in der Sortimentsbildung der Absatzmittler**. Die Hersteller müssen heute angesichts der zunehmenden Einkaufskonzentration und Macht im Handel auf dessen Bedürfnisse und Forderungen in hohem Maße Rücksicht nehmen. Aus diesem Grund sehen sich Hersteller häufig dazu veranlaßt, Sortimentsänderungen, -erweiterungen oder -einengungen vorzunehmen, die ohne den Zwang von seiten des Handels unterblieben.

Die Sortimentsbildung muß, von seiten des Herstellers wie auch von seiten des Handels, an den Bedürfnissen der Endverbraucher orientiert sein. Die Vielfalt der Produkte im Sortiment ist gerade so groß zu wählen, daß die Nachfrage der anvisierten Zielgruppe in angemessener Weise befriedigt wird. Das Sortiment als absatzpolitisches Instrument kann dabei sowohl durch die Bereitstellung **komplementärer Produkte** zur Befriedigung von Nachfrageverbünden als auch durch die Bereitstellung **substitutiver Produkte** eine akquisitorische Wirkung erzielen. Auch der Pflege erfolgreicher **Produktlinien** ist genügend Gewicht beizumessen, da diese ihre akquisitorische Wirkung auf neue Produkte übertragen können (vgl. Meffert 1980, S. 83).

Bedeutsam für Hersteller ist auch die Gepflogenheit im Handel, eine **spezifische Qualitäts- und Preislage** zu wählen, die allerdings nach unten und oben streut. Von daher ergeben sich für Hersteller ähnliche Positionierungszwänge oder im Falle mangelhafter Anpassung des Produktprogramms an das Händlersortiment verminderte Absatzchancen. Ähnliche Überlegungen gelten hinsichtlich der unterschiedlichen Breite und Tiefe von Handelssortimenten bei den verschiedenartigen Betriebsformen im Handel. Auch in diesem Falle ergeben sich absatzkanalabhängige bzw. -determinierte Produktprogrammentscheidungen beim Hersteller. Liegt das Herstellerproduktprogramm fest, müssen die absatzmittlerbezogenen Entscheidungen daran ausgerichtet sein.

5.2.4 Markenpolitik und Distribution

Auch die Marke, unter der ein Produkt vertrieben wird, ist ein absatzpolitisches Instrument, das es im Hinblick auf die Ausgestaltung des Distributionskanals zu berücksichtigen gilt. Unter **Marke** verstehen wir einen Namen, eine Bezeichnung, ein Zeichen, ein Symbol, ein Design oder eine Kombination dieser Elemente. Sie dient der Identifizierung von Produkten oder Dienstleistungen eines Anbieters oder einer Gruppe von Anbietern und ihrer Differenzierung von jenen der Konkurrenten (vgl. Kotler 1982, S. 379). **Bezüglich des Markenbesitzes können drei Alternativen unterschieden werden:**

o **Herstellermarke**
o **Handelsmarke**
o **Kooperationsmarke**.

Die Kontrolle über den Absatzkanal hat üblicherweise derjenige, der Eigentümer der Marke ist. Die Markenpolitik ist deshalb unter dem Aspekt des beiderseitigen Strebens von Hersteller und Handel nach Einflußnahme und Unabhängigkeit zu sehen, wie auch in einer empirischen Untersuchung von Meffert und Steffenhagen (1976, S. 18) sichtbar wurde. Manchmal kann es für einen Hersteller von Nutzen sein, Teile seiner Produktion nicht unter seiner **Herstellermarke**, sondern unter dem Namen eines Absatzmittlers zu vertreiben. Obwohl die Kontrolle über den Vertrieb dabei aufgegeben wird, können daraus gewichtige Vorteile resultieren, von denen die bedeutendsten nachstehend aufgeführt werden (vgl. Walters/Bergiel 1982, S. 106 f):

o expandierende Absatzmärkte
o Möglichkeit der Preissenkung ohne Verletzung des Markenimages
o Nutzung überschüssiger Fertigungskapazität
o Übertragung eines Großteils der Vertriebs- und Verkaufsförderungskosten auf den Markeninhaber.

Die Vorteile einer eigenen **Handelsmarke des Großhandels** liegen darin, daß der Großhandelsbetrieb aufgrund der längerfristigen Zusicherung von festen Abnahmequoten günstige Konditionen seitens des Herstellers erhält und durch das Betreiben einer eigenständigen Markenpolitik zur Profilierung seiner angeschlossenen Einzelhandelsgeschäfte beitragen kann (vgl. Haedrich/Berger 1982, S. 14).

Auch **Kooperationsmarken** von Herstellern und Händlern können für beide Vertragspartner Vorteile mit sich bringen. Grundidee einer solchen Kooperation ist es, den Anstieg der Vertriebskosten sowie den Trend zu längeren und schwerer zu leitenden Distributionswegen besser auffangen zu können. Hersteller und Handel können durch die Verwendung gemeinsamer Marken die Neueinführung einzelner Produkte oder Produktgruppen gemeinsam effizienter gestalten. Des weiteren wird die Durchdringung nationaler und internationaler Märkte erleichtert (vgl. Thies 1976, S. 67 f). Von Bedeutung ist auch der Aspekt, daß bei der Verwendung von Kooperationsmarken die üblichen Reibungsverluste, die der Wettbewerb untereinander konkurrierender Hersteller- und Handelsmarken mit sich bringt, vermieden werden.

5.3 Preis- und Konditionen-Mix und Distribution

5.3.1 Grundprinzipien einer absatzkanalorientierten Preispolitik

Entscheidungen hinsichtlich des Preises von Sachgütern oder Dienstleistungen gehören zu den wichtigsten des Marketing-Mix. Auch auf die Distribution wirken sie sich nachhaltig aus, da

Preisentscheidungen eng mit Distributionsentscheidungen verflochten sind. Deutlich wird dies an zwei Beispielen:

o Für den Erfolg einer Niedrigpreisstrategie ist ein hoher Distributionsgrad erforderlich.
o Die Motivation der Absatzmittler hängt in der Regel von der Umschlagsgeschwindigkeit und von den Handelsspannen ab.

Will man die Funktionen, die der Preis in Zusammenhang mit der Distribution ausübt, in ein allgemeines Konzept bringen, so erscheint eine Untergliederung in die folgenden ,vier Bereiche angezeigt (vgl. hierzu und zur Vertiefung Walters/Bergiel 1982, S. 335-357):

o Entlohnung der Mitglieder des Absatzkanals für geleistete Dienste
o Preis als Wettbewerbsinstrument
o Preis als Kommunikationsinstrument
o Preis als Instrument zur Steuerung des Absatzkanals.

Aus diesen Funktionen lassen sich die nachstehend aufgeführten acht wichtigsten **Richtlinien für eine absatzkanalorientierte Preispolitik** ableiten (vgl. Rosenbloom 1978 a, S. 231 f). Sie geben Hinweise darauf, wie Preisstrategien zu formulieren sind. Dies gilt besonders für den Fall, daß es um das Ziel geht, die Kooperation von Mitgliedern des Absatzkanals zu fördern und die Gefahr von Konflikten zu vermindern.

o Effziente Absatzmittler müssen Wiederverkaufspreise erzielen, die über den Kosten der Ware liegen.
o Die Handelsspanne soll nach Handelsleistungen differenziert gestaltet werden.
o Auf allen Stufen des Absatzkanals muß ein konkurrenzfähiger Preis angestrebt werden.
o Sonderleistungen der Absatzmittler müssen sich in den Konditionen niederschlagen.
o Die Handelsspanne soll dem branchenüblichen Aufschlag entsprechen.
o Lockvogel-Angebote mit niedrigen Spannen sollen soweit möglich zu Zwecken der Verkaufsförderung genutzt werden.
o Eventuell vorhandene Referenz- bzw. Schlüsselpreise sind zu beachten.
o Preisdifferenzen in einer Produktlinie sollen mit Unterschieden in der Qualität und der Produktgestaltung in Einklang stehen.

Es ist im Rahmen dieser Arbeit nicht möglich, alle Aspekte der Preispolitik erschöpfend zu behandeln. In den weiteren Ausführungen wird deshalb auf jene Instrumente der Preispolitik eingegangen, die die einschneidensten Wirkungen auf den Distributionskanal implizieren und aus diesem Grunde auch durch die Rechtsprechung einer kritischen Prüfung und Kontrolle unterworfen werden. Es sind dies vertikale Preisbindungen und -empfehlungen sowie die Rabatt- und Konditionengewährung.

5.3.2 Vertikale Preisbindungen

Unter der **vertikalen Preisbindung** versteht man die vertragliche Bindung des Handels an einen vom Hersteller festgesetzten Endverbraucherpreis. Dieser auch als "Preisbindung der zweiten Hand" bezeichnete Tatbestand wurde im Rahmen der zweiten Novelle des "Gesetzes gegen Wettbewerbsbeschränkungen" von 1973 verboten (§ 15 GWB, eine Ausnahme bilden Verlagserzeugnisse). Ziel war es, einen wirksamen Wettbewerb aufrechtzuerhalten und Wettbewerbsbeschränkungen und -verzerrungen zu bekämpfen. Durch das Verbot wurde den Herstellern bisher preisgebundener Markenartikel eines ihrer bedeutendsten absatzpolitischen Instrumente genommen und dadurch ihre Handlungsmöglichkeiten eingeschränkt.

Für Markenartikelhersteller, die keine eigene Handelsorganisation besitzen, ist eine zentrale, alle Stufen der Absatzkette erfassende Preispolitik nicht mehr möglich. Somit entfällt die direkte Einflußnahme auf Weiterverkaufspreise des Großhandels, auf Endverkaufspreise des Einzelhandels und auf die gewährten Handelsspannen, die den **Herstellern** von Markenartikeln die wichtigsten nachfolgenden **Vorteile** brachten (vgl. Eichhorn 1982, S. 251 f):

o Gewährung hoher Handelsspannen sichert die Absatzunterstützung durch den Handel.
o Vertikale Preisbindung impliziert eine partnerschaftliche Zusammenarbeit zwischen Hersteller und Handel.
o Hersteller sind vor einer Verschleuderung ihrer Waren als 'Lockvogel'-Angebote und damit vor einer Schädigung ihres Goodwill geschützt.

Das Verbot der vertikalen Preisbindung ist nicht unumstritten. Sie brachte den Mitgliedern des Absatzkanals wie auch den Konsumenten neben einigen Nachteilen auch gewichtige Vorteile. Eine detaillierte Erörterung dieser Vor- und Nachteile von Herstellerpreisbindungen erscheint jedoch angesichts deren Aufhebung müßig. Es sei demzufolge lediglich auf die Ausführungen von Eichhorn (1982, S. 251-261) verwiesen, der sich mit der Abwägung der einzelnen Interessen ausführlich beschäftigt hat.

Für finanzkräftige Großunternehmen bestehen Möglichkeiten, dieses Verbot der vertikalen Preisbindung langfristig zu **umgehen**. Drei **Alternativen** stehen zur Wahl (vgl. Eichhorn 1982, S. 253):

o Übergang zum Direkt- oder Kommissionsvertrieb oder Vertrieb durch Vertragshändler
o Aufbau einer eigenen Handelskette, z.B. durch vertikale Integration bisher unabhängiger Handelspartner
o Horizontale Konzentration bisher konkurrierender Markenartikelhersteller durch Unternehmenszusammenschlüsse zur Stärkung der Verhandlungsposition gegenüber dem Handel.

Auch bei diesen Alternativen sind jedoch die geltenden Rechtsvorschriften zu beachten. Kleinere und mittlere Herstellerunternehmen, die die entstabilisierende Wirkung infolge der Aufhebung der Preisbindung langfristig in der beschriebenen Weise nicht kompensieren können, müssen mit Absatzrückgängen und mit starkem Druck auf die Werksabgabepreise rechnen. Dies kann eine Verschlechterung des Betriebsergebnisses und im Extremfall das Ausscheiden aus dem Markt zur Folge haben.

5.3.3 Vertikale Preisempfehlungen

Mit Hilfe der **vertikalen Preisempfehlung (vPE)** ist es Herstellern und Lieferanten einer Markenware möglich, ihre Vorstellungen über den Verkaufspreis des Produktes den nachgelagerten Wirtschaftstufen kundzutun. Der Einsatz der vertikalen Preisempfehlung wird durch den Gesetzgeber von der Erfüllung bestimmter Zulassungskriterien abhängig gemacht und die tatsächliche Durchführung einer Mißbrauchskontrolle unterworfen (siehe dazu § 38 a GWB). Eine Meldepflicht für die vertikale Preisempfehlung besteht nicht. **Mißbräuche** liegen vor, wenn:

o die Empfehlung zur Verteuerung der Ware führt oder Preissenkungen verhindert,
o die Empfehlung zur Täuschung der Verbraucher geeignet ist,
o die Empfehlung in der Mehrzahl von Fällen deutlich unterschritten wird,
o bestimmte Unternehmen ohne sachlich gerechtfertigten Grund vom Vertrieb der Waren ausgeschlossen werden, sofern sie sich nicht an die vertikale Preisempfehlung halten.

Vertikale Preisempfehlungen lassen sich hinsichtlich des angesprochenen Adressatenkreises nach zwei Formen untergliedern:

o Händlerpreisempfehlungen
o Verbraucherpreisempfehlungen.

Händlerpreisempfehlungen sind an die Weiterverkäufer gerichtete empfohlene Verkaufspreise, z.B. in Form von Preislisten, die den Verbrauchern nicht zur Kenntnis gelangen sollen. Anders verhält es sich bei den **Verbraucherpreisempfehlungen**. Sie richten sich unmittelbar an den Verbraucher. Als Beispiele lassen sich Aufdrucke auf Verpackung oder Etikett, Kataloge oder Angaben in den Werbemedien nennen.

Die mit der Verwendung dieses absatzpolitischen Instrumentes von Industrie und Handel verfolgten Zielsetzungen sind vielschichtig. Insbesondere den Herstellern von Markenartikeln dient die vertikale Preisempfehlung als Mittel zur Durchsetzung verfolgter Marketingstrategien. Aber auch dem Handel bietet dieses Absatzinstrument erhebliche Vorteile, die es attraktiv machen. Eine Übersicht über die unterschiedlichen Interessen, die Handel und Industrie dazu bewegen, von diesem Instrument Gebrauch zu machen, gibt Tabelle 19.

HERSTELLER

- Sicherung der Preis-Qualitäts-Relation
  - Irradiation des Preises auf die Qualität
    (Bsp.: Schleuderverkäufe)

- Marktsegmentierung über den Preis
  - unterschiedliche Qualitätslage →
    unterschiedliche Preislage

- Harmonische Produktreihenpreise
  - Preise von Ergänzungsprodukten beeinflussen
    Image des Hauptproduktes

- Stabilisierung und Steuerung der Absatzmenge
  bei Push- und Pull-Strategien

- Erleichterung der Absatz- und Ertragsplanung
  - Verbrauchernachfrage ist von Preisen abhängig

- Hohe Gewinnerzielung

- Minderung des Preiswettbewerbs zwischen den
  Herstellern

- Informative Verbraucherwerbung

HANDEL

- Hilfestellung bei der Kalkulation

- Minderung der Kosten
  - Vorauszeichnung der Produkte

- Schutz des Mittelstandes im Handel vor ruinösem
  Wettbewerb von Großunternehmen

- Minderung der Preiskonkurrenz

- Hilfestellung für Verbraucherwerbung
  - Prospekte mit Preisangabe vergrößern Angebot
    des Handels, ohne daß alle Waren bevorratet
    werden müssen

Tab. 19   Gründe für eine Einführung vertikaler Preisempfehlungen bei Herstellern und im Handel

Die aus dem Einsatz der vertikalen Preisempfehlung resultierenden Wettbewerbswirkungen und die sich für bestimmte Gruppen von Wirtschaftssubjekten ergebenden Vor- und Nachteile treten im Gegensatz zur vertikalen Preisbindung nicht so klar zu Tage, da geeignete Maßgrößen fehlen. Dies gilt sowohl für die Beurteilung der Funktionen der vertikalen Preisempfehlung aus gesamtwirtschaftlicher Sicht, als auch für die einzelwirtschaftliche Betrachtungsweise hinsichtlich der Erfüllung von Kooperationszielen. Allgemeingültige Aussagen über dieses absatzpolitische Instrument lassen sich demnach nicht treffen (vgl. Schenk 1982, S. 264).

Obwohl hinreichendes aktuelles Zahlenmaterial nicht vorhanden ist, muß angenommen werden, daß **viele Markenartikelhersteller die vertikale Preisempfehlung aufgegeben haben** (vgl. Schenk 1982, S. 275), da sie die mit ihrer Hilfe anvisierten Ziele nicht erreichen konnten. Einen nicht unwesentlichen Beitrag dahingehend hat sicher die Mißbrauchsaufsicht durch das Bundeskartellamt geleistet. Wird die vertikale Preisempfehlung eingesetzt, so geschieht dies vornehmlich in größeren Unternehmen. Die Domäne der Verwendung liegt dabei auf dem Gebiet der kleinpreisigen Markenartikel und bei Waren, die über Listen und nicht ab Lager verkauft werden.

Nach einer Studie des Ifo-Institutes (vgl. Schmalen 1982, S. 146) werden Preisempfehlungen von knapp der Hälfte aller Hersteller ausgesprochen, wobei zwei Drittel die Händlerpreisempfehlung verwenden. Solche Preisempfehlungen werden von 60% aller Händler sehr selten und dann wenig unterschritten (zumeist kleinere und mittlere Unternehmen), während 6% der Handelsunternehmen (insbesondere Verbrauchermärkte) fast ständig darunter auszeichnen. Die Unterschreitungen werden zum großen Teil bei Markenartikeln mit hohem Bekanntheitsgrad vollzogen. Andererseits zeigte die Studie, daß lediglich 40% der Hersteller großen Wert auf die Einhaltung der Empfehlungen legen.

Die vom **Handel** bisweilen ins Feld geführten Argumente gegen die vertikale Preisempfehlung liegen zum einen darin begründet, daß der Handel bei grober Mißachtung der Empfehlungen mit Sanktionen (z.B. Liefersperre, Rabattkürzungen) seitens der Hersteller rechnen muß und zum anderen in der Behinderung eigener Marketingkonzepte. Wie eine Verbraucherbefragung in den siebziger Jahren zeigte, hatten damals ca. 80% der Konsumenten eine positive Einstellung gegenüber der vertikalen Preisempfehlung, während die Arbeitsgemeinschaft der Verbraucher ihr ablehnend gegenüberstand. Letztlich ist die Diskussion über das Pro und

Contra der vertikalen Preisempfehlung auf allen Beteiligtenebenen offen. Ein gewichtiger Grund, die vertikale Preisempfehlung bis heute nicht zu verbieten, liegt sicherlich darin, daß infolge des stärker gewordenen Preiswettbewerbs auf der Handelsebene dem Endverbraucher daraus mehr Vorteile als Nachteile erwachsen sind.

5.3.4 Konditionenpolitik

Ein weiteres Instrument des Marketing-Mix ist die Konditionenpolitik. Die Gestaltung der Erlösschmälerungen in Form von Skonti und Rabatten und Absatzkreditgewährung bilden zusammen mit den Lieferungs- und Zahlungsbedingungen das **Konditionensystem des Anbieters** (vgl. Meffert 1980, S. 318; zur Darstellung der einzelnen Konditionen S. 316-322).

Ziel der Gewährung von Preiskonditionen ist es, die Absatzmittler für die von ihnen erbrachten Leistungen über ein gestaffeltes Konditionengefüge individuell zu entlohnen und sie so für bestimmte absatzpolitische Leistungen zu **motivieren**. Eine herausragende Rolle spielen heute neben den gebräuchlichen Mengenrabatten die Funktionsrabatte. Sie dienen den Anbietern nach dem Wegfall der vertikalen Preisbindung dazu, durch Ausrichtung der Rabattsätze auf die Kalkulationspolitik der jeweiligen Absatzmittler das Preisgefüge der Endverbraucherpreise annähernd zu nivellieren bzw. 'Schleuderverkäufe' zu verhindern. Dies kann z.B. dadurch erfolgen, daß einem Discounter geringere Rabattsätze gewährt werden als einem Filialunternehmen, aufgrund der von den beiden unterschiedlich ausgeübten Funktionen (vgl. Haedrich/ Berger 1982, S. 21).

Im Rahmen der verfolgten Distributionsstrategien beruht die **Höhe des Rabattes**, der jedem Absatzmittler zugestanden wird, auf folgenden Faktoren (vgl. Sims u.a. 1977, S. 279-282):

o absatzpolitische Ziele des Herstellers
o kostendeckende, leistungsgerechte Entlohnung der Absatzmittler
o Handelsrabattstruktur der Konkurrenz
o Abhängigkeit der Zahl akquirierbarer Absatzmittler vom Umfang der Konditionengewährung
o differierende Kosten unterschiedlicher Absatzkanäle
o Möglichkeiten der Marktsegmentierung über Rabatte und Konditionen.

In das Kreuzfeuer der Kritik geriet die Konditionenpolitik besonders angesichts der in den letzten Jahren zunehmenden **Handelskonzentration**. Denn die aus dieser Entwicklung heraus entstandenen großen Handelsunternehmen und Handelskooperationen (Handelsketten, Einkaufsgenossenschaften) besitzen ein erhebliches Potential an **Nachfragemacht** gegenüber ihren Lieferanten. Diese Macht nutzen besonders aggressiv auftretende Nachfrager dazu, ihre Lieferanten unter Druck zu setzen, so daß diese gezwungen sind, ihnen erhebliche **Zugeständnisse** bei Preisen, Rabatten und Nebenleistungen (z.B. Werbezuschüsse, Schaufenstermiete, Regalmiete etc.) zu machen, wenn sie die geschäftliche Beziehung nicht gefährden wollen. Oftmals gehen solche günstigen Angebote auch von den Herstellern selbst aus, wenn jene beabsichtigen, die Großhändler an sich zu binden. Diese Verhaltensweise von Industrie und Handel hat den Preiswettbewerb auf der Handelsebene erheblich verschärft und gefährdet vornehmlich die Existenz kleiner und mittlerer Handelsunternehmen, die infolge fehlender Nachfragemacht die Waren bisweilen teurer einkaufen als sie von Großabnehmern verkauft werden (vgl. Schmalen 1982, S. 178).

Die von der Nachfragerseite verursachten **Wettbewerbsverzerrungen** konnten durch kartellrechtliche Vorschriften bisher nicht unterbunden werden. So wurde die Anwendung des erweiterten Behinderungs- und Diskriminierungsverbotes des § 26 Abs. 2 GWB vor allem dadurch behindert, daß Hersteller, die von starken Abnehmern abhängig sind, aus Furcht vor wirtschaftlichen Sanktionen (z.B. Abbruch der Geschäftsbeziehungen) in den meisten Fällen den Weg zum Kartellamt meiden (vgl. Kartte 1979, S. 27).

5.4 Kommunikations-Mix und Distribution

5.4.1 Kommunikationsprozesse in Distributionskanälen

Gegenstand des **Kommunikations-Mix** ist die bewußte Gestaltung der auf den Absatzmarkt gerichteten Informationen einer Unternehmung mit dem Ziel einer Verhaltenssteuerung aktueller und potentieller Käufer. Als Instrumente der systematischen Käuferbeeinflussung fungieren der **persönliche Verkauf, die Werbung, die Verkaufsförderung und die Öffentlichkeitsarbeit** (vgl. Meffert 1980, S. 85). Betrachtet man das Kommunikations-Mix im Zusammenhang mit der Distributionspolitik, so sind insbesondere **zwei Problembereiche** von Bedeutung:

o die absatzkanalorientierten Push- und Pull-Strategien
o die kooperative Kommunikationspolitik im Hinblick auf die
  Absatzförderung.

Bevor auf diese Themenbereiche in den folgenden Abschnitten näher eingegangen wird, sollen die Grundlagen einer Analyse der sich innerhalb des Absatzkanals vollziehenden Kommunikationsprozesse näher erläutert werden (zur Vertiefung siehe Specht 1979, S. 134-155).

Kommunikationsprozesse dienen dem Senden und Empfangen von Informationen zwischen Mitgliedern des Absatzkanals und zwischen dem Absatzkanal und der Umwelt. Die durch die Kommunikationsaktivitäten der verschiedenen Absatzkanalmitglieder erzeugten Informationsvorgänge sind für einen effzienten Fluß der Sachgüter oder Dienstleistungen durch den Absatzkanal unerläßlich (vgl. Rosenbloom 1978 a, S. 95). Die Informationen können dabei informativer oder motivierender Natur sein. Da sie sich nur selten an eine Systemstufe wenden, kann davon ausgegangen werden, daß sich Kommunikation in Distributionssystemen in der Regel mehrstufig vollzieht (vgl. Steffenhagen 1975, S. 119).

Die Kommunikation kann als ein **Prozeß der Nachrichtenübermittlung** zwischen einem Sender und einem Empfänger beschrieben werden. Abbildung 49 gibt eine Interpretation des Kommunikationsprozesses wieder. Der Sender, in diesem Falle der Hersteller, übermittelt eine Nachricht an einen Absatzmittler. Dabei wird die Nachricht zunächst in transportfähige Signale transformiert (z.B. durch eine Werbeagentur) und anschließend über einen Übertragungskanal (z.B. Medien) an den Empfänger übertragen. Dort werden die Signale 'decodiert' (z.B. durch Mitglieder der Einkaufsabteilung) und somit in eine für den Empfänger interpretierbare Form gebracht.

Solche Kommunikationsvorgänge laufen nicht immer störungsfrei ab, d.h. ohne Veränderung der Nachrichten. Die dabei auftretenden **Störungen** beruhen in den meisten Fällen darauf, daß Informationen falsch verstanden oder fehlinterpretiert werden. Darunter leidet die Kommunikationseffizienz, die ihrerseits in hohem Maße den Distributionserfolg beeinflußt. Störungen lassen sich **nicht völlig vermeiden**, sie müssen aber so gering wie möglich gehalten werden.

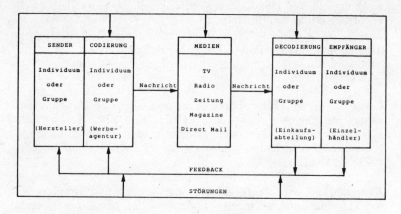

Abb. 49 Beispiel eines Kommunikationsprozesses im Absatzkanal

Je länger ein Distributionskanal ist, d.h. je mehr Mittler in die Distribution des Gutes eingeschaltet sind, desto größer ist die Wahrscheinlichkeit, daß abzugebende Informationen verloren gehen
oder verzerrt werden. Die Zahl der Knoten in einem Informations-
netzwerk verhält sich invers zur exakten Übermittlung einer Information. Aus diesem Grund muß es in Distributionssystemen mit
komplexen Netzwerken Mechanismen geben, die die **Umleitung
(bypassing) von Informationen** erlauben. Dadurch können Infor-
mationsengpässe (speziell im Handel) umgangen werden. Wichtig
ist dies besonders dann, wenn Informationen schnell fließen sollen
wie z.B. in Krisensituationen.

Das Ergebnis eines Kommunikationsprozesses ist das sogenannte
Feedback, d.h. die Antwort durch den Empfänger. Für den Fall,
daß die Nachricht aus einer Anweisung z.B. des Channel-Managers besteht, kann die Antwort auch in Form einer Handlung
erfolgen. Beim Feedback kehrt sich der Kommunikationsprozeß in
die entgegengesetzte Richtung um.

Die Kommunikation kann ein Faktor sein, der die **Koordination
und Kooperation** der Mitglieder des Absatzkanals fördert. Sie
kann aber auch eine Quelle ständiger Unzufriedenheit oder per-
manenten **Konfliktes** darstellen. Der Absatzkanal besteht aus
einem Team von Personen, dem Probleme inhärent sind. Dies ist
ein Tatbestand, der die Kommunikation nachhaltig belastet (vgl.
Michman/Sibley 1980, S. 376). So gibt es viele Absatzkanäle, in
denen der Verbesserung der Kommunikation zwischen Mitgliedern des Absatzkanals die gleiche Bedeutung zugemessen werden

muß wie Wettbewerbs- oder Kundenproblemen. **Kommunikationsprobleme** in Absatzkanälen beruhen vornehmlich auf folgenden Faktoren (vgl. Rosenbloom 1978 a, S. 290-292):

o unterschiedliche Ziele von Herstellern und Absatzmittlern
o differierende Organisationsstrukturen
o unterschiedlicher Status der Absatzkanalmitglieder
o verschiedene 'Sprachen' zur Informationsübermittlung
o unterschiedliche Wahrnehmung identischer Anreize durch Kanalmitglieder
o Tendenz zur Geheimhaltung (z.B. Werbeaktivitäten des Herstellers).

Unabhängig davon, welche Probleme als die wichtigsten bezeichnet werden, hat der Channel-Manager für eine möglichst störungsfreie Kommunikation von Nachrichten im Distributionskanal Vorsorge zu treffen. Dadurch wird sichergestellt, daß die Maßnahmen im Rahmen des Marketing-Mix möglichst uneingeschränkt wirksam und nicht bereits in der Initiierungsphase behindert werden.

5.4.2 Absatzkanalorientierte Push- und Pull-Kommunikation

Je nach Art der Produkte erfordert deren Fluß durch den Absatzkanal die Anwendung unterschiedlicher Kommunikationsstrategien und Kommunikationsinstrumente. Grundsätzlich stehen die Push- und die Pull-Strategie zur Verfügung.

Bei der **Push-Kommunikation** (vgl. zum folgenden Sims u.a. 1977, S. 259-261; Lazer/Culley 1983, S. 699) liegt das Schwergewicht auf dem persönlichen Verkauf (personal selling), einem Instrument des Kommunikations-Mix, mit dessen Hilfe die potentiellen Absatzmittler zur Mitarbeit bei der Distribution motiviert werden sollen. Das Produkt wird über die einzelnen Stufen des Absatzkanals (Hersteller - Großhändler - Einzelhändler - Verbraucher) unter Zuhilfenahme des personal selling und weiterer Marketing-Mix-Instrumente wie Preise und Konditionen durch den Absatzkanal 'gepreßt'. Die durch den Hersteller bereitgestellten Anreize müssen ausreichend hoch sein, um die Absatzmittler für den aktiven Verkauf zu motivieren. Sie tragen auch dazu bei, daß die Absatzmittler den Verkaufsanstrengungen für dieses Produkt gegenüber anderen Produkten Priorität einräumen.

Damit der Einsatz der **Push-Strategie** sinnvoll ist, sind an die Art des Produktes bestimmte **Bedingungen** geknüpft. Es muß sich um Produkte hoher Qualität handeln, da die Betonung beim persönlichen Verkauf in der Aufzählung spezifischer Produkteigenschaften liegt. Fehlen solche prägnanten Produktcharakteristika, so besteht die Gefahr, daß der Absatzmittler leicht das Interesse an dem Produkt verliert. Zudem ist das Betreiben einer Push-Strategie in der Regel nur für Produkte von hohem Stückwert und damit relativ hohem Preis geeignet. Die Gründe dafür sind vor allem die bereitzustellenden hohen Handelsspannen und die hohen Kosten der Verkaufsgespräche.

Relativ geringe Aufwendungen werden bei der Push-Methode für die Werbung getätigt, die als ergänzende Maßnahme dazu dient, den Bekanntheitsgrad des Produktes zu erhöhen, Verkaufsförderung zu betreiben und die Verkaufsanstrengungen der Absatzmittler zu unterstützen. Hauptanwendungsgebiete der Push-Strategie sind Absatzmärkte für industrielle Erzeugnisse, die technische Produktpräsentationen erfordern, aber auch Verbrauchsgütermärkte, bei denen ein aktiver Verkäufereinsatz nötig ist (z.B. Automobile, Möbel, Kleider etc.). Erfolgreich wird sie auch bei der Neueinführung von Produkten eingesetzt.

Von gegensätzlicher Natur ist die **Pull-Strategie**. Ansatzpunkt ist hier eine starke Endverbraucherwerbung durch Massenmedien mit dem Ziel, effektive Konsumentennachfrage am Ende des Absatzkanals zu schaffen. Wird das erreicht, so wird das Produkt aufgrund dieser Nachfrage quasi vom Hersteller zum Endverbraucher durch den Absatzkanal gezogen. Obwohl die Handelsspannen bei 'Pull-Produkten' meist relativ niedrig sind, werden diese Produkte dennoch von Groß- und Einzelhändlern gerne in ihr Sortiment aufgenommen. Denn eine effektive Nachfrage ist bereits vorhanden, es muß wenig Zeit für den aktiven Verkauf der Produkte aufgewendet werden, und die Umschlagshäufigkeit ist meist sehr hoch. Verwendet werden solche Pull-Strategien primär bei problemlosen Konsumgütern (Nahrungsmittel, Zigaretten, Kosmetika etc.) und bei einigen niedrig bewerteten Gebrauchsgütern.

Meist ist es nicht ratsam, eine Push- oder Pull-Strategie in reiner Ausprägung zu verfolgen. Infolge der **Komplementarität** beider Strategien (vgl. Weigand 1967, S. 231) sind für die Erfüllung bestimmter Distributionsziele häufig Kombinationen derselben besser geeignet, wobei die Betonung jedoch immer auf einer Methode liegt. Bedingt durch die große Nachfragemacht des Handels ist eine eindeutige **Tendenz** hin zu **Push-Strategien** festzustellen.

5.4.3 Kooperative Kommunikationspolitik zur Absatzförderung

Die Ziele von Herstellern und Absatzmittlern sind oft miteinander unvereinbar, da jede Partei primär versucht, den eigenen Nutzen zu maximieren. So leisten beispielsweise Absatzmittler in den meisten Fällen zu Aktivitäten, die den Hersteller begünstigen, nur dann einen konstruktiven Beitrag, wenn sie selbst an den Vorteilen partizipieren. Um eine kooperative Zusammenarbeit in Form von konzertierten Aktionen zu erreichen, muß der Aufbau einer Ziel- bzw. Interessenharmonie angestrebt werden.

Mit Blick auf die Kommunikationspolitik bedeutet dies, Möglichkeiten zu schaffen, um die Absatzmittler in das Kommunikationskonzept des Herstellers einzubinden. Die Maßnahmen, die dafür besonders geeignet sind, werden nachfolgend kurz vorgestellt (vgl. hierzu Sims u.a. 1977, S. 267-270).

o Kooperative Werbung

Die gebräuchlichste Vereinbarung im Rahmen einer kooperativen Werbung ist eine Teilung der Werbekosten zwischen Herstellern und Absatzmittlern. Das Verhältnis dieser Aufteilung ist abhängig von den bestehenden Machtverhältnissen zwischen den Parteien. Starke Hersteller bestehen bisweilen auf einer Vereinbarung über die jährlich durchzuführenden gemeinsamen Werbeaktionen. Oft bieten Hersteller ihren Absatzmittlern Promotionrabattzusagen als Anreiz dafür an, daß diese die von den Herstellern für den Point of Sale bereitgestellten Display-Materialien verwenden. Um die Effizienz solcher Maßnahmen steuern und beurteilen zu können, ist stets ein Feedback durch Reisende erforderlich. Weitere kooperative Maßnahmen in bezug auf die Werbung sind der Einsatz von Propagandisten bei Ladenaktionen und die Gewährung von Prämien und Anreizen (z.B. Umsatzprämien, Werbegeschenke) für das Verkaufspersonal des Absatzmittlers. Letzteres ist aber nicht unproblematisch, da solche Direktbelohnungen vom Handel vielfach nicht erlaubt werden.

o Trainingsprogramme

Trainingsprogramme stellen Angebote an das Verkaufspersonal dar, die darauf abzielen, die Produktkenntnisse der Verkäufer zu verbessern, Verkaufstechniken einzuüben und Kenntnisse aus Markt- und Kundenanalysen zu vermitteln. Mit Hilfe dieser Schulungsprogramme soll die Effektivität der Handelstätigkeiten verbessert werden.

o **Vorgabe von Verkaufsquoten**
Ein Instrument der Verkaufsförderung liegt auch in der Vorgabe
von Verkaufsquoten durch die Hersteller. Die Absatzmittler werden aufgrund der Befürchtung, durch den Hersteller bei Unter-
schreiten der Verkaufsquoten nicht mehr beliefert zu werden, ihre
Verkaufsanstrengungen erhöhen. Eine solche Vorgehensweise ist
jedoch auf Hersteller starker Marken beschränkt. Angesichts der
steigenden Handelsmacht ist damit zu rechnen, daß diese Maßnahme zunehmend an Bedeutung verliert.

o **Missionarische Verkäufer**
Hersteller setzen vielfach sogenannte missionarische Verkäufer ein
mit dem Zweck, die Absatzmittler in ihren Verkaufsanstrengungen
zu unterstützen. Deren wichtigste Aufgabe besteht darin, Lagerbestände im Groß- und Einzelhandel zu ermitteln, über neue Produkte zu informieren, bei der Aufstellung von Display-Material
mitzuhelfen, die Absatzmittler zu beraten und zu schulen sowie
Aufträge entgegenzunehmen.

o **Verkaufsförderungskampagnen**
Einzelne oder Kombinationen dieser Maßnahmen in Verbindung
mit anderen Instrumenten des Marketing-Mix können in Verkaufsförderungskampagnen kombiniert zum Einsatz gelangen. Dazu ist
ein intensiver und organisierter Kontakt zwischen Herstellern und
Absatzmittlern nötig. Nicht zuletzt der Grund, daß das Betreiben
kooperativer Kommunikationspolitik im Hinblick auf die Absatzförderung sowohl den Herstellern als auch dem Handel Vorteile
bringt, hat die Bedeutung dieses absatzpolitischen Instrumentes in
den vergangenen Jahren steigen lassen (vgl. auch Abschnitt 7.2).

Literaturhinweise zu Kapitel 5:

Kartte, Wolfgang (1979): Marketing und Kartellrecht, in: Marke-
    ting - ZFP 1(1979) Heft 1, S. 22-30
Meffert, Heribert (1980): Marketing - Einführung in die Absatz-
    politik, 5. Aufl., Wiesbaden 1980
Rosenbloom, Bert (1978 a): Marketing Channels - a management
    view, Hinsdale, Ill. 1978
Sims, J. Taylor u.a. (1977): Marketing Channels - systems and
    strategies, New York u.a. 1977
Specht, Günter (1979): Die Macht aktiver Konsumenten, Stuttgart
    1979.
Walters, C. Glenn/Bergiel, Blaise J. (1982): Marketing Channels,
    2. ed., Glenview, Ill. 1982

6 Organisation des Distributionsmanagement

6.1 Organisatorische Grundprobleme des Distributionsmanagement

Der Distributionskanal kann als Team einzelner Marketinginstitutionen aufgefaßt werden, deren Aktivitäten allesamt dahingehend ausgerichtet sind, Sachgüter oder Dienstleistungen vom Hersteller zum Letztverwender zu transferieren. Dieses Team kann als eigenständige Organisation betrachtet werden, da es alle sechs **Faktoren, die für das Bestehen einer Organisation notwendig sind,** aufweist (vgl. Walters/Bergiel 1982, S. 13 f):

o Leitung
o Aktivitäten
o Kommunikation
o Rollen und Status von Mitgliedern
o Anreize
o Ziele.

Der wesentliche Unterschied zwischen dem Absatzkanalteam und den meisten anderen Organisationstypen ist der, daß der Absatzkanal sich nicht nur aus einzelnen Personen zusammensetzt, sondern aus mehreren Unternehmen besteht.

Um eine effiziente Aufgabenerfüllung der Absatzkanalorganisation sicherzustellen, sollte es eine Person geben, die die Funktion des **Channel-Managers** bekleidet. Diesem obliegt die Planung, Koordination, Bewertung und Kontrolle aller Aktivitäten der Mitglieder des Absatzkanals. Eine ausführliche Erörterung der Aufgaben des Channel-Managers und damit verbundener Probleme erfolgt in Abschnitt 6.2.1.

Die sich anschließenden Abschnitte 6.2.2 und 6.2.3 zeigen zwei grundlegende Möglichkeiten auf, die Organisationsstruktur eines Herstellerunternehmens mit Blick auf die Distribution effizient zu gestalten. Es sind dies das Produkt- und das Kundenmanagementkonzept. Zunächst wird die klassische Form des **Produktmanagement** vorgestellt, bei der sich spezialisierte Abteilungen schwerpunktmäßig mit der Planung, Koordination und Kontrolle der gesamten Marketingaktivitäten für die von ihnen betreuten Produkte befassen. Die in den USA entwickelte Konzeption des Produktmanagement wurde erstmals von dem Unternehmen Procter und Gamble angewendet und brachte dort, wie auch in vielen anderen Unternehmen danach, zunächst ausgezeichnete Erfolge (vgl. Wild 1982, S. 10).

Neuere Entwicklungen in der Konsumgüterindustrie ließen es aber notwendig werden, den Produktmanager von einem Teil seiner Aufgaben zu entlasten (vgl. hierzu und zum folgenden Meffert 1979, S. 286-288). Dieser Situationswandel im Markenartikel-bereich resultierte einerseits aus Veränderungen gesamtwirt-schaftlicher und gesellschaftlicher Art wie z.B. verschärfter Wettbewerb, Forderungen des Konsumerismus, Wandel im Kon-sumentenverhalten. Den wichtigsten Grund stellen jedoch die heute noch andauernden Kooperations- bzw. Konzentrationspro-zesse in den Absatzkanälen dar, die eine erhebliche Verlagerung wirtschaftlicher Macht zugunsten des Handels bewirken. Die drei **wichtigsten Konzentrationstendenzen** sind (Meffert 1979, S. 288; vgl. auch Kapitel 1.2):

o "Die **Geschäftskonzentration auf der Handelsebene**, d.h. weni-ger, dafür aber größere Geschäfte mit mehr Umsatz.
o Die **Konzentration der Handelspartner**, d.h. weniger, dafür aber größere Distributionsgruppen (Großkundenzusammen-schlüsse) mit mehr Einkaufsmacht.
o **Konzentration der Entscheidungsstruktur** im Handel, d.h. weg von autonomer Einzelentscheidung im Geschäft und hin zur zentralen Einkaufsentscheidung."

Ergebnis dieser Entwicklung ist eine **geschwächte Verhandlungs-position** der Hersteller und eine ständige Ausweitung ihrer handelsgerichteten Marketingaufgaben, um im stärker werdenden Preis- und Konditionenwettbewerb bestehen zu können. So wurde in den siebziger Jahren die Position des sogenannten **Kunden-managers** geschaffen und speziell mit der Aufgabe betraut, den unterschiedlichen Interessen und Belangen der Handelsunterneh-men mit differenzierten Marketingkonzeptionen Rechnung zu tragen.

In welcher Weise die Aufgaben des etablierten Produktmanagers und die des neu hinzugekommenen Kundenmanagers zu koordi-nieren sind, welche Konflikte daraus resultieren und welche Möglichkeiten der organisatorischen Eingliederung des Kunden-managers in die Aufbauorganisation des Unternehmens existieren, wird Gegenstand der Abschnitte 6.3 und 6.4 sein. In 6.5 geht es schließlich um die organisatorische Eingliederung der Distri-butionslogistik.

6.2 Organisationskonzepte

6.2.1 Channel-Management-Konzept

Während der letzten 15 Jahre trugen viele Faktoren dazu bei, das Management von Distributionskanälen zu erschweren. Zu den wichtigsten Faktoren zählen gesetzliche Regelungen (z.B. Aufhebung der vertikalen Preisbindung), sozio-kulturelle Veränderungen (z.B. Konsumerismus), ökonomische Einflüsse (z.B. Inflation), technische Entwicklungen (z.B. Scanning) und steigende Einkaufsmacht des Handels im Konsumgüterbereich. Sie erhöhten die **Komplexität** der zu treffenden Entscheidungen und sind deutliche Hinweise dafür, daß das Management des Absatzkanals nicht mehr wie bisher als Nebenaufgabe von Marketingleitern oder Produktmanagern zu vollziehen ist. Effizienter kann es von einem speziell ausgebildeten **Channel-Manager** übernommen werden (vgl. Jackson/Walker 1980, S. 53), der den Überblick über den Distributionskanal in seiner Gesamtheit besitzt und sich gezielt auf Probleme innerhalb des Absatzkanals konzentrieren kann.

Grundidee des Channel-Management-Konzeptes ist es, eine Unternehmensstrategie zu entwerfen, die unter Abstimmung der Interessen und Bedürfnisse der Mitglieder des Absatzkanals einen optimalen Fluß von Sachgütern und Dienstleistungen durch den Kanal zum Ziele hat (vgl. Walters/Bergiel 1982, S. 15 f). Neben allgemeinen Führungsaufgaben hat der **Channel-Manager Aufgaben** in den Bereichen Planung, Organisation, Koordination und Kontrolle. Die darunter zu subsumierenden **Teilaufgaben** werden nachstehend aufgeführt. Dabei wird davon ausgegangen, daß es sich um ein Herstellerunternehmen handelt (vgl. zum folgenden Jackson/Walker 1980, S. 52-58).

Planung:
o Mitwirkung bei der Planung der Absatzkanalstrategie
o Verantwortung für die Entwicklung absatzmarktgerichteter Marketingprogramme
o Prüfung alternativer Kanäle für vorhandene und neue Produkte
o Abschätzung der Vorteilhaftigkeit vertikaler Marketingsysteme
o Festlegung von Zielen, Quoten und Sollwerten für Mitglieder des Absatzkanals.

Organisation:
o Auswahl der Grundtypen der Distribution
o Auswahl der Distributionsorgane

o Verteilung der Aufgaben auf selektierte Distributionsorgane
o Festlegung der Beziehungen zwischen Distributionsorganen.

Koordination:
(unternehmensintern und -extern)
o Koordination der Kommunikation
o Koordination von Verkaufsförderungsmaßnahmen
o Koordination der Verkaufsaktivitäten
o Koordination der Preispolitik
o Koordination der Logistik
o Koordination von Distributions- und Marketingmaßnahmen mit Maßnahmen in anderen Unternehmensbereichen
o Koordination der Marketingforschung speziell im Blick auf Außendienstinformationen.

Kontrolle und Bewertung:
o Bewertung effektiver und potentieller Mitglieder des Absatzkanals
o Messung der Einstellungen und Konflikte im Absatzkanal und deren Einfluß auf die Effizienz der Kanalaktivitäten und der Kanalstruktur
o Durchführung von Distributionskostenanalysen
o Durchführung von Erfolgskontrollen (Quoten, Ziele)
o Teilnahme an Entscheidungen über Kanalmodifikationen.

Werden die **Möglichkeiten der organisatorischen Einordnung des Channel-Managers** in ein Unternehmen untersucht, so ist zwischen den drei bzw. im weiteren Sinne vier Organisationsprinzipien zu differenzieren, nach denen die Aufbauorganisation der Marketingabteilung gegliedert sein kann. Es sind dies (vgl. z.B. Cravens u.a. 1976, S. 340): Verrichtungsprinzip (Funktion), Objektprinzip (Produkt), Ortprinzip (Regionen, Kunden) und Kombinationen derselben. Bei einer funktional orientierten Marketingorganisation wird der Channel-Manager auf der gleichen Stufe wie andere 'Experten' (z.B. der Werbung, der Marktforschung) eingeordnet. Liegt indes eine markt- oder produktorientierte Organisation vor, so wird der Channel-Manager auf die gleiche Stufe wie der Leiter der Werbung gestellt. Der Channel-Manager steht dem Markt- und Produktmanager in der Funktion eines Beraters bezüglich der auf den Distributionskanal bezogenen Marketing-Mix-Maßnahmen zur Verfügung.

Damit der Channel-Manager die ihm zugewiesenen Aufgaben gemäß den Erwartungen erfüllen kann, müssen ihm entsprechende **Kompetenzen** übertragen werden. Auch hier ist hinsichtlich seiner Weisungsbefugnisse nach den verschiedenen Organisationsprinzipien zu unterscheiden. Während in funktional gegliederten Abteilungen die Tendenz dahin geht, dem Channel-Manager Linienautorität zuzuweisen, wird ihm in Organisationen mit markt- oder produktorientierter Ausprägung lediglich Stabsautorität und damit Beraterfunktion zugesprochen.

Der Channel-Manager hat, wenn eine solche Position im Unternehmen existiert, innerhalb des Marketingbereichs eine **Schlüsselstellung** inne. Er wird quasi zu einem 'Brennpunkt', über den alle in dem Unternehmen zu treffenden Entscheidungen und durchzuführenden Maßnahmen koordiniert werden, um auf diese Weise ein effizientes Management des Distributionskanals zu realisieren. Diese Schlüsselposition des Channel-Managers gibt Abbildung 50 wieder.

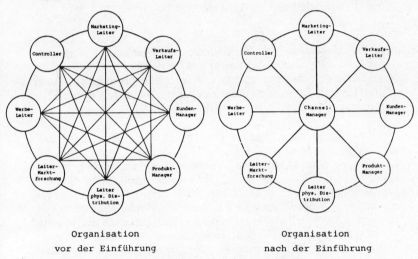

Organisation
vor der Einführung

Organisation
nach der Einführung

Abb. 50   Einführung des Channel-Managers als koordinierendes
Element in der Marketingorganisation
Quelle: Jackson/Walker 1980, S. 55

Den **Channel-Manager** in der oben skizzierten Form gibt es **in der Praxis sehr selten** (vgl. Lambert/Cook 1979, S. 10). Gemäß einer im Jahre 1976 in den USA durchgeführten Untersuchung war nur in 1,7% der 510 befragten Unternehmen die Stelle eines Channel-Managers vorhanden. Für einen Teil der beschriebenen Aufgaben des Channel-Managers zeichnen vielmehr die Leiter der Abteilungen Marketing und Verkauf oder Planungsstäbe verantwortlich (vgl. Jackson/Walker 1980, S. 52). Bestimmte Teilaufgaben fallen bisweilen auch in den Zuständigkeitsbereich der Produkt- und Kundenmanager.

Die Implementierung der Stelle eines Channel-Managers kann je nach Organisationstyp des Unternehmens und je nach Ausgestaltung dieser Stelle für das Unternehmen große Vorteile mit sich bringen. Sinnvoll erscheint die Einführung jedoch lediglich für größere Unternehmungen, die ihre Produkte über mehrere Absatzkanäle vertreiben.

Aufgrund der interdisziplinären Natur der im Aufgabenbereich des Channel-Managers zu treffenden Entscheidungen werden an den Inhaber dieser Position sehr hohe Anforderungen bezüglich seiner Kenntnisse und Erfahrungen gestellt. Bei der Auswahl dieser Person ist demgemäß genügend Sorgfalt aufzuwenden.

6.2.2 Produktmanagement-Konzept

Die Grundidee des Produktmanagement basiert auf der Orientierung am Markt und der Verbindung zum Marketing. In diesem Sinne ist das **Produktmanagement** aus betriebsbezogener Sicht als "organisatorisch institutionalisierte Form der produktbezogenen Steuerung und Koordination betrieblicher Aktivitäten durch Produktmanager" zu umschreiben (Wild 1972, S. 10).

Der Produktmanager fungiert generell als Produktspezialist und als Funktionsgeneralist (vgl. Lucke 1977, S. 66). Über die genaue Abgrenzung seiner Aufgaben, Verantwortung und Kompetenzen herrscht in der Literatur Uneinigkeit (eine ausführliche Stellenbeschreibung gibt z.B. Wild 1972, S. 70-74). Grundsätzlich ist er für die Planung, Koordination und Kontrolle produktspezifischer Belange verantwortlich und trägt in diesem Rahmen auch die Verantwortung für eine angemessene Informationsbeschaffung und -verarbeitung. Dabei wird immer ein gewisses Maß an Marktorientierung vorausgesetzt, da sowohl die produktbezogenen Belange gegenüber dem Markt als auch die Interessen des Marktes bzw. der Kunden gegenüber dem Produkt in Erwägung gezogen werden müssen.

Wie von diesem kurzen Umriß der Aufgaben leicht abgeleitet werden kann, liegen diesen Aufgaben **Anforderungen** zugrunde, denen nur ein Allroundkönner gerecht werden kann, der über produkttechnologisches und betriebswirtschaftliches Fachwissen verfügt und umfangreiche Marketingkenntnisse besitzt. Desweiteren sind ein ausgeprägtes Organisationsvermögen, Erfahrungen in der Problemlösung und der Entscheidungsfindung sowie umfassende Kenntnisse über Aufbau und Funktionsweise der wichtigsten Unternehmensbereiche unerläßlich.

In dieser **Aufgabenüberladung** liegt denn auch eines der Kernprobleme des Produktmanagement. Das andere Kernproblem besteht darin, daß der Produktmanager innerhalb der Unternehmensorganisation nur lose verankert ist (vgl. Meffert 1979, S. 287). Ihm werden **meist keine formellen Weisungsbefugnisse** übertragen, da besonders bei funktional gegliederten Unternehmen Konflikte und Reibungsverluste aus Kompetenzüberschreitungen mit den Linieninstanzen befürchtet werden. Aus diesen Gründen ist der Produktmanager in überwiegendem Maße auf seine fachliche und personenbezogene Autorität angewiesen, wenn es darum geht, produktbezogene Entscheidungen mit Hilfe von Linienstellen durchzusetzen.

Angesichts dieser grundlegenden Probleme kann von einem entscheidenden **Dilemma** des Produktmanagement gesprochen werden, nämlich der **Inkongruenz von Aufgaben und Kompetenzen.** In früheren Jahren konnte dieser Zustand durch den infolge wachsender Märkte und expandierender Unternehmen erzielten Markterfolg und der damit verbundenen informellen Macht des Produktmanagers kompensiert werden. Die neueren Entwicklungen auf den Konsumgütermärkten lassen jedoch eine Anpassung des Produktmanagement-Konzeptes notwendig werden. Laut Meffert (1978, S. 424) kann dies in Form einer Aufgabenanpassung, einer Umorganisation oder durch den Ersatz des Produktmanagers geschehen, wobei immer auf die jeweilige Unternehmenssituation abzustellen ist.

Insbesondere in der Konsumgüterindustrie mit ihrer Abhängigkeit vom Handel erscheint es sinnvoll, den Produktmanager von seinen markt- bzw. kundenbezogenen Aktivitäten zu entlasten, indem die **Stelle des Account- bzw. des Kundenmanagers geschaffen** wird. Erwähnenswert erscheint an dieser Stelle auch die Möglichkeit der Ausgliederung eines speziellen Neuproduktmanagers, da der Produktmanager konventioneller Ausprägung diesem Metier meist zu wenig Aufmerksamkeit schenkt. Dies spiegelt sich in einer hohen Flop-Rate bei den Neuprodukteinführungen deutlich wider.

6.2.3 Kundenmanagement-Konzept

Mit der Intention, dem Engpaßfaktor Handel einen angemessenen Gegenpol gegenüberzustellen, haben bereits viele Markenartikelhersteller, besonders auf dem Konsumgütersektor, das **Kunden- (-gruppen) bzw. Account-Management** eingeführt. Gemäß einer 1981 durchgeführten Befragung von 34 bedeutenden Markenartikelherstellern arbeiteten 25 dieser Unternehmen mit nationalen und 20 mit regionalen Account-Managern (vgl. o.V. 1981, S. 36 f).

Durch die **Implementierung des Kundenmanagement** in der Unternehmung soll die Kooperation der Mitglieder des Distributionskanals in der Organisation des Herstellers ihre Berücksichtigung finden, um auf diese Weise folgende **Ziele** zu verwirklichen (vgl. hierzu Meffert 1979, S. 289 f):

o Herbeiführen einer rationelleren Aufgabenverteilung zwischen den Marktparteien
o Verbesserung bzw. Optimierung der Marktstellung des Unternehmens bei den einzelnen Kundengruppen
o Sicherstellung der Koordination aller kundenspezifischen Marketingmaßnahmen auf der Basis zielgruppenspezifischer Marketingkonzepte
o Erhöhung des Verhandlungsgewichts im Handel
o Erleichterung von Neuprodukteinführungen.

Bei der **Einführung** des Kundengruppenmanagements ist es ratsam, die damit verbundene Umstrukturierung der Unternehmensorganisation **in mehreren Stufen** vorzunehmen. Die bereits oben zitierte Umfrage hatte zum Ergebnis, daß grundsätzlich drei Phasen zu beobachten sind (vgl. o.V. 1981, S. 31 f):

o **Phase der Aktionsorientierung**
In dieser Phase werden zwischen Hersteller und Handel gemeinsame Promotions-Aktionen durchgeführt, die durch Werbung, Display-Material und Zuschüsse unterstützt werden. Diese Aktionen werden in Form von Jahresgesprächen geplant und kontrolliert.

o **Phase der Großkundenorientierung**
Bereits vor mehr als zehn Jahren begannen bekannte Markenartikelhersteller wie Unilever und Nestlé damit, ihre bedeutendsten und größten Handelskunden von sog. Key Account-Managern (Schlüssel- bzw. Großkundenmanagern) betreuen zu lassen. In neuerer Zeit mußten auch viele der übrigen Hersteller ihre Marketingorganisationen in diesem Sinne umgestalten, um keine

Einbußen in ihrer Wettbewerbsfähigkeit hinnehmen zu müssen. Die Hauptaufgaben der entweder einzeln oder im Team arbeitenden nationalen Key Account-Manager liegen darin, die Aufbauorganisation der Handelskunden sowie deren Entscheidungsstrukturen zu durchleuchten und darauf aufbauend Pläne für bestimmte Handelsunternehmen zu entwerfen sowie Controllinginstrumente zu entwickeln.

o **Phase des Trade-Marketing**
Diese letzte Phase ist dadurch gekennzeichnet, daß neben die nationalen Key Account-Manager sog. regionale Key Account-Manager treten. Die Tätigkeiten der regionalen Key Account-Manager, die ihre Handelskunden zumeist in Teams betreuen, beinhalten die exakte Analyse der Spannen und Gewinnbeiträge für den Handel, den Entwurf von Konzepten zur logistischen Feinsteuerung und die Führung der Großkunden nach dem Profit-Center-Prinzip. "Durch die Bildung von in sich homogenen Kundengruppen, die von seiten der Hersteller eine relativ gleiche Marktbearbeitung erfordern, erfährt die Handelsorientierung ihre Systematisierung im Sinne des Marketing" (Meffert 1979, S. 290). Dadurch, daß die Key Account-Manager innerhalb ihrer Aktivitäten ihre eigenen Instrumente wählen, verliert das produktorientierte Marketing seine dominierende Rolle.

Am Ende dieser Entwicklung liegt das "**planvereinbarte Marketing**" (Tietz 1978, S. 185). In Form von Jahresgesprächen werden die Konzepte von Industrie und Handel vorgestellt, diskutiert, auf einen gemeinsamen, für beide Seiten akzeptablen Nenner gebracht und letzten Endes in Aktionen umgesetzt. Als Primärziel steht dabei nicht die Umsatzmaximierung, sondern die Erfüllung der beiderseitig ausgehandelten Handelsstrategien im Vordergrund, in denen Gewinnziele von Herstellern und Handel berücksichtigt sind. Inhalt der Vereinbarungen sind die Umsatzentwicklung, Fragen des Sortiments, Plazierungswünsche, Preisniveau, Verkaufsförderung, Werbemaßnahmen, Lieferbedingungen etc. Der Key Account-Manager hat gegenüber dem Verkaufsleiter, der sich bisher mit diesen Fragen auseinandersetzen mußte, den Vorteil, daß er genaue Kenntnisse von den Stärken und Schwächen der Partner im Kanal und den Problemen der Handelszentrale hat. Das Unternehmen Nestlé hat z.B. eigens eine Konditionenmatrix aufgestellt, anhand derer, in Abhängigkeit vom Umsatz und der Bereitschaft zu gemeinsamen Aktivitäten, dem Handel entsprechende Konditionen gewährt werden. Auf diese Weise wird auch dem **Prinzip der "Handelsneutralität"** (Thron 1983, S. 18) Rechnung getragen, d.h. jedem Handelspartner stehen für gleiche Leistungen gleiche Anreize zur Verfügung. Es bleibt davor zu warnen, stungen gleiche Anreize zur Verfügung. Es bleibt davor zu warnen, den Interessen des Handels einseitig ohne adäquate Gegenleistung nachzukommen, da dies die Gefahr einer Institutionalisierung solcher Zugeständnisse in sich birgt (siehe auch Abegglen 1975, S. 104).

Das **Aufgabenbild des Key Account-Managers** ist ein Spiegelbild zu dem des Produktmanagers, jedoch mit Ausrichtung auf kundenspezifische Belange. Demzufolge hat der Key Account-Manager die Aufgabe, "alle auf seine Kundengruppe gerichteten Marketingaktivitäten des Herstellers wirkungsvoll zu planen, zu koordinieren und zu kontrollieren, um eine zieladäquate, wirtschaftliche und wettbewerbsfähige Position am Verkaufsort zu erreichen" (Meffert 1979, S. 291; eine ausführliche Stellenbeschreibung gibt Kemna 1979, S. 85-90). Eine Übersicht über die Merkmale einer abgestuften Handelsbearbeitung durch die Industrie in Abhängigkeit von der Größe des Hersteller- und des Handelsunternehmens hat die Kemna Trade-Marketing-Unternehmensberatung entwickelt (abgedruckt in: o.V. 1981, S. 40). Wie das **Zusammenspiel zwischen Key Account-Manager, Großkunde und Feldverkaufs-Organisation** aussehen sollte, verdeutlicht Abbildung 51.

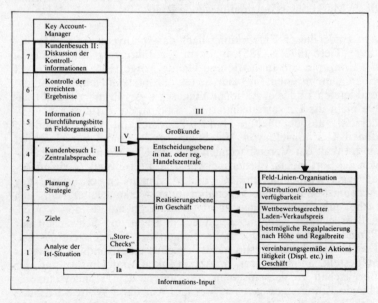

Abb. 51 Zusammenspiel von Key Account-Manager, Großkunde und Feldverkaufs-Organisation bei Zentralabsprachen
Quelle: Kemna 1981, S. 275.

Für die zukünftige Entwicklung ist zu prognostizieren, daß sich das Verhältnis von Kunden- zu Produktmanagement zugunsten des Kundenmanagement verändern wird. Während einige Unternehmen an ihrer produktbetonten Markenartikelpräferenz festhalten werden, werden andere das Produktmanagement zu einer Service-Abteilung des Key Account-Managers umfunktionieren (vgl. o.V. 1981, S. 44).

6.3 Koordination von Produkt- und Kundenmanagement

Damit das Kundenmanagement das Produktmanagement sinnvoll ergänzen kann, muß für eine **Koordination** beider Managementtypen gesorgt werden. Grundsätzlich muß sich die Zusammenarbeit zwischen nationalem Kundenmanager und Produktmanager auf alle Bereiche der Planung, Durchführung und Kontrolle von Aktivitäten beziehen. Das Schwergewicht hat jedoch auf der Zusammenarbeit in der Planungsphase zu liegen, da hier die Vorgehensweise bei allen Marketingaktivitäten gedanklich manifestiert wird (vgl. Kemna 1979, S. 180). Aus diesem Grunde erscheint eine formelle Regelung dieses Bereichs angezeigt.

Der über mehrere Phasen ablaufende Entwicklungsprozeß von Produkt- und Kundenplänen sowie die dabei vorzunehmenden Abstimmungen werden schematisch in Abbildung 52 wiedergegeben. Der Begriff 'Kundenplan' umfaßt dabei das gesamte Planungssystem des Kundenmanagers, beginnend mit der Bestimmung der operativen Ziele bis hin zur Erstellung des kundenbezogenen Jahresabsatzplanes. Der 'Produktplan' enthält primär den strategischen Plan des Produktmanagers sowie dessen jahresbezogenen Marketing- und Finanzplan (vgl. Kemna 1979, S. 180 f). Die bei der Abstimmung der beiden Pläne entstehenden Konflikte sind erwünscht, um kritische Punkte offenkundig werden zu lassen (vgl. Groeben 1978, S. 70). Erfolgt keine Einigung zwischen Kunden- und Produktmanager, so muß ein **formeller Konfliktlösungsmechanismus** in Kraft treten, der die Entscheidung zunächst dem Vorgesetzten der rivalisierenden Parteien überträgt. Für den Fall, daß auch hier keine Einigung zu erzielen ist, wird die Schlichtung auf die Ebene der Geschäftsführung verlagert. Nach Abschluß dieser Abstimmungsphase ist es unerläßlich, daß zunächst der Produktmanager seine Produktstrategie entwickelt und diese dem Kundenmanager in Form eines 'Product-Trade-Briefing' (Kurzform eines auf den Handel zugeschnittenen Marketingplanes) mitteilt (vgl. Kemna 1979, S. 181). Erst auf diesen Prämissen aufbauend ist es dem Kundenmanager möglich, seine Kundenstrategie zu entwerfen.

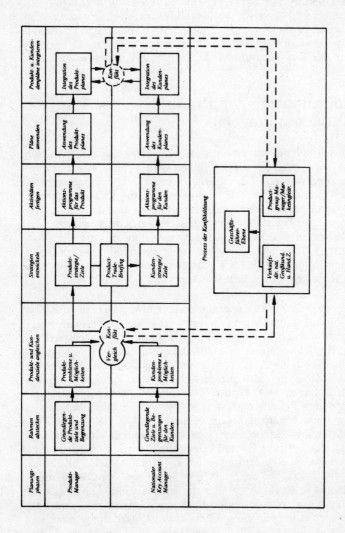

Abb. 52 Prozeß der Entwicklung und Koordination von Produkt-
und Kundenplänen
Quelle: Kemna 1979, S. 182

Da sich im zeitlichen Verlauf infolge interner und externer Einflüsse neue, von den bei der Jahresplanung zugrundegelegten
Daten abweichende Informationen ergeben, hält Kemna (1979,

S. 182) neben der Jahresplanung eine **quartalsmäßige Abstim-mung** zwischen dem Kunden- und dem Produktmanager über ge-plante Volumina und Kosten für erforderlich. Dadurch wird eine optimale Integration beider Pläne über den gesamten Jahres-verlauf angestrebt.

Für die Koordination zwischen der Leitung der Bereiche Marke-ting und Verkauf, dem Produkt-, Kunden- sowie dem Feldver-kaufsmanagement schlägt Kemna (vgl. 1981, S. 271-276) die Ein-führung eines 'Generalsekretärs im Verkauf' vor. Dessen Aufgabe besteht zusammengefaßt darin, alle verkaufsinternen und insbe-sondere alle verkaufsübergreifenden Belange zu koordinieren und zu steuern (vgl. Abb. 53).

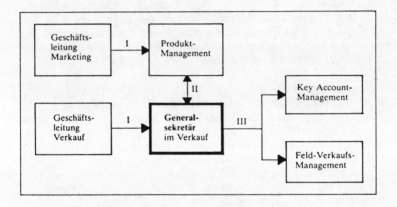

Abb. 53   Funktionale Stellung des Generalsekretärs im Verkauf
im Prozeß der Großkundenplanung
Quelle: Kemna 1981, S. 276

6.4 Organisatorische Eingliederung des Kundenmanagement

Sowohl die zahlreichen und vielfältigen Aufgaben des handels-orientierten Kundenmanagers wie auch die enge Verflechtung mit den Belangen des Produktmanagers weisen auf die Notwendigkeit einer zweckmäßigen **Eingliederung des Kundenmanagers in die Unternehmensorganisation** hin. Denn davon hängt es in entschei-dendem Maße ab, ob er die an ihn delegierten Aufgaben best-möglich erfüllen kann. Es gibt eine große Anzahl von Möglich-keiten, den Kundenmanager in die Aufbauorganisation zu inte-grieren, wobei zwischen idealtypischen und real relevanten

213

Varianten zu differenzieren ist. Nachfolgend werden die **ideal-typischen Varianten** vorgestellt, die als Grundlage für die Entwicklung unternehmensspezifischer Strukturen dienen (vgl. zum folgenden Meffert 1979, S. 293-301).

o **Stab-Linien-Organisation**

Bei der Stab-Linien-Organisation werden die handelsorientierten Kundenmanager wie auch die Produktmanager der Marketing-Leitung als Stäbe zugeordnet. Sie übernehmen hauptsächlich Informations- und Planungsaufgaben, deren Ergebnisse der Marketing-Leitung zur Entscheidung und Realisierung vorgelegt werden. Für die Durchführung eines handelsgerichteten Marketing erscheint diese Organisationsform als problematisch, da sich aufgrund langer Weisungs- und Kontrollspannen die Koordination und damit die Integration von Produkt- und Kundenplänen als schwierig gestaltet. Ein weiterer Nachteil besteht darin, daß der Kundenmanager keinerlei Entscheidungsbefugnisse besitzt und deshalb bei Gesprächen mit Kunden von diesen oft nicht als vollwertiger Verhandlungspartner akzeptiert wird.

o **Spartenorganisation**

Von gegensätzlicher Ausprägung ist die Spartenorganisation, die den Extremfall des handelsorientierten Marketing verkörpert. In dieser Organisationsform wird dem handelsorientierten Kundenmanager volle Linienautorität zuteil, mit deren Hilfe er für die von ihm als Profit-Center betreute Kundengruppe sämtliche Dispositionen im Marketingbereich, z.B. Marktforschung, Werbung, Distribution etc., trifft. Der gravierendste Nachteil dieses Konzeptes liegt in einer völligen Vernachlässigung des Endverbrauchermarketing begründet. Dies kann unter den bestehenden Marktbedingungen nicht als opportun angesehen werden, da diese einseitige Ausrichtung unter anderem die Gefahr einer starken Handelsabhängigkeit in sich birgt.

o **Matrixorganisation**

Die für ein Handelsmarketing geeignetste Organisationsform ist die Matrixorganisation. Deren Grundkonzeption beruht darauf, daß zwei oder mehrere Gliederungsaspekte der Organisation (z.B. Funktionen, Produkte, Kundengruppen) gleichberechtigt nebeneinander stehen und miteinander verzahnt werden (vgl. Wagner 1975, S. 291). In diesem Sinne läßt sich das Kundenmanagement in drei verschiedenen Variationen implementieren, und zwar in Form einer

o **Kunden-Funktions-Matrix**
o **Kunden-Produkt-Matrix**
o **Kunden-Produkt-Funktions-Matrix.**

Alle Formen der Matrixorganisation haben den Nachteil der Mehrfachunterstellung nachgelagerter Ebenen und der Institutionalisierung permanenter **Konflikte**. Von außerordentlicher Relevanz ist deshalb der Einbau geeigneter Koordinationsmechanismen zur positiven Konfliktbewältigung (auf konflikttheoretische Grundlagen wird in Abschnitt 8.1.2 näher eingegangen). Dem stehen die Vorteile einer **mehrdimensionalen Spezialisierung** und einer **Abstimmung** von wenigstens zwei Aufgabenbereichen gegenüber, was zur Effizienz der Aufgabenerfüllung positiv beitragen kann.

Die **Kunden-Funktions-Matrix** berücksichtigt zwar die Verflechtung von Kunden- und Funktionsmanagement, läßt jedoch weitestgehend das Produktmarketing außer acht, was ebenso wie bei der Spartenorganisation als problematisch anzusehen ist.

Ähnlich verhält es sich bei der **Kunden-Produkt-Matrix** (vgl. Abb. 54). Indem Handels- und Produktmarketing auf die gleiche Stufe gestellt werden, ist es möglich, Kunden- und Produktpläne durch geeignete Koordinationsmechanismen aufeinander abzustimmen. Unberücksichtigt bleibt der funktionsorientierte Marketingaspekt.

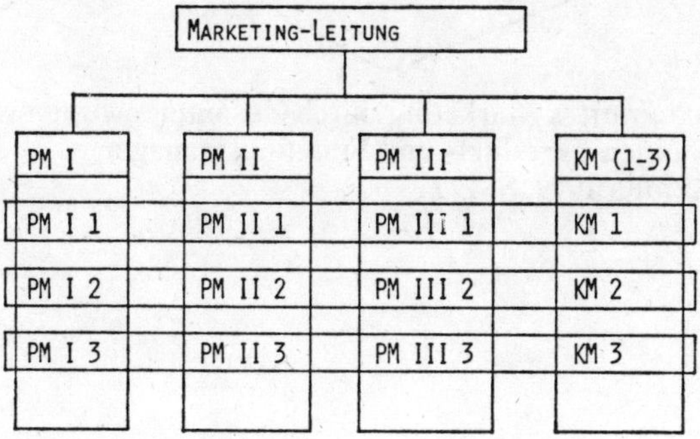

```
          ┌─────────────────────┐
          │ MARKETING-LEITUNG   │
          └─────────────────────┘

┌────────┐  ┌────────┐  ┌─────────┐  ┌──────────┐
│ PM I   │  │ PM II  │  │ PM III  │  │ KM (1-3) │
├────────┤  ├────────┤  ├─────────┤  ├──────────┤
│ PM I 1 │  │ PM II 1│  │ PM III 1│  │ KM 1     │
├────────┤  ├────────┤  ├─────────┤  ├──────────┤
│ PM I 2 │  │ PM II 2│  │ PM III 2│  │ KM 2     │
├────────┤  ├────────┤  ├─────────┤  ├──────────┤
│ PM I 3 │  │ PM II 3│  │ PM III 3│  │ KM 3     │
├────────┤  ├────────┤  ├─────────┤  ├──────────┤
│        │  │        │  │         │  │          │
└────────┘  └────────┘  └─────────┘  └──────────┘
```

Abb. 54   Kunden-Produkt-Matrix
Quelle: Meffert 1979, S. 295

Die **Kunden-Produkt-Funktions-Matrix** vereinigt alle drei Gliederungsebenen und dürfte als bestmögliche Grundlage für eine Einbindung des Kundenmanagement in die Unternehmensorganisation anzusehen sein. Während Produkt- und Kundenmanager ihre produkt- und kundenspezifischen Belange verfolgen, entscheidet der Funktionsmanager letztlich über das 'Wie' der Ausführung. Abbildung 55 verdeutlicht das Zusammenwirken der drei Managementebenen mit dem Ziel eines integrierten Marketing.

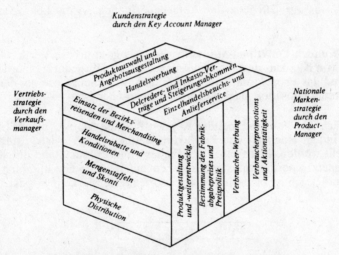

Abb. 55   Integriertes Marketing durch Zusammenwirken von Kunden-, Produkt- und Funktionsmanager

Quelle: Kemna 1979, S. 177

Die **Effizienz** dieses Konzeptes hängt im wesentlichen von der Anzahl der Entscheidungsträger auf den einzelnen Ebenen ab. Zweckmäßig erscheint die Institutionalisierung verschiedener **koordinierender Teams** (vgl. Abb. 56), denen die Aufgabenträger der einzelnen Managementebenen als Mitglieder angehören. "Im Produktteam erfolgt die produktorientierte, im Funktionsteam die funktionsorientierte und im Kundenteam die kundenorientierte Entscheidungskoordination" (Meffert 1979, S. 297).

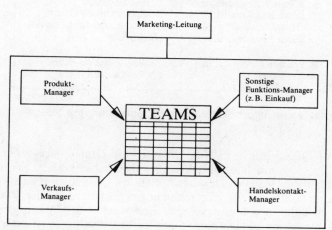

Abb. 56   Mehrdimensionalität einer teamorientierten Matrix-
           organisation
Quelle: Meffert 1978, S. 428

Die **teamorientierte Matrixorganisation** bringt neben einer Reihe von Vorteilen aber auch nicht von der Hand zu weisende Nachteile mit sich, wie die nachfolgende Gegenüberstellung verdeutlicht (vgl. Tab. 20).

217

VORTEILE	NACHTEILE
● gute Bedingung für integriertes Marketing	● Institutionalisierung von Konflikten
● besserer Informationsstand durch institutionalisierte Kommunikation	● Tendenz zu permanenter Improvisation
● höhere Innovationsbereitschaft und Kreativität der Organisationsmitglieder durch Teamorientierung	● Gefahr langwieriger Kompetenzstreitigkeiten bei mangelnder Kooperationsbereitschaft
● erhöhte Flexibilität und Kreativität	● Tendenzielle Ausweitung des Personalbestandes

Tab. 20   Vor- und Nachteile einer teamorientierten Matrixorganisation

Es ist offensichtlich, daß die vorgestellten Organisationsmodelle für die Praxis **nur idealtypischen** Charakter haben können. Sie vermögen daher lediglich Denkanstöße für die Gestaltung realer Aufbauorganisationen für Unternehmungen zu liefern. In der Praxis gilt es, unter Beachtung des situativen Kontextes, Marketingziele und -strategien als Determinanten zu berücksichtigen. Eine ausführliche Darstellung einer zielgerichteten Vorgehensweise bei der Erarbeitung und Bewertung organisatorischer Gestaltungsalternativen sowie der Einführung des Kundenmanagement in die Unternehmung ist bei Meffert (1979, S. 298-320) zu finden.

6.5 Organisatorische Eingliederung der Distributionslogistik

6.5.1 Aufbauorganisatorische Grundprobleme der Distributionslogistik

Die Distributionslogistik wirft insofern besondere Probleme auf, als dieser Funktionsbereich grundsätzlich entweder **organisatorisch verselbständigt oder aber anderen Funktionsbereichen zugeordnet** werden kann.

Da sowohl die Distributionslogistik als auch die Beschaffungslogistik als Marketinginstrumente anzusehen sind, läge der Schluß nahe, diese Logistikbereiche organisatorisch dem Marketing zu unterstellen (Krulis-Randa 1977, S. 318). Dies dürfte jedoch kaum sinnvoll sein, denn die Distributionslogistik ist ebenso wie die Beschaffungslogistik eng mit dem innerbetrieblichen Transport, der innerbetrieblichen Lager- und Vorratswirtschaft sowie der Produktion verbunden.

In der Vergangenheit wurde organisatorischen Fragestellungen der Logistik generell nur geringe Beachtung geschenkt; die **organisatorische Zersplitterung** dieses Bereichs erschwerte die Koordination logistischer Entscheidungen (vgl. Pfohl 1980, S. 1204).

Eine von Liebmann (1982) durchgeführte Befragung von 47 Industrie- und 50 Handelsunternehmen in der Bundesrepublik Deutschland, den Niederlanden, Österreich und der Schweiz zur organisatorischen Verankerung der Logistik ist in Tabelle 21 wiedergegeben.

	Industrie	Handel
1) Logistische Teilaufgaben werden dezentral von verschiedenen Stellen in der Organisationsstruktur wahrgenommen.	34%	30%
2) Einige wenige logistische Aktivitäten werden in einer bestimmten Stelle in der Organisationsstruktur zusammengefaßt.	21,3%	12%
3) Ein Großteil der logistischen Tätigkeiten wird in einer bestimmten Stelle in der Organisationsstruktur zusammengefaßt.	34,1%	36%
4) Sämtliche logistischen Tätigkeiten werden von einer zuständigen und verantwortlichen Stelle wahrgenommen (= integrierte Logistik).	10,6%	22%

Tab. 21   Organisationsformen der Logistik in der Praxis
Quelle: Liebmann 1982, S. 4

Relativ jung ist das **Konzept der integrierten Logistik**, das die ganzheitliche Analyse der logistischen Tätigkeiten einer Unternehmung ermöglicht und damit die Ausnutzung des Rationalisierungspotentials, das in der Logistik steckt, erheblich fördert. Organisatorische Entscheidungen bedürfen generell einer **situativen Relativierung**, in deren Rahmen der **Kontextfaktor "Aufgabe"** zu berücksichtigen ist (vgl. Tab. 22).

Dies führt i.d.R. zu unterschiedlichen Aufbauorganisationen der Distributionslogistik.

Beschaffung	Produktion	Marketing	Beispiel	Schwerpunkt
viele Produkte/ viele Beschaffungs- märkte	komplexer Produktionsprozeß/ viele Einzelteile	viele Produkte/ viele Absatz- märkte		
ja	ja	ja	Automobil- bau	integrierte Logistik
ja	ja	nein	Großanlagen- bau	Beschaffungs- logistik, Intra- systemlogistik
ja	nein	ja	Handelshaus	Beschaffungs- logistik, Distri- butionslogistik
ja	nein	nein	Consulting- Unternehmen als System- Anbieter	Beschaffungs- logistik
nein	nein	ja	Energiever- sorgungsun- ternehmen	Distributions- logistik

Tab. 22   Schwerpunkt der Logistik in Abhängigkeit von der
            Aufgabe
Quelle: nach Pfohl 1980, S. 1209

Bei der Organisation der Distributionslogistik treten insofern besondere Probleme bei der Verwirklichung einer integrierten Logistik auf, als nur ein Teil der Distributionslogistikentscheidungen von einem Unternehmen allein getroffen wird. Ein anderer Teil, und zwar vor allem Entscheidungen über die zwischenbetriebliche Logistik, wird von den Partnern im Absatzkanal mitbestimmt. Diese Unterscheidung von **betriebsinternen** und **-externen Subsystemen** der Distributionslogistik kann nicht ohne Auswirkung auf die Wahl der Gestaltungsalternativen bleiben. In der Regel führt dies aus der Sicht einzelner Absatzkanalteilnehmer zu suboptimalen Lösungen.

6.5.2 Organisationsalternativen der Distributions- logistik

Eine **funktional-dezentrale** Eingliederung der Distributionslogistik in die Unternehmensorganisation ist wegen fehlender Synergieeffekte abzulehnen. Bei **funktional-zentraler** Eingliederung kann die Logistik insgesamt als eigene Hauptabteilung neben Produktion, Marketing, Controlling stehen oder hinsichtlich der Distributionslogistik als Hauptabteilung dem Marketing untergeordnet werden.

Divisional dezentrale Organisation empfiehlt sich nur für Unternehmen mit weitgehend selbständigen Sparten, die sich sehr stark voneinander unterscheiden (vgl. Pfohl 1980, S. 1210 f). Ein Beispiel für die Einordnung der Logistik in eine funktions- und produktionsfaktororientierte Matrixorganisation ist die Organisation der Volkswagen AG (vgl. Abb. 57).

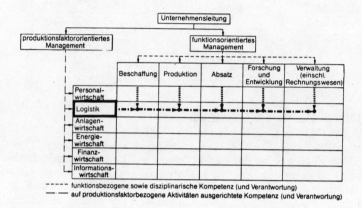

Abb. 57   Organisation der VAG
Quelle: Höhn 1982, S. 54

Die Organisation der Logistik könnte in diesem Falle wie folgt aussehen:

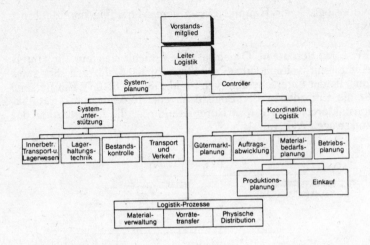

Abb. 58   Die Organisation der Logistik
Quelle: Höhn 1982, S. 55

Aus Abbildung 58 ist die Aufgliederung in **Stabs-** und **Linienfunktionen** zu erkennen. Zu den Stabsfunktionen gehört die strategische Planung der Struktur des Distributionslogistiksystems und die taktische Planung der Komponenten. Der Linie obliegt die operative Steuerung des Warenflusses.

Generelle Aussagen zur aufbauorganisatorischen Eingliederung der Distributionslogistik in die gesamte Logistik und die sonstigen betrieblichen Funktionsbereiche **sind kaum formulierbar**. Unternehmensspezifische Situationsmerkmale determinieren letztlich den Handlungsspielraum und die organisatorischen Anforderungen.

Literaturhinweise zu Kapitel 6:

Jackson, Donald W./Walker, Bruce J. (1980): The Channel Manager - marketing's newest aide?, in: CMR 23(1980)2, S. 52-58
Kemna, Harald (1979): Key Account Management, München 1979
Meffert, Heribert (1979): Die Einführung des Kundenmanagements als Problem des geplanten organisatorischen Wandels; in: Wunderer, Rolf (Hrsg.): Humane Personal- und Organisationsentwicklung, Berlin 1979, S. 285-320
Wild, Jürgen (1972): Product Management, München 1972

7 Planung, Koordination und Kontrolle von Distributionsaktivitäten

7.1 Informationssysteme als Grundlage

7.1.1 Grundprobleme und Tendenzen

Entwicklungen im Bereich der Datenverarbeitung und der Kommunikationstechniken eröffnen neue Möglichkeiten eines integrierten Management der Absatzkanalaktivitäten und der Distributionslogistik auf seiten der Hersteller und des Handels. Ausgangsbasis sind häufig **Insellösungen** für bestimmte Teilbereiche der Distribution, die im Laufe der Zeit über Module zu einem **Gesamtsystem** zusammenwachsen sollen. Dies kann allerdings nur dann gelingen, wenn ein strategisches Konzept für die integrierte Informationswirtschaft erarbeitet wird. Besondere Fortschritte wurden dabei auf dem Gebiet der Distributionslogistik erzielt. Stichworte sind in diesem Zusammenhang "**Warenwirtschaftssysteme**", die im Handel im Aufbau sind (Kirchner/Zentes 1984), und "**Integrierte Materialwirtschaft**", die primäres Anliegen von Industriebetrieben ist. Eine Kooperation von Herstellern, Groß- und Einzelhändlern auf diesem Gebiet wird zu einer erheblichen Steigerung der Effizienz in der Logistik führen.

Distributionsinformationssysteme können heute nicht mehr isoliert gesehen werden; sie müssen in das Informationssystem der Unternehmung eingebettet sein (vgl. Abb. 59).

Generelles Ziel von Informationssystemen ist es, "den Informationsbedarf von Entscheidungsträgern in optimaler Weise zu decken" (Meffert 1975 b, S. 15), da die Güte einer Entscheidung in unmittelbarem Zusammenhang mit den verfügbaren Informationen steht (vgl. Heinen 1966, S. 24).

Im Blick auf Distributionsaktivitäten wird ein "**Channel-Information-System**" (CIS) bzw. ein "**Absatzkanal-Informations-System**" sowie ein "**Distributionslogistik-Informationssystem**" benötigt. Das Absatzkanal-Informationssystem ist ein Modul eines Marketing-Informationssystems, während das **Distributionslogistik-Informationssystem i.d.R. ein Modul des Logistik-**

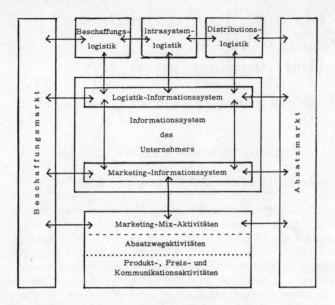

Abb. 59   Integration von Marketing-Informationssystem und
Logistik-Informationssystem

Informationssystems ist und auch sein sollte. Der notwendige
Austausch von Informationen über Distributionskanal- und Dis-
tributionslogistikaktivitäten wird durch eine entsprechende
Verknüpfung des Marketing-Informationssystems mit dem Logistik-Informationssystem erreicht.

7.1.2 Informationssysteme für das Absatzkanalmanagement

Das "**Channel-Information-System**" (CIS) besteht aus Informationen und Informationsaufnahme-, -verarbeitungs- und -abgabepro-
zessen, die alle Sachverhalte in Distributionskanälen betreffen. Das
CIS betrifft speziell auch all jene Kommunikationsprozesse in
Distributionskanälen, die in Abschnitt 5.4.1 beschrieben wurden.

Der Channel-Manager hat sich grundsätzlich mit **zwei Arten von
Informationen** zu befassen. Zum einen sind es Informationen, die
in Ausübung der akquisitorischen Funktion auf den Käufermarkt
abzielen und dort Nachfrage nach Produkten schaffen sollen. Zum
anderen beschäftigt er sich mit Informationen, die Anweisungen
auf funktionaler Ebene darstellen mit der Intention, die Mitglieder

des Distributionskanals zur gemeinsamen Zielerreichung zu motivieren (vgl. hierzu und zum folgenden Walters/Bergiel 1982, S. 385-392). All dies setzt voraus, daß über Rückkanäle Informationen an den Channel-Manager fließen.

Der Prozeß der Sammlung, Verarbeitung, Verteilung und Nutzung von Informationen bzw. Daten, die als Grundlage für Distributionswegentscheidungen im Rahmen des Marketingmanagement dienen, kann sich sowohl innerhalb eines einzelnen Unternehmens des Distributionskanals, als auch zwischen den Mitgliedern des Distributionskanals und dem Channel-Leader vollziehen.

Die Arten von Informationen, die Distributionsorgane zur Ausübung ihrer Funktionen benötigen, sind zahlreich und vielgestaltig. Wir können sie in **absatzkanalinterne und -externe Informationen** unterteilen.

Für den **internen** Bereich muß der Channel-Manager die Ziele der Organisation kennen und diese in Beziehung zu einzelnen Distributionsorganen setzen. Dazu benötigt er vergangenheits- und zukunftsbezogene funktionale Daten sowie exakte Kenntnisse über Faktoren, die die Art und Weise des Aufgabenvollzugs im Absatzkanal steuern. **Externe** Informationen betreffen das Umsystem des Distributionskanals (Zielmärkte, Interessengruppen etc.) bzw. bestimmte Ausschnitte daraus, die mit den zu treffenden Entscheidungen in Beziehung stehen.

Informationen können entweder von Primär- oder von Sekundärquellen stammen (vgl. hierzu Kotler 1971, S. 574-588). Bei **Primärquellen** werden die Informationen in originärer Form durch Beobachtung, Experiment oder Befragung gewonnen. **Sekundärquellen** sind Informationen, die von externen und manchmal auch internen Personen oder Organisationen für andere Zwecke zusammengetragen und publiziert werden (z.B. Verbände, Handelsjournale, Zeitungen, Magazine, Radio, TV, Marktforschungsunternehmen, Regierungsveröffentlichungen etc.). Die Sammlung von Daten im Distributionskanal obliegt nicht ausschließlich der Marktforschung des Herstellerunternehmens, sondern fällt in den Aufgabenbereich aller im Distributionskanal agierenden funktionalen Einheiten. In vielen Fällen besitzt den größten Teil der Informationen, die zur Steuerung eines Mitgliedes des Absatzkanals benötigt werden, das betreffende Mitglied selbst. So kennt z.B. ein Einzelhändler die Daten seines Umsatzes, seiner Kosten und Spannen am besten, aus denen - sofern verfügbar - angepaßte Distributionsmaßnahmen durch den Channel-Manager abgeleitet werden können.

Unrealistisch ist es anzunehmen, daß die Zugehörigkeit zum gleichen Absatzkanal auch eine uneingeschränkte gemeinsame Nutzung von Informationen zwischen den verschiedenen Distributionsorganen impliziert, obwohl gerade dies für eine effiziente Zusammenarbeit notwendig ist (vgl. Gross 1971, S. 342). Besonders in nicht-integrierten Absatzkanälen dienen die im Besitz der einzelnen Distributionsorgane befindlichen Informationen vornehmlich eigenen Zwecken und nicht dem Gesamtzweck der Absatzkanalorganisation. So sammelt z.B. die Marktforschungsabteilung eines Großhändlers Informationen über Konsumenteneinstellungen oder Promotions von Wettbewerbern aus der Sicht des Handels, während die entsprechende Abteilung des Herstellerunternehmens nach den gleichen Informationen mit Blick auf den Gesamtkanal sucht. Integrierende, redundanzmindernde Maßnahmen erscheinen hier angezeigt.

Der gesamte Prozeß der Informationsgewinnung, -verarbeitung und -verwertung muß bei großen Herstellern, die z.T. ihre Waren über mehrere Distributionskanäle vertreiben, formalisiert werden. In der Regel ist dies nur mit Hilfe eines auf den Informationsbedarf abgestimmten EDV-Systems effizient durchführbar. Die schematische Darstellung eines solchen Informations- und Analyse-Centers gibt die Abbildung 60 (vgl. hierzu Kotler 1971, S. 570-574).

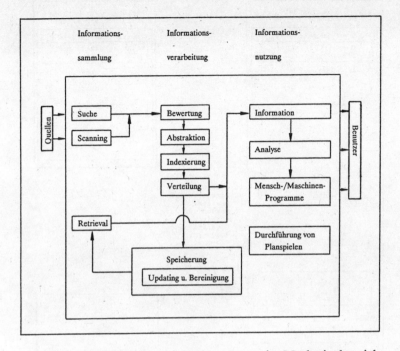

Abb. 60   Informations- und Analyse-Center im Marketingbereich

Ein gutes Beispiel für die Implementierung eines zentralisierten und funktional ausgerichteten CIS bietet das Unternehmen Singer. In informatorischer Hinsicht ist in diesem Fall der Distributionskanal, beginnend mit dem **Punkt der Produktherstellung bis zum Point of Sale**, voll in die Entscheidungsfindung integriert (vgl. Abb. 61).

Grundsätzlich benötigt jedes Distributionsorgan zur Ausübung der ihm obliegenden Funktionen spezifische Informationen. Umfassende Informationen müssen dem Channel-Manager zur Verfügung stehen, damit er seine Aufgaben in den Bereichen Planung, Organisation, Führung, Koordination und Kontrolle (vgl. Abschnitt 6.2.1) effizient erfüllen kann.

227

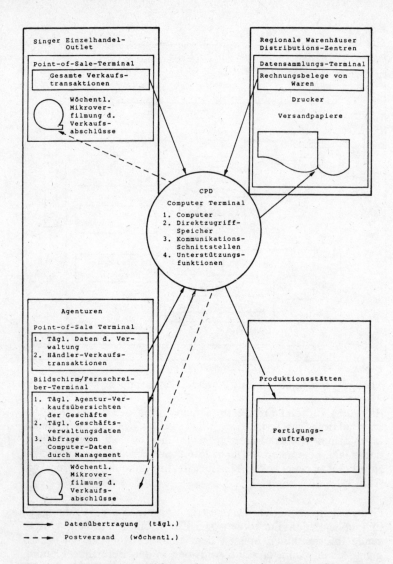

Abb. 61   Management-Informationssystem des Unternehmens
Singer

Heute verfügt auch der Handel in zunehmendem Maße über komplexe **Datenverarbeitungssystem**e, so daß die Daten der Industrie, der Marktforschungsinstitute und des Handels abgestimmt werden können. Speziell durch die Verwendung **intelligenter Kassenterminals** werden aktuelle und detaillierte Informationen über den

Absatzerfolg einzelner Produkte und Sortimente bereitgestellt. In nicht integrierten Distributionskanälen besteht die Gefahr, daß der Handel solche Informationen als **Druckmittel** gegen die Industrie verwendet. Die Hersteller müssen in diesem Falle auf eine Kooperation mit dem Handel hinarbeiten. Anzustreben ist eine Verbindung der Informationssysteme von Handel und Industrie zu einem Gesamtsystem, das den beiderseitigen Interessen zum Vorteil gereicht.

Unternehmen, die ein umfassendes CIS aufbauen, schaffen sich damit gleichzeitig ein erhebliches **Machtpotential** gegenüber anderen Mitgliedern des Absatzkanals (vgl. Stern/El-Ansary 1977, S. 485). Hierin liegt eine nicht gering zu schätzende Chance der Industrie, Einfluß auf ihre Absatzmittler zu nehmen.

Als Resümee können wir festhalten, daß ein CIS dazu beiträgt, unnötige Doppelarbeit, sich gegenseitig beeinträchtigende Arbeiten, unkoordinierte Werbeaktivitäten, Absatzmittlerressentiments gegenüber Herstelleraktivitäten, nicht effiziente Lagerhaltung und andere effizienzmindernde Sachverhalte zurückzudrängen. Die Implementierung eines gut funktionierenden Informationssystems kann auf der Basis eines Marketing-Informationssystems erfolgen, wobei es Informationen, die die Distribution betreffen, explizit zu berücksichtigen gilt. Besonderes Augenmerk ist dabei auch auf die Möglichkeit zur Erfassung und Verarbeitung von Feedback-Informationen (z.B. zur Endverbraucherzufriedenheit) zu legen.

7.1.3 Informationssysteme für die Distributionslogistik

Das **Distributionslogistik-Informationssystem** verarbeitet Informationen aus der **Unternehmung**, speziell aus

o dem Logistik-System selbst,
o dem Marketing (Preis, Konditionen, geplante Aktionen, Produkte, Umsätze ...),
o der Produktion (Kapazitäten, Losgrößen, Fertigungsmethoden ...),
o der Finanzierung (Zinsen, Wechselkurse, Grenzen der Kapitalbeschaffung ...) und aus
o dem Personalwesen (geplante Entwicklung und Grenzen der Personalbeschaffung ...).

Wichtig aus der **Außenwelt** sind Informationen über

o tatsächliche und potentielle Kunden (Standorte, Nachfragemenge, Wünsche hinsichtlich Transport, Verpackung ...),
o die logistischen Systeme der Mitbewerber und
o das makrologistische System (vgl. Smykay 1973, S. 249).

Folgende **Tendenzen sind in der Rationalisierung der Informa-
tionsprozesse der Distributionslogistik** zu erkennen:

o **Datenaustausch Handel-Hersteller durch EDV**: Elektronische
Datenkommunikation zwischen Hersteller, Groß- und (später)
Einzelhändlern ist z.B. in Schweden (DAGOM), den USA
(Electric Data Interchange) und der Bundesrepublik Deutsch-
land (SEDAS) in Ansätzen realisiert. Das SEDAS-Konzept
(Standardregelungen einheitlicher Datenaustauschsysteme) ist
seit 1978 im Aufbau. Getragen werden diese Bemühungen
durch die Centrale für Coorganisation (CCG). Zu den vier
Standardregeln gehören speziell die Standardregeln für die
Marktdatenkommunikation (MADAKOM) (Tietz 1985,
S. 1178).
o **On-Line-Registrierkassen**-Systeme im Einzelhandel und Cash
and Carry-Großhandel erlauben eine Datenverarbeitung für die
verschiedensten Zwecke, u.a. auch für die Distributionslogistik.
o **EAN-Codes** (EAN = Europaeinheitliche Artikel-Nummerie-
rung) und **Laser Scanner** vereinfachen nicht nur die
Verkaufsabwicklung, sondern sie sind die Voraussetzung für
weitere Verbesserungen der gesamten Informationswirtschaft
im Absatzkanal.
o **Mikrocomputer und Minicomputer** ermöglichen eine Dezen-
tralisierung der Datenverarbeitung und periphere Daten-
erfassung. Auch dies wird in der Distributionslogistik weit-
reichende Konsequenzen haben.

Der Trend geht eindeutig zu **integrierter Echtzeitverarbeitung** von
Auftrags- und Bestandsdaten, Lagerplatzverwaltung und Steuerung
der Warenbewegung, d.h. Echtzeitverknüpfung mit der physischen
Ebene (Prozeßrechner steuern mannlose Flur- und Regalförder-
zeuge und sind verknüpft mit einem kommerziellen Rechner (vgl.
Diruf 1984)).

Inzwischen gibt es vor allem für die **Lagerhaltung und das Bestellwesen** zahlreiche **Programmsysteme**. Dazu gehören z.B.

- IBM System/34 Modulares Anwendungssystem MAS (IBM
1978)
- HOREST 2 von Siemens (Siemens 1978)

- SLIM von A. Andersen & Co mit den Weiterentwicklungen PROFIT und CPI (vgl. Tietz 1985, S. 1186-1191).

Im folgenden wird exemplarisch auf ein klassisches **Informationssystem für die Lagerhaltung** eingegangen.

Wegbereiter war bereits in den sechziger Jahren IBM mit dem System **IMPACT** für die Lösung von Lagerhaltungsproblemen (IMPACT = Inventory Management Program and Control Techniques).

In IMPACT sind zwei Modelltypen von besonderem Interesse, nämlich das Vorhersage- bzw. Prognosemodell und das Bestellmodell.

Die **Programmbibliothek des Prognosemodells** in IMPACT klassifiziert das Nachfrageverhalten bei den einzelnen Artikeln nach verschiedenen Subprognosemodellen und empfiehlt die Anwendung des Submodells mit dem geringsten Vorhersagefehler. Im "Einzelhandels-IMPACT-System" wird z.B. mit einer Vorhersagetechnik gearbeitet, die als "adaptives Vorhersagen" bezeichnet wird. Dieses System enthält mathematische Funktionen, die die Entwicklung der Nachfrage beschreiben (IBM 1970).

Verfügbar sind sechs Typen von Vorhersagemodellen:

(1) Constant Model
Das "Constant Model" dient zur Vorhersage des Nachfrageverhaltens bei im wesentlichen stabilem Niveau der Verkäufe. Die Nachfrage wird durch oszillierende Werte um einen Durchschnittswert repräsentiert. Abweichungen bleiben innerhalb eines Toleranzbereichs.

(2) Trend Model
Beim "Trend Model" fällt oder steigt die Nachfrage konstant. Die mathematische Abbildung ergibt sich aus einem Durchschnitt der vergangenen Verkäufe und aus einem Ausdruck, der die Richtung (aufwärts oder abwärts) und das Ausmaß des Trends erfaßt.

(3) Seasonal Model
Dieses Modell bildet ein Nachfragemuster ab, das durch Perioden hoher und niedriger Verkäufe als Funktion der Zeit gekennzeichnet ist. Regelmäßige Schwankungen werden als Ergebnis externer und interner Faktoren angesehen (z.B. Schulbeginn, Schlußverkäufe). Mathematisch handelt es sich um Sinus- und Cosinusfunk-

tionen. Versucht wird, eine bestmögliche Annäherung an die tatsächliche Nachfrage zu erhalten.

(4) End-of-Season-Model
Das End of Season-Modell ist für Produkte geeignet, die zeitweilig nicht verkauft werden.

(5) Trend-Seasonal Model
Das Trend Seasonal-Modell stellt eine Modifikation des "Seasonal Model" um eine Trendkomponente dar.

(6) Low-Volume, Lumpy-Demand-Model
Dieses Modell wird gewählt, wenn sich bei einzelnen Artikeln keine Saisonmuster bilden. Deshalb erfolgt eine Zusammenfassung gleichartiger Artikelgruppen.

Wie alle Prognosemodelle kann IMPACT in dieser allgemeinen Form **keine kurzfristigen Sondereinflüsse** berücksichtigen (z.B. das Ausmaß der Rezession von 1974-1976). Nicht berücksichtigt sind z.B. auch Werbeaktionen für einen Artikel und Verkaufsförderungsaktionen. Auch für neue Produkte ist das IMPACT-Verfahren ungeeignet.

Um diese Einschränkungen wenigstens teilweise zu überwinden, hat IBM das **"Retail IMPACT Fashion System"** entwickelt. Es zeigt schnelle und langsame Modeveränderungen auf und empfiehlt dem Einkäufer im Einzelhandel Wiederbestellungen, Abbestellungen, Preisnachlässe und die Übertragung der Artikel auf andere Läden (bei Filialsystemen). Das Kriterium, auf dem das Retail IMPACT Fashion System basiert, ist die Erzielung eines maximalen Ertrags pro Dollar (DM) investierten Kapitals im Lager bei (1.) gleichzeitiger Sorge für die Wiederbestellung gewinnbringender Moderichtungen und (2.) der Fähigkeit, verlustbringende Ware schnell auszusondern. Dennoch bleiben in diesem System viele Modedeterminanten nicht erfaßt.

Das **Bestellmodell** in IMPACT empfiehlt Zeitpunkt und Höhe der Bestellung. Es knüpft an die Formel für die optimale Bestellmenge an, berücksichtigt allerdings auch Sondernachlässe und einen Sicherheitsbestand. Ausgewählt wird die Alternative mit den niedrigsten Gesamtkosten.

Viele Einzelhandelsunternehmen nutzen heute **rechnergestützte Lagerkontroll- und -management-Systeme** mit automatischen Wiederbestellprozeduren (z.B. Schuhfilialisten, Buchhandlungen,

Textilgeschäfte). Der **Nutzen** liegt im einzelnen bei folgenden Effekten:

(1) Weniger Fehlmengen, Steigerung des Umsatzes, höhere Umschlagsgeschwindigkeit, schnellere Bedienung durch Hersteller und Großhändler.
(2) Vereinfachte Wiederbeschaffung spart Zeit und Arbeit.
(3) Fehler in Auftrags- und Versandpapieren werden vermindert.
(4) Veränderungen in den Farben, Größen usw. können schnell und mit geringer Konfusion behandelt werden.
(5) Hersteller können Produktion und Auslieferung besser planen und durchführen.
(6) Periodische Bestellanalysen sind leicht zu erhalten.

Die Benutzung derartiger EDV-gestützter Prognose- und Bestellmodelle bedeutet allerdings nicht, daß die Bestellaufträge automatisch erteilt werden müssen. Dem Einkäufer dienen die Systeme häufig nur als Entscheidungshilfe.

7.2 Planung und Koordination von Aktionen im Distributionskanal

Die **Aktionsplanung** umfaßt alle für einen speziellen Zweck zu treffenden Maßnahmen, und zwar unabhängig davon, ob es sich um strategische, taktische oder operative Planung handelt. Ziele für das Distributionssystem müssen in konkrete Handlungsanweisungen transformiert werden, so daß die Zielerreichung nicht den zufälligen Aktivitäten einzelner Distributionsorgane überlassen bleibt. So kann der **Aktionsplan** als ein logisches Gerüst angesehen werden, aus dem hervorgeht, welche internen und externen Organe in welcher Weise bei Distributionsaktivitäten mitwirken. Dadurch soll sichergestellt werden, daß alle Aktivitäten effizient und unter Beachtung des zeitlichen Rahmens ausgeführt werden.

Auf die strategische Planung von Aktionen soll an dieser Stelle nicht mehr eingegangen werden, da formelle Planungsmethoden wie z.B. die Absatzkanal-Portfolio-Analyse bereits in Abschnitt 2.3 behandelt wurden. Im Mittelpunkt der weiteren Ausführungen wird vielmehr die **taktische und die operative Aktionsplanung** stehen.

Die aus der strategischen Planung abgeleiteten **Aktionsziele**, die es innerhalb der taktischen und operativen Planung in strukturierte, konkrete Handlungen umzusetzen gilt, können z.B. sein:

o Einführung neuer Produkte
o Einführung neuer Kooperationsformen zwischen Hersteller und
  Absatzmittler
    - Aufbau gemeinsamer, EDV-gestützter Informationssysteme
    - Maßnahmen im Bereich der Logistik
    - planvereinbartes Marketing
o Routineaktivitäten
    - Jahresabsatzplan
    - Konzeption von Display-Material.

Der **Prozeß der taktischen und operativen Planung** läßt sich in die
folgenden Phasen untergliedern:

o Entwurf von Plänen
o Abstimmen von Plänen
o Vereinbarungen von Soll-Daten (Budgets)
o Korrektur der Soll-Daten bei Umweltveränderungen
o Istdaten-Erfassung
o Abweichungsanalyse.

Als **Beispiel** soll die **Planung, Koordination und Durchführung
von Verkaufsrunden bzw. Sonderaktionen** dargestellt werden. Dabei wird von einem Key Account-Manager ausgegangen, der die
Planung der Sonderaktion in Abstimmung mit dem von ihm betreuten Großkunden vornimmt. Eine schematische Darstellung
dieses Planungsprozesses gibt Abbildung 62.

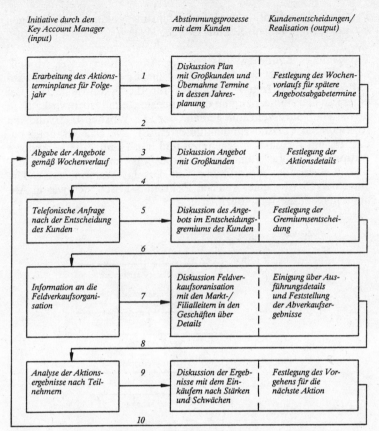

Initiative durch den Key Account Manager (input)		Abstimmungsprozesse mit dem Kunden	Kundenentscheidungen/ Realisation (output)
Erarbeitung des Aktionsterminplanes für Folgejahr	1	Diskussion Plan mit Großkunden und Übernahme Termine in dessen Jahresplanung	Festlegung des Wochenvorlaufs für spätere Angebotsabgabetermine
	2		
Abgabe der Angebote gemäß Wochenverlauf	3	Diskussion Angebot mit Großkunden	Festlegung der Aktionsdetails
	4		
Telefonische Anfrage nach der Entscheidung des Kunden	5	Diskussion des Angebots im Entscheidungsgremiums des Kunden	Festlegung der Gremiumsentscheidung
	6		
Information an die Feldverkaufsorganisation	7	Diskussion Feldverkaufsoranisation mit den Markt-/ Filialleitern in den Geschäften über Details	Einigung über Ausführungsdetails und Feststellung der Abverkaufsergebnisse
	8		
Analyse der Aktionsergebnisse nach Teilnehmern	9	Diskussion der Ergebnisse mit dem Einkäufern nach Stärken und Schwächen	Festlegung des Vorgehens für die nächste Aktion
	10		

Abb. 62   Planung, Koordination und Durchführung von Verkaufsförderungsaktionen mit einem Großkunden
Quelle: Kemna 1979, S. 114.

Bezeichnend für dieses Modell ist es, daß die Anregungen und Vorschläge jeweils vom Key Account-Manager ausgehen und in dem sich jeweils anschließenden **Abstimmungs- und Aushandlungsprozeß** unter Bezugnahme auf gegenseitige Interessen in Kooperation mit dem Kunden koordiniert werden. Dieses Schema wird den ganzen Prozeß hindurch beibehalten, beginnend mit der Erarbeitung eines Aktionsterminplanes, der eine auf Großkunden oder Absatzkanäle bezogene Jahresterminplanung für Verkaufsförderungsaktionen darstellt, bis hin zur Feststellung der Vorgehensweise für die folgende Aktion. Nach Abschluß der Aktion wird in Form einer Analyse der Aktionsergebnisse Resümee über Erfolg oder Mißerfolg gezogen. Daraus abgeleitete Erkenntnisse über Schwachstellen finden als Feedback-Informationen bei der

Planung, Koordination und Durchführung zukünftiger Aktionen Berücksichtigung (vgl. Kemna 1979, S. 113).

Ein weiteres Kriterium, das bei der Anwendung dieses Modells unbedingt beachtet werden muß, ist die **Erstellung und die Einhaltung eines fixierten Zeitplanes** für die Aktionsplanung. Bei einem großen Unternehmen der Lebensmittelindustrie wird z.B. in einem Halbjahreszeitraum geplant, der in 8-Wochen-Intervalle, die sogenannten Verkaufsrunden, unterteilt ist. Dieses Zeitraumes bedarf es, um für das Unternehmen und den Handel die komplexen Aktionen vorzubereiten (z.B. Werbespots im Fernsehen, Zeitschriftenwerbung, Anfertigung von Display-Material etc.). Die einzelnen Phasen eines solchen Zeitraums lassen sich wie in Abbildung 63 dargestellt konzipieren.

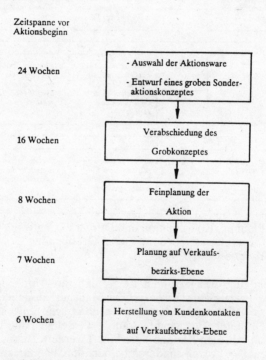

Abb. 63   Zeitliche Abfolge der Phasen der Aktionsplanung

Das Mißlingen von Verkaufsförderungsaktionen liegt nicht selten in einer verzögerten zeitlichen Abstimmung der Hersteller mit ihren Handelspartnern begründet. Deshalb müssen sich Hersteller auf die Halbjahres- oder Jahresplanung speziell seitens potentieller

Schlüsselkunden einstellen, um nicht Gefahr zu laufen, daß zum Zeitpunkt der Präsentation ihres Promotionkonzeptes die Aktionskapazitäten und speziell die Regalplätze bereits vergeben sind (vgl. o.V. 1983a, S. 32).

Die Abstimmung der Verkaufsförderungsaktionen mit dem Handel ist auch deshalb angezeigt, weil sich der **Handel zunehmend restriktiv** gegenüber früher erfolgreichen Incentive-Programmen verhält. So finden z.B. bundesweite Aktionen mit dem gleichen Artikel, die zu gleichen Zeitpunkten allen bedeutenden Kunden angeboten werden, heute beim Handel keinen Widerhall mehr (vgl. Baader 1975, S. 361). Aussichten auf Erfolg haben letztlich nur noch handelsgruppenspezifische, sortimentsübergreifende und exklusive Aktionen, dies umso mehr, je nachfragestärker eine Handelsorganisation ist (vgl. o.V. 1983 a, S. 30).

7.3 Kontrolle von Distributionsaktivitäten

7.3.1 Kontrolle von Distributionskanälen und Distributionsorganen

7.3.1.1 Grundprobleme der Kontrolle von Distributionskanälen

Zu den kritischsten und gemäß einer empirischen Untersuchung wohl auch zu den am wenigsten vom Channel-Manager beachteten Aspekten zählt die **Kontrolle der Effizienz** von Distributionskanälen und Distributionsorganen (vgl. Lambert 1978, S. 53-65). Angesichts des sich verschärfenden Wettbewerbs können Distributionskanäle sowie einzelne Mitglieder dieser Kanäle nur dann mit Gewinn arbeiten, wenn die erforderlichen Distributionsaktivitäten effizient ausgeführt werden. Damit dies gewährleistet ist, müssen die erbrachten Distributionsleistungen einer regelmäßigen Kontrolle unterzogen werden. Die Kontrollfunktion seitens des Herstellers bezieht sich gleichermaßen auf den **intraorganisationalen** wie auch auf den **interorganisationalen Bereich** innerhalb des Distributionskanals (vgl. Bowersox u.a. 1980, S. 299). Verstärkt wird die Forderung nach einer Kontrolle in der Distribution insbesondere durch Kostenüberlegungen, wenn man berücksichtigt, daß vom Volkseinkommen der Bundesrepublik Deutschland nach Schätzungen des IFO-Institutes etwa 47% auf Vertriebskosten entfallen (vgl. Batzer u.a. 1974, S. 77).

Trotz der Bedeutung der Distribution wurde deren Kontrolle in der Literatur sehr wenig Aufmerksamkeit geschenkt. Mit Blick auf die Kostenkontrolle liegt die Hauptursache im **Fehlen notwendiger Kosteninformationen** sowie im **Problem der Zurechnung von Kosten auf Distributionsaktivitäten**. Betrachtet man hingegen die Effizienz der **Distributionsleistungen** unter dem Aspekt der Erreichung gesetzter Leistungsziele (quantitativer wie qualitativer Art), so sind in Anlehnung an Lambert (1978, S. 36) folgende Gründe zu nennen:

o Distributionsleistungen lassen sich nur schwer definieren und messen.
o Ein Gesamtleistungsindex ist schwer zu bilden.
o Veröffentlichte Richtwerte für interindustrielle Vergleiche fehlen.

Der **Umfang und die Häufigkeit der Bewertung der Mitglieder des Absatzkanals** hängt von mehreren Faktoren ab (vgl. Rosenbloom 1978 a, S. 275-277):

o **Grad der Abhängigkeit der Distributionsorgane vom Hersteller**
Hersteller, die z.B. ihre Distributionsorgane vertraglich gebunden haben, ein begehrtes Markenprodukt herstellen oder eine führende Marktposition innehaben, befinden sich in einer Situation, die es ihnen erlaubt, die für eine umfassende Kontrolle der Kanalmitglieder benötigten Informationen von diesen zu erhalten.

o **Relative Bedeutung der Distributionsorgane**
Sofern Hersteller ihre Produkte primär über Absatzmittler vertreiben, sollten sie deren Leistungen genügend Aufmerksamkeit schenken, da hiervon der Markterfolg entscheidend abhängt.

o **Produkteigenschaften**
Die Hersteller von teuren und komplexen Gütern sollten eine Bewertung der Distributionsleistungen besonders im Hinblick auf die Zufriedenheit der Zielmärkte durchführen.

o **Zahl der Mitglieder des Distributionskanals**
Hersteller, die selektive Distribution betreiben, erhalten durch die enge Zusammenarbeit mit ihren Absatzmittlern das für eine umfassende Leistungsbewertung benötigte Material leichter.

Wie in dieser Auflistung mehrmals anklingt, liegt ein Hauptproblem der Kontrolle der Distribution in der Bereitstellung und der Aufbereitung von benötigten Informationen. Hier kann ein Channel-Information-System, wie in Abschnitt 7.1 beschrieben, wertvolle Dienste leisten. Damit **Channel-Manager** solche **Informationssysteme vorteilhaft nutzen** können, müssen sie (vgl. Anderson/Hair 1983, S. 478):

o Leistungsbewertungsverfahren kennen
o spezifische Richtlinien für die Leistung eines Distributionskanals oder eines Distributionsorgans aufstellen
o Leistungen gemäß der Dringlichkeit periodisch oder kontinuierlich kontrollieren
o den Mitgliedern des Distributionskanals periodisch Feedback-Informationen bezüglich der Leistungsbewertung zukommen lassen.

Dies sind Grundlagen für den Erfolg in der Distribution.

Im folgenden soll die Kontrolle der Distribution sowohl aus der **Makro-** als auch aus der **Mikroperspektive** betrachtet werden. So sind zunächst Bewertungsmethoden für den Gesamtkanal und anschließend für einzelne Distributionsorgane vorzustellen (Abschnitte 7.3.1.2 und 7.3.1.3). Danach werden die speziellen Probleme der Kontrolle der Distributionslogistik behandelt.

7.3.1.2 Kontrolle von Distributionskanälen

Zur Messung und Bewertung der Effizienz von Distributionskanälen stehen mehrere Verfahren zur Verfügung. Nachfolgend werden drei der bekanntesten Verfahren vorgestellt. Es schließt sich ein Überblick über weitere Bewertungskriterien an.

o **Distributionskostenanalyse (DKA)**
Die DKA gibt den Mitgliedern des Distributionskanals Aufschluß über die **relative Kostengünstigkeit verschiedener Absatzkanäle** und zeigt an, ob Änderungen im gewählten Kanal erforderlich sind (vgl. hierzu Stern/El-Ansary 1977, S. 487-493). Grundsätzlich ist eine DKA besonders für den Hersteller von Interesse, da von den im Kanal erbrachten Distributionsleistungen wesentlich dessen Produkterfolg abhängt. Eine DKA ohne gleichzeitige Berücksichtigung des Ertrages ist allerdings keine ausreichende Beurteilungsbasis. Wichtig ist die Einbeziehung der Gewinnträchtigkeit, d.h. des Deckungsbeitrages eines Absatzkanals.

So konnte z.B. ein Hersteller durch eine DKA feststellen, daß 2/3 aller Kunden, die direkt beliefert wurden, Verluste in Höhe von 26-86% der von ihnen getätigten Umsätze verursachten. Durch Übertragung dieser für den Hersteller verlustbringenden Aufträge an Großhändler ließ sich für die Unternehmung eine 40- bis 50%-ige Steigerung der Rentabilität erzielen.

Für die Zwecke einer DKA müssen die aus der Gewinn- und Verlustrechnung eines Unternehmens verfügbaren Daten über Kosten wie z.B. Gehälter, Werbung etc. nach Marketingfunktionen, z.B. Lagerhaltung, Verkaufsförderung etc., reorganisiert und umklassifiziert werden (vgl. hierzu auch Zober 1964, S. 247-269 und Kotler 1974, S. 781-789).

Bei der Zurechnung der funktionalen Kosten zu den einzelnen Kanälen taucht die Frage auf, welche **Zurechnungsmethode** zu verwenden ist. Es besteht die Möglichkeit, Vollkosten oder Teilkosten anzulasten. In der Literatur gehen besonders die Meinungen über die Einbeziehung der nicht zurechenbaren Gemeinkosten auseinander (vgl. Kotler 1974, S. 787). Obwohl jede der beiden Methoden gewisse Vorteile bietet (vgl. Mallen/Silver 1967, S. 228), ist für die Bewertung von Distributionskanälen der Auffassung von Stern/El-Ansary zuzustimmen (1977, S. 493), ausschließlich Teilkosten in Form von Einzelkosten und zurechenbaren unechten Gemeinkosten anzulasten. Denn es ist sehr schwierig, wenn nicht gar unmöglich, Gemeinkosten wie z.B. Gehälter des Channel-Management, Steuern usw., alternativen Kanälen anzurechnen. Das Ergebnis einer DKA, die auf dieser Entscheidung aufbaut, liegt in Form errechneter Deckungsbeiträge vor. Ein Fallbeispiel gibt Tabelle 23.

	Waren-häuser	Discount-häuser	Super-märkte	Gesamt
Umsatz	7.500	15.500	12.000	35.000
Herstellungskosten	4.400	8.800	6.800	20.000
Bruttospanne	3.100	6.700	5.200	15.000
Marketingausgaben in den Vertriebswegen				
- Lagerhaltung	730	1.643	1.277	3.650
- Auslieferung	325	650	525	1.500
- Persönlicher Verkauf	245	940	1.415	2.600
- Werbung	235	1.095	1.020	2.350
- Verkaufsförderung	145	580	725	1.450
- Auftragsbearbeitung	35	175	140	350
Gesamt	1.715	5.083	5.102	11.900
Nettogewinn (-verlust)	1.385	1.617	98	3.100
Umsatzrendite	18,5%	10,4%	0,8%	8,9%

Tab. 23   Ergebnis einer Distributionskostenanalyse
Quelle: Stern/El-Ansary 1977, S. 492.

Wie aus dem Beispiel ersichtlich wird, weisen in dieser Konstellation alle Distributionskanäle einen positiven Deckungsbeitrag auf. Der Deckungsbeitrag, der von den Supermärkten erbracht wird, ist im Vergleich zu den anderen Absatzkanälen niedrig. Bei den Warenhäusern fällt er hingegen relativ hoch aus. Daraus könnte das betrachtete fiktive Unternehmen den Schluß ziehen, in Zukunft den Verkauf seiner Produkte über Warenhäuser zu forcieren und den Vertrieb über Supermärkte zu drosseln. Da die **DKA jedoch keine ausreichende Informationsgrundlage** für die Ableitung solcher Korrektivmaßnahmen liefert, müssen **darüber hinaus** noch **folgende Fragen** beantwortet werden (Kotler 1974, S. 788):

o In welchem Ausmaß kaufen die Kunden eher auf der Basis des Einzelhandelsgeschäftstyps als nach Marken? Würden sie sich die Mühe machen, eine bestimmte Marke beim Einkauf in jenen Geschäften, die nicht eliminiert werden, nachzufragen?

o Wie sehen die zu erwartenden Markttrends in bezug auf die relative Wichtigkeit der drei Absatzwegtypen aus?

o Sind die auf die drei Absatzwege gerichteten Marketinganstrengungen und die Marketingpolitik bisher optimal gewesen?

Generell ist festzuhalten, daß isoliert betrachtet die DKA lediglich Schwachstellen der einzelnen Kanäle aufzeigen kann. Erst durch das Hinzukommen weiterer Untersuchungen wie z.B. einer Analyse der Produktlinie, einer Prüfung der Akzeptanz von Marketingprogrammen durch Distributionsorgane, einer Strategic Profit Model-Analyse (siehe im folgenden) und einem Channel-Audit können **Determinanten des Erfolges oder Mißerfolges herausgefiltert** werden. Da Änderungen der Distributionskanäle auch andere Unternehmensbereiche, z.B. die Produktion, und somit auch den Gesamtertrag nachhaltig beeinflussen können, sind auch in dieser Hinsicht Untersuchungen anzustellen.

o **Strategic Profit Model-Analyse (SPMA)**
Die SPMA bildet die Grundlage für einen weiteren Ansatz zur Bewertung von Distributionskanälen (vgl. hierzu Bowersox u.a. 1980, S. 308-313). Abbildung 64 zeigt den schematischen Grundriß dieses Analysemodells, das eine Erweiterung des allgemein bekannten **'Return on Investment'-Ansatzes (ROI-Ansatzes)** bzw.

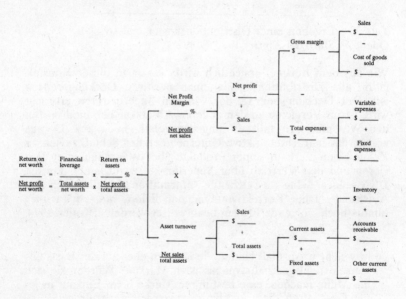

Abb. 64   Strategic Profit Model
Quelle: Bowersox u.a. 1980, S. 302

des 'Erweiterten DuPont-Kennzahlen-Systems' darstellt (vgl. z.B. Bircher 1976, S. 125).

Anders als bei der Distributionskostenanalyse wird bei der SPMA zusätzlich das Eigenkapital in die Rechnung mit einbezogen, das nötig ist, um ein vorgegebenes Verkaufsvolumen zu erzielen. Die Eigenkapitalrentabilität wird in diesem Modell als eine Funktion von drei kontrollierbaren Variablen angesehen, dem Nettogewinn, dem Kapitalumschlag und der Verschuldung der Kapitalstruktur (financial leverage).

Die **Vorteile dieses Analyseverfahrens** liegen speziell darin, daß es in expliziter Form sowohl den Einfluß alternativer Distributions-kanäle auf den Gesamt-ROI des Unternehmens aufzeigt, als auch eine relative Leistungsbewertung in bezug auf die von den einzel-nen Mitgliedern der Distributionskanäle geleisteten Beiträge zum Gesamt-ROI ermöglicht. Hersteller wie auch andere Distribu-tionsorgane können dieses Modell gleichermaßen nutzbringend einsetzen. Walters und Bergiel (1082, S. 412) sind der Meinung, daß von diesem Analysemodell in Zukunft die Channel-Leader verstärkt Gebrauch machen werden.

Beispiel: Ein Hersteller möchte überprüfen, ob ein Vertrieb seiner Produkte über zwischengeschaltete Großhändler effizienter ist als der semidirekte Vertrieb an Einzelhändler. Aus diesem Grunde berechnet er anhand des SPMA-Schemas die Eigenkapitalrentabi-lität der alternativ zur Verfügung stehenden Distributionskanäle. Für den Vertrieb über Großhändler ergibt sich dabei infolge nied-rigerer Distributionskosten, niedrigerem (Gesamt-) Vermögen und höherer Umsätze ein Anstieg des Nettogewinns und des Kapital-umschlags. Dies führt über eine daraus resultierende höhere Kapi-talrentabilität in Verbindung mit einem niedrigeren financial leverage zu einem Anstieg der Eigenkapitalrentabilität.

Gleichsam wie bei der Distributionskostenanalyse ist auch hier vor einer allzu schnellen Ableitung von Entscheidungen über Korrek-tivmaßnahmen, die lediglich auf dieser Analyse aufbauen, zu warnen. Auch hier sollten die schon bei der Behandlung der Dis-tributionskostenanalyse beschriebenen Gesamtbetrachtungen die Basis für Entscheidungen bilden.

o **Verfahren der relativen Umsatzbewertung**

Dieser Ansatz zur Bewertung von Distributionskanälen ergänzt die bisher vorgestellten Verfahren (vgl. Bowersox u.a. 1980, S. 316 f). Bewertungskriterium ist das Ausmaß, bis zu dem ein Marktpoten-tial, gemessen an den aktuellen Umsätzen, von den einzelnen Absatzkanälen erschlossen wurde. Zur Bildung der benötigten Indizes werden die erzielten Umsätze eines jeden Kanals durch die potentiellen Umsätze dividiert, die vorab als Prozentsatz des Gesamtmarktpotentials des Unternehmens (vgl. hierzu auch Revzan 1967, S. 220 f) berechnet wurden. Eine zweckmäßige Form der Schematisierung dieses Analyse-Modells zeigt Tabelle 24.

Distributions-kanäle	Marktpotential in [DM] ①	in [%] ②	Realisierter Umsatz in [DM] - ③	in [%] ④	Leistungsindizes Durchdringung des Potentials (Sp. ③:①)	Relative Durchdringung im Vergleich zu anderen Kanälen (Sp. ④:②)
Warenhäuser	12.000	30	7.500	21,4	0,63	0,71
Discounthäuser	16.000	40	15.500	44,3	0,97	1,11
Supermärkte	12.000	30	12.000	34,3	1,00	1,14
	40.000	100	35.000	100,0		

Tab. 24   Leistungsindizes auf der Basis der Ausschöpfung des Marktpotentials

Für die Messung der Effektivität und Effizienz von Distributionskanälen stehen neben den Kriterien, die in dem oben angeführten Verfahren benutzt werden, zahlreiche weitere Bemessungskriterien zur Verfügung. In Tabelle 25 wird eine Auflistung der wichtigsten Kriterien gegeben. Es werden Maßkriterien quantitativer und qualitativer Art unterschieden, die sowohl für die Bewertung des Gesamtkanals wie auch für die Bewertung von einzelnen Mitgliedern des Absatzkanals herangezogen werden können.

Wie eine empirische Untersuchung zeigte, werden **Bewertungen des Distributionskanals** von der Mehrheit der befragten Unternehmen nur sehr selten vorgenommen (vgl. hierzu Lambert/Cook 1979, S. 8). Wird der Gesamtkanal bewertet, so beschränkt sich die Untersuchung auf die Kriterien Kosten, Marktdeckung, Serviceleistungen, Umsatz und Bruttospannen. In keinem Fall wurde eine Deckungsbeitragsrechnung oder eine Eigenkapitalrentabilitäts-Analyse zugrundegelegt. Angesichts dieser Ergebnisse wird der Nachholbedarf bei der Kanalbewertung vor allem im Hinblick auf Kosten und Erträge deutlich.

Quantitative Kriterien für die Leistungs-beurteilung von Distributionskanälen und deren Mitglieder	Qualitative Kriterien für die Leistungs-beurteilung von Distributionskanälen und deren Mitgliedern
■ Gesamt-Distributionskosten	■ Koordination im Kanal
■ Transportkosten	■ Kooperation im Kanal
■ Lagerhaltungskosten	■ Konflikte im Kanal
■ Prozentualer Anteil alten Lagerbestandes	■ Erkennen übergeordneter Ziele
■ Prozentualer Anteil an zweifelhaften Forderungen	■ Ausprägung der Channel Leadership
■ Zahl neu erschlossener Absatzgebiete	■ Verfügbarkeit von Informationen
■ Umsatzanteil in neu erschlossenen Absatzgebieten	■ Anpassung an neue Technologien
■ Preisnachlässe in Prozent	■ Neue Entwicklungen innerhalb des Kanals
■ Zahl und prozentualer Anteil ausgeschiedener Absatzmittler	■ Wettbewerb innerhalb der Marke
■ Zahl und prozentualer Anteil neuer Absatzmittler	■ Ausmaß der routinemäßigen Erledigung von Kanalaufgaben
■ Umfang der Bestellungen	■ Optimaler Lagerbestand
■ Zahl der Kundenbeschwerden	■ Beziehungen zu Handelsgesellschaften
	■ Beziehungen zu Konsumentengruppen

Tab. 25   Quantitative und qualitative Maßkriterien zur Leistungsbeurteilung von Distributionskanälen und deren Mitglieder

7.3.1.3 Kontrolle und Bewertung von Organen im Distributionskanal

Die Kontrolle und die damit einhergehende Bewertung von Mitgliedern des Distributionskanals erfolgt in der Regel nach gleichen oder ähnlichen Kriterien oder Verfahren wie die Bewertung des Gesamtkanals. Eine Übersicht der verschiedenen Kriterien gibt Tabelle 25.

Um eine **Bewertung** einzelner Distributionsorgane durchführen zu können, müssen zunächst z.B. durch den Channel-Manager die **relevanten Maßkriterien** ausgewählt werden. Laut einer Untersuchung von Pegram (1965, S. 109-125, zitiert nach Rosenbloom 1978a, S. 278 f) werden dabei von den meisten Herstellern Kombinationen der folgenden Kriterien benutzt:

o Verkaufserfolg
o Lagerbestand
o Verkaufspotential
o Einstellung gegenüber dem Hersteller oder Produkt
o Wettbewerbssituation
o zukünftige Leistungssteigerung der Distributionsorgane.

Mittels der selektierten Kriterien können die Mitglieder des Absatzkanals auf dreierlei Weise einer Bewertung unterzogen werden (vgl. Rosenbloom 1978, S. 287):

o **separate Leistungsbewertung** anhand eines Kriteriums oder mehrerer Kriterien
o formlose **Kombination mehrerer Kriterien** für die qualitative Messung der Gesamtleistung
o formelle Kombination mehrerer Kriterien für die Bildung eines **Index zur quantitativen Messung der Gesamtleistung** (Punktbewertungsverfahren).

Exemplarisch soll an dieser Stelle das dritte Verfahren dargestellt werden, mit dessen Hilfe ein **quantitativer Index für die Gesamtleistung** errechnet werden kann. Ein Beispiel für ein solches Punktbewertungsverfahren (zur Vorgehensweise vgl. Abschnitt 2.3) findet sich in Tabelle 26.

Kriterien und Bemessungsgrundlagen	Gewichtung ①	Punktwerte ②	Gewichtete Punktwerte (①x②)	
		0 1 2 3 4 5 6 7 8 9 10		
1. Verkaufstätigkeit				
a) Bruttoumsatz	0,20	x	1,20	
b) Umsatzwachstum	0,15	x	1,05	
c) Umsatz/Verkaufsquoten	0,10	x	0,40	
d) Marktanteil	0,05	x	0,40	
	Gesamtpunktwert für Verkaufstätigkeit		3,05	3,05
2. Lagerbestand				
a) ⋮	⋮	⋮	⋮	
b) ⋮	Gesamtpunktwert für Lagerbestand		X,XX	X,XX
			⋮	⋮
	∑ Gesamtpunktwerte = Beurteilungsindex für Gesamtleistung			Y,YY

Tab. 26 Punktbewertungsverfahren zur Beurteilung der Gesamtleistung von Distributionsorganen

Mittels dieses Punktbewertungsverfahrens kann der Channel-Manager die Aktivitäten der Distributionsorgane auf verschiedene Weise analysieren:

o Rangeinteilung der Distributionsorgane nach Leistungen
o Vergleich aktueller mit früheren Leistungskennwerten
o Vergleich der Leistungskennwerte verschiedener Kanalmitglieder

o Vergleich der Leistungskennwerte mit Vorgabewerten.

Haben einzelne Mitglieder des Absatzkanals schlechte Leistungen erbracht, so wird von dem Hersteller deren Ausscheiden aus dem Distributionskanal in der Regel nur als allerletzte Maßnahme ins Auge gefaßt. Denn zuvor sollten die Gründe für das unbefriedigende Abschneiden gesucht und analysiert werden und angemessene Techniken des Steuerungs- und Motivationsmanagement (vgl. Abschnitt 8.2) zur Anwendung gelangen.

7.3.2 Kontrolle und Audit der Distributionslogistik

In vielen Unternehmen genügt das System der Distributionslogistik nicht mehr den Anforderungen; es ist technisch und ökonomisch veraltet. Angebracht ist es, von Zeit zu Zeit das System der **Distributionslogistik** zu überprüfen. Ein solcher **Überprüfungsprozeß** ist in seiner Grundstruktur in Abbildung 65 wiedergegeben.

Grundsätzlich müssen Distributionslogistikprogramme in die langfristige Strategie des Unternehmens eingebunden sein. Ein auf die Distributionslogistik bezogenes **Strategie-Audit** könnte folgende Fragen aufwerfen (vgl. Heskett 1977, S. 90):

o Welchen Lieferservice erwarten unsere Kunden/bietet die Konkurrenz?
o Wie erreicht die Konkurrenz dieses Lieferserviceniveau?
o Welche Logistikkanalorganisation sollen wir wählen?
o Unterstützen die Standorte unseres Unternehmens/Lagers unsere Unternehmensstrategie?
o Wo stehen unsere Produkte im logistischen Lebenszyklus?
o Haben wir unser gesamtes logistisches Potential ausgeschöpft?
o Sind unsere Kunden mit unserem Lieferserviceniveau zufrieden?
o Berücksichtigen wir die Probleme des Logistikkanalmanagement bei der Planung?

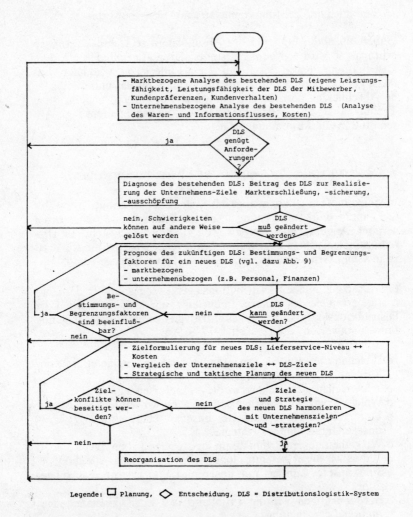

- Marktbezogene Analyse des bestehenden DLS (eigene Leistungsfähigkeit, Leistungsfähigkeit der DLS der Mitbewerber,
  Kundenpräferenzen, Kundenverhalten)
- Unternehmensbezogene Analyse des bestehenden DLS (Analyse
  des Waren- und Informationsflusses, Kosten)

ja — DLS genügt Anforderungen?

Diagnose des bestehenden DLS: Beitrag des DLS zur Realisierung der Unternehmens-Ziele Markterschließung, -sicherung,
-ausschöpfung

nein, Schwierigkeiten können auf andere Weise gelöst werden — DLS muß geändert werden?

Prognose des zukünftigen DLS: Bestimmungs- und Begrenzungsfaktoren für ein neues DLS (vgl. dazu Abb. 9)
- marktbezogen
- unternehmensbezogen (z.B. Personal, Finanzen)

ja — Bestimmungs- und Begrenzungsfaktoren sind beeinflußbar? — nein — DLS kann geändert werden?
nein

- Zielformulierung für neues DLS: Lieferservice-Niveau ↔
  Kosten
- Vergleich der Unternehmensziele ↔ DLS-Ziele
- Strategische und taktische Planung des neuen DLS

ja — Zielkonflikte können beseitigt werden? — nein — Ziele und Strategie des neuen DLS harmonieren mit Unternehmenszielen und -strategien? — ja
nein

Reorganisation des DLS

Legende: ☐ Planung, ◇ Entscheidung, DLS = Distributionslogistik-System

Abb. 65   Planung und Kontrolle eines Distributionslogistik-
          Systems
Quelle: eigene Zusammenstellung nach einer Idee von Poth
          1973, S. 130

o Kontrollieren wir die Zielerreichung der Logistikkanalmitglie-
  der? Wenn ja, wie?
o Welche Auswirkungen haben technologische/gesetzliche Veränderungen auf unsere Distributionslogistik?

248

o Unterstützt unsere Distributionslogistikstrategie die Unternehmensstrategie? Sollte unsere Unternehmensstrategie mehr distributionslogistikorientiert sein?

Ein solches Strategie-Audit kann viele **Konflikte** zwischen Unternehmensstrategie und distributionslogistischen Aktivitäten aufdecken (vgl. auch Christopher/Walters 1979, S. 49 ff).

Notwendige Grundlage einer Kontrolle des Systems der Distributionslogistik ist eine **entscheidungsorientierte Erfassung und Verrechnung der Logistikkosten.** In diesem Zusammenhang ist auf die wechselseitige Abhängigkeit von Kosten der Lagerhäuser, der Lagerhaltung, des Transports, der Kommissionierung, der Verpackung und der Auftragsabwicklung zu achten. Dies führt zu dem **Konzept der totalen Logistikkosten der Distribution,** das in Abbildung 66 dargestellt ist.

Zur **Kennzeichnung des Konzepts der totalen Kosten der Distributionslogistik** kann folgende Formulierung dienen (nach Krulis-Randa 1977, S. 194 ff):

S seien die totalen Kosten des Verkaufsverlustes, verursacht durch die mangelhafte Leistung des Distributionslogistik-Systems:
$$S = f_1 \text{ (Lieferzeit, Lieferzuverlässigkeit, Lieferbereitschaft...),}$$

T seien die totalen Kosten des Transports:
$$T = f_2 \text{ (Transportmittel, -volumen, -strecke...),}$$

FL seien die totalen fixen Kosten der Lagerhaltung:
$$FL = f_3 \text{ (Gebäude, Anlagen, Instandhaltung ...),}$$

VL seien die totalen variablen Kosten der Lagerhaltung:
$$VL = f_4 \text{ (Einstandswert der Güter, Kapitalkosten, Materialhandhabung ...),}$$

P seien die totalen Kosten der Verpackung:
$$P = f_5 \text{ (Verpackungsmaterial, -maschinen ...),}$$

K seien die totalen Kosten für Kommunikation/Information:
$$K = \text{ (Informationsbeschaffung, -verarbeitung ...).}$$

Es kommt nun darauf an, die totalen Kosten D zu minimieren:

$$\min D = S + T + FL + VL + P + K.$$

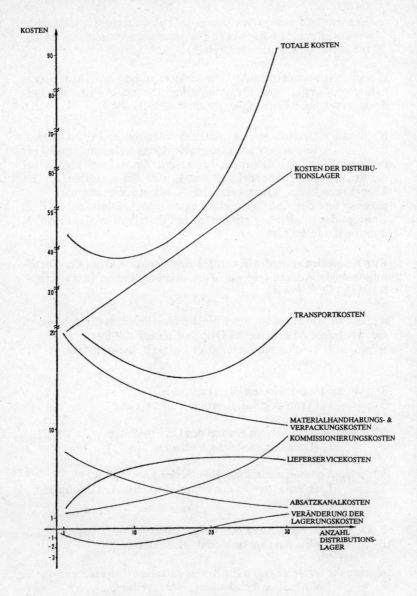

Abb. 66 Die totalen Kosten eines Distributionslogistik-Systems
Quelle: nach LeKashman/Stolle 1969, S. 214

Die Bestimmung der totalen Kosten bereitet in der Praxis einige Probleme. Liebmann (1982, S. 16 f) stellte in seiner Untersuchung fest, daß nur 50% der befragten Unternehmen ihre Logistikkosten in % vom Umsatz angaben. Das mag zum Teil daran liegen, daß die Zahlen nicht offengelegt werden sollten, wesentlich wahrscheinlicher aber ist, daß die **totalen Logistikkosten nicht bekannt sind.**

Literaturhinweise zu Kapitel 7:

Bowersox, Donald J. u.a. (1980): Management in Marketing-Channels, New York u.a. 1980

Gross, Walter (1971): Profitable Listening for Manufacturers and Dealers - how to use a communication system, in: Moller, William G. (Hrsg.): Marketing Channels - a systems viewpoint, Homewood, Ill. 1971, S. 341-352

Kemna, Harald (1979): Key Account Management, München 1979

Lambert, Douglas M. (1978): The Distribution Channels Decision, Hamilton, Ontario 1978

Rosenbloom, Bert (1978 a): Marketing Channels - a management view, Hinsdale, Ill. 1978

Stern, Louis W./El-Ansary, Adel I. (1977): Marketing Channels, Englewood Cliffs, N.J. 1977

Walters, C. Glenn/Bergiel, Blaise J. (1982): Marketing Channels, 2. ed., Glenview, Ill. 1982

8 Steuerung und Motivation von Distributionsorganen

Steuerung und Motivation der Distributionsorgane setzt Kenntnisse der sozialen Dimensionen von Distributionskanälen voraus. Vor der Behandlung von Problemen eines Steuerungs- und Motivationsmanagement wird deshalb nach einer Vorbemerkung auf Komponenten der sozialen Dimension eingegangen.

8.1 Die soziale Dimension von Distributionskanälen

8.1.1 Vorbemerkung zur sozialen Dimension

Die Hersteller und die in die Distribution der Produkte einbezogenen Absatzmittler und Absatzhelfer bilden das Distributionssystem (vgl. Abschnitt 1.1.4). Das Distributionssystem besteht aus sämtlichen Distributionskanälen eines Herstellers.

Um ein tieferes Verständnis für das Verhalten von Distributionsorganen zu erhalten dürfen Distributionssysteme nicht, wie in der Vergangenheit üblich, primär als ökonomische Systeme, sondern ebenso als **Verhaltenssysteme bzw. soziale Systeme** aufgefaßt werden (vgl. z.B. Stern/Brown 1969, S. 6-8). Verhaltenssysteme setzen sich aus einer eine Ganzheit bildenden Menge von aktiven Elementen zusammen, zwischen denen Wechselbeziehungen bestehen (vgl. Kirsch 1971, S. 27). **Aktive Elemente** in einem Distributionssystem sind alle Personen, die Distributionsaufgaben übernehmen.

Betrachtet man Distributionskanäle unter verhaltenswissenschaftlichem Aspekt, so muß auf die fundamentalen **Verhaltensdimensionen** näher eingegangen werden, die in jedem sozialen System eine gewichtige Rolle spielen. Es sind dies das **Rollenverhalten, Machtbeziehungen, Konflikte und Kommunikationsprozesse** (vgl. Rosenbloom 1978 a, S. 66). Nachfolgend soll auf die zwischen den Verhaltensdimensionen Rollen, Macht und Konflikte bestehenden Wechselbeziehungen näher eingegangen werden. Die Kommunikationsprozesse werden bei den weiteren Betrachtungen ausgeklammert, da sie bereits in Abschnitt 5.4.1 beschrieben wurden.

Bezeichnend für ein soziales System ist es, daß den einzelnen Mitgliedern bestimmte Aufgaben bzw. Rollen zugewiesen werden, die sie gleichsam wie ein 'Relationen-Netzwerk' miteinander verbinden (vgl. hierzu Stern/El-Ansary 1977, S. 278 f). Um die **Rollenspezifizierung** effizient vornehmen zu können, muß eine Kette formaler und informaler Anordnungsbefugnisse im Distributionskanal implementiert werden. Erfolgt die Rollenspezifizierung unter Zuhilfenahme ökonomischer oder sozialer Macht, so liegt hierin mit ein Grund für das Auftreten von Konflikten. Die Hauptursache für die **Konfliktentstehung** beruht jedoch auf dem gegenseitigen Abhängigkeitsverhältnis, das zwischen den einzelnen Kanalmitgliedern besteht. Daraus können Konflikte z.B. über die von den einzelnen Distributionsorganen verfolgten Ziele, über Aufgabengebiete etc. resultieren, die die Effizienz einzelner Distributionsaktivitäten nachteilig beeinflussen können. Anliegen eines darauf aufbauenden **Konfliktmanagement** muß es deshalb sein, positive Konfliktfolgen zu nutzen, negative Auswirkungen hingegen durch abgestimmte Strategien zu vermeiden. Dies kann unter Rückgriff auf individuelle Macht in Form einer Neuordnung von Distributionsfunktionen und einer Neuspezifizierung von Rollen erfolgen. In Abbildung 67 werden diese oben angeführten Wechselbeziehungen in vereinfachter Form wiedergegeben.

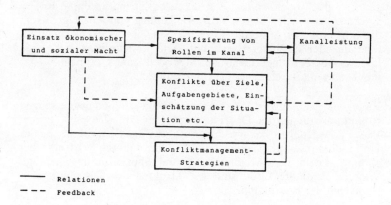

Abb. 67 Wechselbeziehungen zwischen Verhaltensdimensionen
in Distributionskanälen
Quelle: Stern/El-Ansary 1977, S. 279

Zu beachten ist, daß Feedback-Schleifen eine Verbindung zwischen der Kanalleistung und dem Konflikt sowie dem Machtgebrauch herstellen. Dies bedeutet, daß für den Fall unbefriedigender Leistungsergebnisse eine Verschärfung des Konfliktes zu erwarten ist. Dadurch wird eine Neuspezifizierung von Rollen, evtl. auch unter Gebrauch von Macht, nötig.

In den folgenden Ausführungen werden die Verhaltensdimensionen Rollen, Konflikt und Macht im einzelnen betrachtet.

8.1.2 Rollen in Distributionskanälen

Rollen in einem Sozialsystem sind Bündel normativer Verhaltenserwartungen an die Inhaber bestimmter Positionen (vgl. zum folgenden Steffenhagen 1975, S. 85-92). Die **soziale Position** wird dabei in der Regel als der Ort in einem Feld sozialer Beziehungen verstanden (vgl. Dahrendorf 1968, S. 30). Werden Distributionskanäle als soziale Systeme interpretiert, dann sind z.B. Hersteller, Großhändler oder Einzelhändler die Inhaber von Positionen, an die sich **Erwartungen hinsichtlich ihres Verhaltens** knüpfen.

Die von den Positionsinhabern in Absatzkanälen auszuübenden Funktionen bilden den Bereich, auf den sich primär Rollenerwartungen beziehen (vgl. Stern/Heskett 1969, S. 294). Daneben gibt es jedoch noch weitere Verhaltensbereiche, die durch Rollen determiniert werden, wie z.B. die Bedienung von Absatzgebieten, die Sortimentsstruktur, die Preisdisziplin, die Marken- und Liefertreue oder Zahlungsmodalitäten. Die **Rollenerwartungen** sind für den Inhaber einer Position ein Modell seines Verhaltens, das ihm bestimmte Rechte und Pflichten auferlegt.

Eine generelle Antwort auf die Frage nach typischen gegenseitigen Rollenerwartungen im Distributionssystem läßt sich nicht geben. Diese Erwartungen hängen davon ab, wo das Schwergewicht der Unternehmenstätigkeit gesetzt wird, denn dadurch wird eine bestimmte Form der Arbeitsteilung und Spezialisierung geprägt. Weitere Einflußfaktoren sind die Struktur des Distributionssystems und der Produkttyp.

Die **eigene Rollenwahrnehmung** eines Positionsinhabers muß mit den Rollenerwartungen, die seine Marktpartner aus seiner Position ableiten, nicht deckungsgleich sein. Dies läßt sich an einem Ergebnis einer empirischen Untersuchung, die die Handelsvertretung im Meinungsbild ihrer Marktpartner beleuchtet, nachweisen (Meffert u.a. 1983). Im Rahmen dieser Untersuchung sollten die zentralen Bereiche der Handelsvertretertätigkeit von der Berufsgruppe selbst und von den mit ihnen in Beziehung stehenden

Marktpartnern (Hersteller und Kunden) in eine Rangfolge der Wichtigkeit eingeordnet werden. In Abbildung 68 ist klar zu erkennen, daß lediglich auf dem Gebiet der Kundenbetreuung bei allen drei Befragungsgruppen Einigkeit über die Wichtigkeit dieser Funktion besteht, während die Auffassungen, die die übrigen Bereiche betreffen, mehr oder weniger stark differieren (vgl. Meffert 1983, S. 32 f).

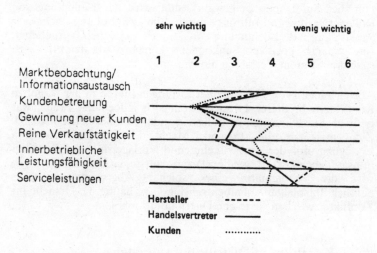

Abb. 68   Wichtigkeit der Dienstleistungsmerkmale von Handelsvertretern im Urteil der Marktpartner
Quelle: Meffert 1983, S. 32

Das verhaltenswissenschaftliche Modell, das dieser Untersuchung zugrundeliegt, geht von der Annahme aus, daß die Handelsvertretung um so eher akzeptiert und somit in den Distributionskanal integriert wird, je besser die Rollenerwartungen aktueller und potentieller Marktpartner erfüllt werden (vgl. Meffert 1983, S. 13). Daher müssen für den Handelsvertreter, wie auch für jedes andere Mitglied des Distributionskanals, exakte Rollenspezifizierungen im Hinblick auf die Bedürfnisse und die Anforderungen der Marktpartner vorgenommen werden, so daß eine effiziente Aufgabenerfüllung möglich ist.

Bei Rollenerwartungen handelt es sich fast ausschließlich um Informationen, die nur in den Gedanken und Vorstellungen von Mitgliedern des Distributionskanals existieren. Eine Ausnahme bilden vertragliche Vertriebssysteme (z.B. Franchise-Systeme), bei denen die Erwartungen, die der Hersteller an seine Absatzmittler stellt, in vielen Fällen schriftlich fixiert werden.

Besteht **Konsens** über gegenseitige Rollenerwartungen und wird entsprechend diesen gehandelt, so steigert dies die Effizienz des Distributionssystems, denn das Marktverhalten kann wechselseitig relativ sicher vorausgesagt werden (vgl. Meffert 1974, Sp. 147 f). Um dies auf Dauer zu gewährleisten, wird der Einhaltung von Rollenerwartungen oftmals durch die Androhung negativer Sanktionen, z.B. Beendigung von Lieferbeziehungen, vorgebeugt. Aber auch positive Sanktionen können Absatzmittler zu rollenkonformem Verhalten motivieren.

Abweichungen von den Rollenerwartungen führen in der Regel zu **Konflikten.** In dieser Hinsicht stellt sich jedoch die Frage, was typische Leistungen eines Industrie- oder Handelsbetriebes sind. Zieht man z.B. die steigende Macht der Handelsbetriebe in Erwägung, mit der eine zunehmende Verlagerung von Distributionsaufgaben (z.B. Regaldienst) zum Hersteller hin einhergeht, so wird die Problematik eines solchen Abgrenzungsversuches deutlich. In solchen Aufgabentransfers liegt häufig die Ursache für Konflikte zwischen einzelnen Distributionsorganen.

8.1.3 Konflikte in Distributionskanälen

Unter den Mitgliedern des gleichen Distributionskanals herrscht meist Kooperation vor, da eine partnerschaftliche Zusammenarbeit zwischen den Distributionsorganen dem einzelnen Vorteile gegenüber einer alleinigen Übernahme aller Distributionsfunktionen bringt (vgl. Kotler 1982, S. 446). Dennoch existiert innerhalb des Distributionskanals, ebenso wie in jedem anderen sozialen System, eine **Tendenz zu Konflikten.** In den weiteren Ausführungen soll der Begriff Konflikt definiert werden, Konfliktfelder, -ursachen und -folgen näher beschrieben und Konfliktlösungsmöglichkeiten aufgezeigt werden.

o **Konfliktbegriff**
Grundsätzlich lassen sich intraindividuelle und interindividuelle Konflikte unterscheiden. Bei der Analyse von Absatzwegen, die aus verhaltenswissenschaftlicher Sicht einer Analyse von Interaktionen gleichkommt, muß das Schwergewicht eindeutig auf die interpersonalen Konflikte gelegt werden (vgl. Kroeber-Riel/Weinberg 1972, S. 526).

In den Sozialwissenschaften werden dem Konfliktbegriff eine Vielzahl von Bedeutungsinhalten zugewiesen, woraus zu schließen ist, daß eine eindeutige, allgemeingültige Definition nur schwer zu finden ist. Eine in bezug auf Distributionskanäle zweckmäßige Definition gibt Steffenhagen (1975, S. 23 f), der in Anlehnung an Fink (vgl. 1968, S. 455) definiert: **Soziale Konflikte** sind jede soziale Situation, "in der zwei oder mehr soziale Ganzheiten in antagonistischer (gegensätzlicher) Beziehung zueinander und antagonistischer Interaktion miteinander stehen". Demnach ist der Konflikt ein Spannungszustand oder ein Reizmuster innerhalb des Distributionssystems, das mit Blick auf die Zielerreichung der Beteiligten unerwünschte, inkompatible Verhaltensweisen der Interaktionspartner auszulösen vermag.

o **Konfliktfelder**
Die in Distributionskanälen auftretenden Konflikte können **horizontaler** und **vertikaler** Art sein. Erstere sind Konflikte zwischen Distributionsorganen der gleichen Stufe. Konflikte vertikaler Art betreffen Streitpunkte zwischen Mitgliedern der verschiedenen Stufen des Distributionskanals, wobei die Konflikte, die dem Verhältnis zwischen Industrie und Handel immanent sind, von primärer Bedeutung sind. Vertikale Konflikte sind zudem typische Machtkonflikte (vgl. Palamountain 1969, S. 135).

Potentielle Konfliktfelder zwischen Industrie und Handel sind alle Instrumente des Marketing-Mix (vgl. Steffenhagen 1975, S. 25). Eine empirische Untersuchung von Meffert und Steffenhagen (vgl. 1976, S. 39-43) zeigte, daß die höchste Konfliktintensität bei der Rabatt- und Konditionenpolitik festzustellen ist (vgl. Abb. 69). Hersteller und Handel messen den einzelnen Konfliktfeldern unterschiedliche Bedeutung zu. So wird z.B. Rabatt- und Konditionenpolitik von der Industrie als konfliktgeladener eingeschätzt als vom Handel. Dies resultiert daraus, daß die Hersteller vermutlich die negativ Betroffenen sind.

Bevor auf die diesen Konfliktfeldern zugrundeliegenden Ursachen näher eingegangen wird, sollte darauf hingewiesen werden, daß neben echten auch sogenannte **unechte Konfliktursachen** existieren. Letztere beruhen auf Wahrnehmungsverzerrungen infolge einer Fehleinschätzung der Situation. Sie haben subjektiv empfundene Konflikte zur Folge, denen es einer objektiven Grundlage ermangelt. Beispielsweise können die Ziele der Marktpartner über- oder unterschätzt werden. So unterschätzt z.B. der Handel, daß auch der Hersteller daran interessiert ist, daß (zur ausführlichen Darstellung vgl. Meffert/Steffenhagen 1976, S. 40 f):

o Packungen möglichst wenig Lagerplatz beanspruchen
o Packungen möglichst stapelbar sind
o Regale effizient ausnutzbar sind
o Verkaufsförderung auch der Profilierung der Handelsbetriebe dient.

Unechte Zieldivergenzen lassen sich teilweise durch intensivere Kommunikation der Beteiligten vermeiden.

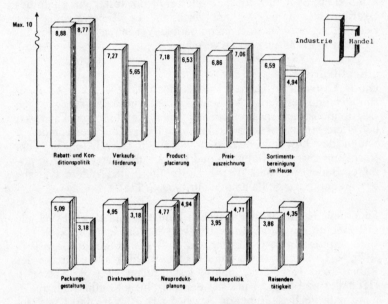

Abb. 69   Konfliktfelder zwischen Industrie und Handel
Quelle: Meffert/Steffenhagen 1976, S. 39

o **Konfliktursachen**
Die Konflikten zugrundeliegenden Ursachen sind vielfältiger Natur. Die **wichtigsten Ursachen in der Reihenfolge abnehmender Bedeutung** gibt die folgende Auflistung wieder (vgl. Stern/Heskett 1969, S. 293 f; Stern/Gorman 1969, S. 157-161; Steffenhagen 1975, S. 71-128):

- Unterschiede im Zielsystem der Beteiligten
- Rollenverhalten entspricht nicht den Rollenerwartungen
- Machtbeziehungen
- Informationslücken und fehlende Kommunikation
- Unterschiedliche Interpretation distributionsrelevanter Daten

- Kompetenzstreitigkeiten bezüglich der Erfüllung von Distributionsaufgaben
- Meinungsdifferenzen in bezug auf den Einsatz von Marketinginstrumenten (bei Zielübereinstimmung)
- Allokation knapper Ressourcen (z.B. Gebietsrechte).

Exemplarisch soll auf die **Zieldivergenz** ausführlicher eingegangen werden. Eine vergleichende Gegenüberstellung von Hersteller- und Handelszielen ist bei Thies (1976, S. 41) zu finden (vgl. Tab. 27). Die z.T. stark differierenden Ziele lassen auf ein nicht unerhebliches Konfliktpotential schließen.

Herstellerziele	Handelsziele
Angebotspolitik	
aktive, ständige Innovationspolitik	Produktkonstanz, Einführung neuer Produkte nur bei hoher Erfolgsträchtigkeit
Aufbau von Produkt- und Markenimages (evtl. unter einem Markendach als Programmziel)	Forcierung des Gesamtimages als Profilierungskraft
Distribution des gesamten Programmes und Diversifikation	Beschränkung auf zielgruppen- und segmentkonformes Sortiment (Bedarfsbündelung), nur „fast runner"
Produktbezogene Aktivitäten und Aktionen (auch preislich)	sortimentsbezogene Aktivitäten und Aktionen (auch preislich)
Herstellermarken	Handelsmarken, Herstellermarken
Abbau überhöhter Spannen	Konditionen-Druck, Spannen-Denken
hohe Einführungspreise zur Imagebildung	niedrige Einführungspreise zur Marktdurchdringung
Distributionspolitik	
kontinuierlicher Absatz und hohe Bestellmengen	absatzabhängige schnelle Lieferung des Herstellers, kleine Mengen
große Service-Leistungen des Handels	Beteiligung des Herstellers am Service
verschiedene Vertriebswege, optimale Distributionsdichte	Alleinvertretungsansprüche
Priorität für wachstumsträchtige Handelsformen	Gleichbehandlungsforderung
Kommunikationspolitik	
Produktwerbung national	Firmenwerbung lokal/regional
geschlossene Konzeption zur Produktimageschaffung	geschlossene Konzeption zur Firmenimageschaffung
werbewirksame Verpackung	funktionsgerechte Verpackung
bevorzugte Plazierung	sortimentsgerechte Plazierung
keine Förderung von Konkurrenzprodukten am Point of Purchase	Förderung aller Produkte im Rahmen der eigenen Konzeption

Tab. 27 Unterschiedliche Hersteller- und Handelsziele im Rahmen des absatzpolitischen Instrumentariums
Quelle: Thies 1976, S. 41

Diese Gegenüberstellung ist sachlich jedoch nicht unproblematisch. So ist z.B. die vom Handel angestrebte Produktkonstanz sicher auch im Sinne des Herstellers. Auch die Forderung nach Gleichbehandlung auf der Handelsseite dürfte nur für eine Minorität der Handelsbetriebe zutreffen, und zwar speziell für die Gruppe selbständiger Einzelhändler, die infolge geringerer Nachfragemacht die Waren teurer beziehen als z.B. Einzelhandelsbetriebe, die an Handelsketten angeschlossen sind.

o **Konfliktfolgen**
Unter **Konfliktwirkungen** können generell alle Folgen für ein Distributionssystem verstanden werden, die sich aus den Reaktionen der im Konflikt stehenden Parteien ergeben (vgl. hierzu Steffenhagen 1975, S. 65-67). Mit Blick auf die Wirkung von Konflikten auf die vertikale Integration kann zwischen funktionalen und dysfunktionalen Konflikten unterschieden werden (vgl. Rosenberg/Stern 1970, S. 45).

Funktionale Konflikte leisten positive Beiträge zur Erhaltung und Festigung des Systemzusammenhangs, indem sie etablierte Lösungsmethoden kritisch beleuchten und somit den Anstoß dazu geben, innovative Prozesse zu fördern. Auf diese Weise ist z.B. eine schnellere Anpassung des Distributionssystems an geänderte Umweltbedingungen möglich und daraus abgeleitet auch eine erhöhte Systemeffizienz.

Dysfunktionale Konflikte bringen negative Folgen mit sich. In dieser Hinsicht ist vornehmlich - konfliktbedingt - auf die in Ermangelung einer Grundlage für koordinierte Marketingaktivitäten verminderte Systemeffizienz zu verweisen. Mit steigendem Ausmaß wahrgenommener Konflikte zwischen den Distributionsorganen sinkt die Bereitschaft zur vertikalen Kooperation. Dadurch vergrößert sich der Umfang der Duplizierung von Anstrengungen der Systemmitglieder, mit deren Anstieg eine verminderte Effizienz des Distributionssystems einhergeht (vgl. Stern/Heskett 1969, S. 293). Die Systemeffizienz sinkt auch deshalb, weil die von den Systemelementen empfundenen Anreize durch Konflikte vermindert werden und die Systemmitglieder folglich zur Beibehaltung ihres Anreiz-Beitrags-Gleichgewichts ihre Beiträge senken. Dadurch werden Quantität und Qualität der ihnen obliegenden Distributionsaufgaben vermindert.

Aus der Sicht des Channel-Managers ist im Hinblick auf Konflikte die **wichtigste Frage** die, **wie Konflikte die Kanaleffizienz beeinflussen** (vgl. hierzu Rosenbloom 1973, S. 26-30). Von Rosenbloom wurde ein Modell entworfen, das den Zusammenhang zwischen Konflikt und Kanaleffizienz darstellt. Dabei wurde davon ausgegangen, daß die Kanaleffizienz durch Input-Output-Relationen bei verschiedenartigen festgesetzten Output-Zielen (z.B. Aufwand des Herstellers, um einen Distributionsgrad von 80% realisieren zu können) meßbar ist. Je stärker der zur Erreichung eines Distributionszieles einzusetzende Input minimiert wird, desto höher ist die Effizienz. Abbildung 70 gibt das von Rosenbloom aufgestellte Modell, die General Curve, wieder.

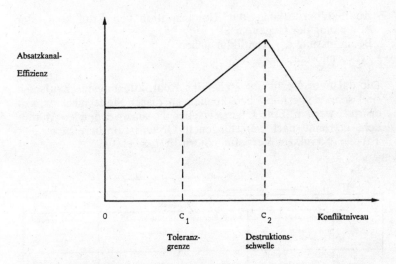

Abb. 70   Kombination neutraler, positiver und negativer Konflikte
Quelle: Rosenbloom 1973, S. 29

Die Strecke OC_1 bezeichnet den **Toleranzbereich**, innerhalb dessen der Konflikt keinen Einfluß auf die Effizienz des Absatzkanals ausübt. Im Bereich zwischen C_1 und C_2 ist der **Effekt positiv**, wobei die Kanaleffizienz mit zunehmendem Konfliktgrad steigt, während bei Überschreiten der Destruktionsschwelle C_2 ein **negativer Effekt** einsetzt.

Der Nachteil dieses Modells ist der, daß sich die Kanaleffizienz meist nur sehr schwer messen läßt (vgl. Abschnitt 7.3) und auch die Aufteilung des Kanalgewinns auf die einzelnen Distributionsorgane Schwierigkeiten bereitet.

o **Konfliktmanagement**
Anliegen des Channel-Managers muß es sein, konstruktive Effekte von Konflikten zu fördern, negative hingegen soweit wie möglich

261

zu vermeiden. Empirische Grundlagen, auf denen aufbauend dem Channel-Manager geeignete Methoden der Konflikthandhabung offeriert werden können, existieren nur wenige (vgl. Rosenbloom 1978, S. 81).

Die **Konflikthandhabung** kann passiv durch Konflikthinnahme oder **aktiv** durch Austragung des Konfliktes erfolgen. Die **Konfliktaustragung** ist auf dreierlei Weise möglich (vgl. Steffenhagen 1975, S. 131-152):

- Konfliktüberdeckung, d.h. Kompensation von Konflikten oder Ablenkung der Gegenpartei
- Beeinflussung der Konfliktursachen
- Problemlösung.

Die dazu zur Verfügung stehenden **Konfliktlösungsmechanismen** sind sehr vielgestaltig und können an dieser Stelle nicht explizit erörtert werden. Eine Übersicht über die anzuwendenden Methoden, getrennt nach verschiedenen Organisationsbereichen, gibt Tabelle 28 (vgl. zur Vertiefung Stern 1971, S. 11-145).

Grad der empfundenen vertikalen Abhängingkeit

	HOCH ◄ ───► NIEDRIG		
	Einsatzgebiete		
	Superorganisationaler Bereich	Interorganisationaler Bereich	Organisationale Schnittstellen	Verhandlungsbereich (betr. Güteraustausch u. Zukunftsverhalten)
Spezifische Lösungs- mechanismen	▪ Aufstellen übergeordneter Kanalziele ▪ Beschwichtigung ┐ ▪ Vermittlung ├ durch eine Dritt- ▪ Schiedsspruch ┘ partei Mechanismen für spezielle Zwecke: ▪ Untersuchungskommissionen (z.B. aus Mitgliedern der Industrie u. des Handels) ▪ neutrale Beobachter (z.B. Berufsgenossen-Einsatz)	▪ Programme über Austausch von Personen zwischen einzelnen Distributionsunternehmen ▪ Ideologische Schulung und Information der Distributionsorgane mit dem Ziel, Konflikte zu managen, zu lösen oder zu minimieren (z.B. Handelszeitschriften) ▪ Kooperation (= nachträgliche Hinzuwahl neuer Mitglieder in ein Gremium der Channel-Leadership)	▪ Diplomatisches Vorgehen von Distributionsorganen, die an der Schnittstelle zweier Organisationen arbeiten, hinsichtlich: - des Machtgebrauchs - der Ziele und Machtmittel der Gegenpartei - der Kompatibilität mit Zielen der Gegenpartei - der Auswahl von Instrumenten zur Zielerreichung. (Bsp.: Key Account-Manager)	▪ Verhandlungsstrategien aufbauen, die beruhen auf: - gegenseitigen Bindungen (Verpflichtungen) - Kompromissen - Vertrauen - Respekt.

Tab. 28   Konfliktlösungsmechanismen in Distributionskanälen
Quelle: in Anlehnung an Stern 1971, S. 114

Festzuhalten ist, daß Konflikte nicht verschwinden, indem man sie ignoriert; es müssen vielmehr alle Kanalmitglieder bei deren Lösung mitwirken. Die wichtigsten Konfliktlösungsmechanismen dürften darin liegen, gemeinsame Distributionsziele zu koordinieren und Kommunikationsbarrieren zur Verminderung unechter Zielkonflikte abzubauen. Probate Maßnahmen dafür sind, wie auch teilweise aus Tabelle 28 ersichtlich wird, die Schaffung eines gemeinsamen Gremiums auf geeigneter Ebene der Unternehmenshierarchie, eine Verbesserung des Informations- und Dokumentationssystems oder auch die Einschaltung konfliktlösender Drittparteien wie z.B. Consulting-Unternehmen.

8.1.4 Macht in Distributionskanälen

In den Wirtschaftswissenschaften und speziell in der Marketingwissenschaft gab es lange Zeit eine machttheoretische Lücke. Dies hat sich inzwischen geändert. So werden heute vor allem Machtstrukturen in Distributionskanälen, d.h. in Hersteller-Händler-Beziehungen untersucht, wobei die Diskussion um die **Nachfragemacht des Handels** besondere Aktualität besitzt (vgl. dazu Specht 1978, S. 203-217). Die weiteren Ausführungen beziehen sich auf ausgewählte machttheoretische Grundlagen und schaffen einen Bezug zu Distributionskanälen. Dabei wird zunächst der Begriff Macht definiert. Anschließend wird auf Machtfaktoren sowie machttheoretische Grundlagen näher eingegangen und die Machtsituation in Distributionskanälen analysiert.

o **Machtbegriff**
Ohne näher die Differenzen zwischen verschiedenen Machtdefinitionen einzelner Autoren darzulegen, soll Macht zunächst sehr allgemein, ähnlich der Definition von Dahl (1957, S. 202), definiert werden: **Macht liegt dann vor, wenn und soweit ein Verhaltenssystem die Möglichkeit hat, das Verhalten eines anderen Verhaltenssystems zu verursachen.** Auf den Distributionskanal bezogen, kann diese Definition folgendermaßen abgewandelt werden: Macht eines Mitgliedes des Distributionskanals ist dessen Möglichkeit bzw. Fähigkeit, die Entscheidungsvariablen des Marketing eines anderen Mitglieds zu beeinflussen. Gemäß diesen Definitionen wird der Macht instrumenteller Charakter zugerechnet.

o **Machtdeterminanten**
Sollen Machtstrukturen erläutert werden, so kommt es insbesondere darauf an, **Determinanten bzw. Faktoren der Macht** aufzuzeigen, die bestimmen, wer von den Distributionsorganen 'führt' und wer 'geführt' wird. Diese Determinanten können **in zwei Gruppen** eingeteilt werden:

- die Ressourcen der Macht bzw. die Machtbasen oder -quellen
- die Instrumente bzw. Mittel der Macht.

Die **Ressourcen der Macht** bzw. die Machtgüter sind machtrelevante Merkmale, die die Voraussetzung für erfolgreiche Einflußversuche bilden. Machtressourcen können durch Aktivitäten verbraucht, regeneriert oder neu erworben werden (vgl. Steffenhagen 1975, S. 98 und 102). Die Versuche, die in der Literatur unternommen werden, diese Machtressourcen zu klassifizieren, sind zahlreich (vgl. z.B. die Übersicht bei Kirsch 1971, S. 205-207). Am weitesten in der Literatur verbreitet ist die Einteilung gemäß French und Raven (vgl. 1959, S. 154-155), die folgende Typen der Machtbasen unterscheiden: reward power, coercive power, expert power, referent power und legitimate power. Diese Klassifizierung weist jedoch Schwächen auf, da die Identifikation (referent power) und die Legitimität der Macht (legitimate power) keine autonom verfügbaren Machtressourcen verkörpern, sondern Bestandteile der Einstellung des Beeinflußten darstellen (vgl. Krüger 1976, S. 11-17).

In der vorliegenden Arbeit werden als die wichtigsten **Machtressourcen** angesehen (vgl. Specht 1979, S. 205-217):

- die relativen Verfügungsmöglichkeiten über Informationen, Sachen, Geld, Zeit und Personen
- die relativen Fähigkeiten, diese Faktoren einflußwirksam einzusetzen (z.B. Fähigkeit zur Konsensbildung, zur Konfliktbewältigung)
- die Vorstellung der Absatzwegmitglieder über die eigenen und die fremden machtrelevanten Verfügungsmöglichkeiten und Fähigkeiten.

Unter den **Instrumenten der Macht** sind voneinander unterscheidbare Formen der Machtausübung bzw. der Einflußnahme zu verstehen. Die drei wichtigsten Formen aus entscheidungsorientierter Sicht sind (vgl. hierzu insbesondere Specht 1979, S. 159-161):

o Instrumente zur Einflußnahme auf die Verfügbarkeit verhaltensrelevanter Informationen (Macht durch Informationsbeeinflussung)
 - z.B. gezielte Weitergabe oder Zurückhaltung von Informationen
 - Gestaltung des Kommunikationssystems
o Instrumente zur Einflußnahme auf die Menge der Verhaltensmöglichkeiten (Macht durch Alternativenbeschränkung)
 - z.B. vertragliche Bindung des Franchisenehmers

o Instrumente der Einflußnahme auf die Bewertung von Verhaltensmöglichkeiten (Macht durch Bewertungsbeeinflussung) - z.B. Drohung des Herstellers mit Lieferstop.

Macht ist in starkem Maße **situationsabhängig.** Dies muß speziell bei der Analyse der Wirkungen von Machtressourcen und -instrumenten beachtet werden. So ist Macht nicht nur das Ergebnis der Verteilung der Machtressourcen und -instrumente auf die Mitglieder des Distributionskanals, sondern auch das Produkt eines speziellen sozialen Entwicklungsprozesses.

o **Die Machtsituation in Distributionskanälen**
Im Verhaltenssystem Distributionskanal hat jedes Element eine bestimmte Position in der Machtstruktur dieses Systems inne. Dabei verkörpert Macht als Beeinflussungspotential immer eine Relation zwischen mindestens zwei Beteiligten, den Machthabern und den Machtunterworfenen (vgl. Oppenheimer 1959, S. 338). Die Behauptung, daß ein Distributionsorgan als Machthaber agiert, ist ohne Angabe des Machtunterworfenen aussagelos. Ein Machtpotential des Machthabers liegt nur dann vor, wenn der Machtunterworfene hinsichtlich seiner Bedürfnisbefriedigung von diesem abhängig ist.

Will man die **Machtkonstellation** in Konsumgüterdistributionskanälen erfassen, so ist dies nur dann realisierbar, wenn zugleich **horizontale und vertikale Machtbeziehungen** einer Analyse unterzogen werden. So wird auf **horizontaler** Ebene die Machtverteilung zwischen Distributionsorganen der gleichen Stufe (z.B. Einzelhandelsunternehmen) untersucht. Als Machtindikatoren können hierbei primär Betriebsgrößenunterschiede und Absatz- oder Beschaffungsmengen bei den einzelnen Produkten oder Produktgruppen fungieren.

Wird die **vertikale** Machtverteilung zwischen Industrie und Handel analysiert, so muß zwischen der **makroökonomischen Machtverteilung,** d.h. zwischen **der** Industrie und **dem** Handel, und der **mikroökonomischen Machtverteilung,** d.h. einzelnen Macht-Abhängigkeits-Beziehungen differenziert werden. Als makroökonomische Ansatzpunkte zur Erfassung der Machtverteilung kann ein Vergleich der Konzentrationsgrade im Handel und in der Industrie dienen. Diese Gegenüberstellung zeigt, daß im Handel noch nicht jenes Maß an Konzentration erreicht wurde wie in der Industrie (vgl. Specht 1979, S. 212-215). Es kann jedoch heute keinesfalls mehr von einem deutlichen Machtgefälle gesprochen werden, da sich in neuerer Zeit die Machtrelationen zugunsten des Handels verschoben haben.

Mikroökonomische Indikatoren, die eine Registrierung der Machtverteilung ermöglichen, ergeben sich z.B. aus der Betrachtung der Relationen der bei den Konditionsentscheidungen relevanten disponiblen Absatzmengen der Anbieter zu den disponiblen Einkaufsmengen der Händler. Einen weiteren Ansatzpunkt bietet die Entwicklungsgeschichte der speziellen Geschäftsbeziehungen. Hierbei ist der **Grad der gegenseitigen Anpassung** der Distributionsorgane entscheidend, mit dessen Anstieg der Grad der zur Verfügung stehenden Substitutionsmöglichkeiten sinkt, da der Ersatz eines Partners durch einen anderen bei einem eingespielten System erschwert ist.

Festzuhalten ist, daß die Macht eines Systemelementes nicht absolut betrachtet werden darf. Es muß vielmehr die Relation zu den Machtunterworfenen einbezogen werden sowie der situative Kontext, unter dem die Ansatzpunkte zur Erfassung der Machtverteilung zu bewerten sind.

Machtvorteile einzelner Distributionsorgane werden oft dazu benutzt, die Position des Absatzkanalführers zu übernehmen, um mittels dieser Position die Entscheidungen und das Verhalten anderer Mitglieder des Distributionskanals beeinflussen zu können. Ziel der **Kanalführerschaft** sollte es sein, zur Verbesserung der individuellen Leistungen der Distributionsorgane und der Gesamtleistung des Distributionskanals beizutragen (vgl. Robicheaux/El-Ansary 1976, S. 20). Zur Übernahme der Kanalführerschaft bedarf es neben dem Besitz von Machtvorteilen aber auch der Toleranz der übrigen Mitglieder des Distributionskanals.

Auf die Operationalisierung des Machtbegriffs und Verfahren zur Messung von Macht soll in dieser Arbeit nicht Bezug genommen werden. Für eine ausführliche Erörterung dieser Thematik sei auf Specht (1979, S. 161-164) und Etgar (1976, S. 254-262) verwiesen.

8.2 Steuerungsgrößen und Motivatoren

Hersteller ohne eigenes Vertriebssystem müssen auf unabhängige Absatzmittler zurückgreifen. Diese Absatzmittler sind mehr oder weniger wirtschaftlich und rechtlich selbständig und unterliegen nicht der direkten Weisungsbefugnis seitens der Hersteller. Da jedoch der Erfolg des Herstellermarketing in hohem Maße von den Händleraktivitäten getragen wird, erscheint es angezeigt, die Absatzmittler hinsichtlich der gewünschten Aufgabenerfüllung zu motivieren.

Ein **Motivationsprogramm** für Mitglieder des Distributionskanals umfaßt zunächst **zwei Problembereiche** (vgl. zum folgenden Rosenbloom 1978 a, S. 185-203 und 1978 b, S. 275-281):

o die Ermittlung der Bedürfnisse und Probleme der Mitglieder des Absatzkanals
o das Angebot zur Unterstützung der Kanalmitglieder gemäß ihren Bedürfnissen und Problemen.

Die **Bedürfnisse und Probleme** der Distributionsorgane unterscheiden sich grundlegend von denen der Hersteller (vgl. McVey 1960, S. 61-63). So müssen sich Hersteller bewußt sein, daß Absatzmittler in erster Linie Einkaufsorgane ihrer Kunden sind und erst in zweiter Linie Verkaufsorgane der Hersteller. Als Folge davon sind Absatzmittler zunächst an der Zusammenstellung kundengerechter Sortimente interessiert. Auch besteht bei ihnen nicht prinzipiell ein Interesse daran, Hersteller mit Informationen über Märkte, Kunden etc. zu versorgen, die für diese wichtig sind. Ein weiterer Vorteil für die Hersteller ist es, wenn diese die aus der Sicht der Absatzmittler idealen Herstellermerkmale kennen.

Bereits diese wenigen Argumente deuten darauf hin, daß Hersteller konkrete und praktikable Ansätze entwickeln müssen, um die Bedürfnisse und Probleme ihrer Absatzmittler zu ergründen. Instrumente hierfür können sein (vgl. Cox u.a. 1971, S. 189-193; Bego 1964, S. 44-49, zitiert nach Rosenbloom 1978 a, S. 190-192):

o **Marketingforschungsstudien durch Drittinstitutionen**
(z.B. Marktforschungsinstitute):
Durch diese Studien werden Daten über Bedürfnisse und Probleme der Distributionsorgane bereitgestellt. Der Vorteil liegt in dem hohen Maß an Objektivität.

o Periodische **Marketingkanalprüfungen**
(Marketing Channel Audit):
Sie dienen der Sammlung von Marketingdaten mit dem Ziel, Ergebnisse, Probleme, Stärken und Schwächen der vertikalen Beziehungen zwischen den Distributionsorganen zu erkennen.

o **Absatzmittlerberatungsgremien**
Diese Gremien setzen sich aus Vertretern des Topmanagements des Herstellers und wichtiger Handelsunternehmen zusammen. Praktiziert wird dieses Verfahren beispielsweise bei B.F. Goodrich (USA) und Unilever. Vorteilhaft ist hier, daß die Händler ihre Interessen durch die Partizipation am Planungsprozeß artikulieren können (vgl. auch Dichtl/Bauer 1978, S. 255-258). Des weiteren

eröffnen die Gremien die Chance, gegenseitige Bedürfnisse und Probleme erkennen und besprechen sowie formale Kommunikationslücken überbrücken zu können.

Unterstützungsangebote, die der Motivationssteigerung der Absatzmittler dienen sollen, erschöpfen sich häufig in ungeplanten Ad-hoc-Maßnahmen. Notwendig ist hingegen die Suche nach partnerschaftlichen Lösungen in Form von sorgfältig geplanten Programmen (vgl. McCammon 1970, S. 32). Diese Programme sollen auf den Bedürfnissen und Problemen der Absatzmittler aufbauen, damit sie von diesen mitgetragen werden.

Für die Entwicklung solcher Programme zur Kanalmitgliedermotivation kommen **drei Ansätze** in Betracht.

o **Kooperativer Ansatz**
Der kooperative Ansatz bezieht sich auf die üblicherweise von den Herstellern benutzten Anreize zur Motivation der Mitglieder des Absatzkanals. Die Bandbreite dieser kooperativen Maßnahmen ist groß; die wichtigsten sind folgende:

- kooperative Werbung
- Werbung am Verkaufsort
- Schaffung materieller Anreize
- kostenlose Güter
- Merchandising
- Verkaufswettbewerbe
- Händlerschulung
- Vorauszeichnung.

Die Maßnahmen zielen immer darauf ab, den Kanalmitgliedern einen Anreiz für zusätzliche Anstrengungen zu offerieren. Dabei ist darauf zu achten, daß auf die Bedürfnisse der angesprochenen Absatzmittler eingegangen und die Durchführung und Wirkung der Maßnahmen überwacht wird.

o **Partnerschaftsansatz**
Ein wichtiger Vertreter des Partnerschaftsansatzes ist Webster (1976, S. 10-16). Um zu einem partnerschaftlichen Übereinkommen zu gelangen, schlägt Webster drei Schritte vor:

- Der Hersteller formuliert explizit seine Politik in wichtigen Bereichen des Marketing. Sodann werden die Aufgaben beschrieben, deren Erfüllung von den Absatzmittlern und von ihm selbst erwartet werden. Überlegungen bezüglich der Entlohnung der Absatzmittler werden mitgeteilt.

- Eine Analyse der Stärken und Schwächen aller Kanalmitglieder im Hinblick auf die Aufgaben wird durchgeführt. Der Hersteller sollte spezielle Programme zur Überwindung von Schwächen der Absatzmittler entwickeln und anbieten, wie z.B. die Ausbildung von Verkaufspersonal.
- Der Hersteller sollte regelmäßig die Politik prüfen, die seine Beziehung zu den Absatzmittlern prägt.

o **Distributionsprogrammansatz**
Der Distributionsprogrammansatz zur Motivation von Absatzmittlern wurde von McCammon (1970, S. 32-37) entwickelt. Er definiert das Distributionsprogramm als ein umfassendes Maßnahmenbündel für die Verkaufsförderung eines Produktes durch den Kanal. Das Distributionsprogramm wird gemeinsam von Herstellern und Absatzmittlern unter Berücksichtigung der gegenseitigen Interessen erstellt.

Zur Entwicklung des Distributionsprogramms analysiert der Hersteller vorab seine Marketingziele und das Ausmaß sowie die Ausgestaltung der Unterstützung, die er von den Absatzmittlern zur Zielerreichung erwartet. Gleichwohl hat er die Bedürfnisse und Probleme der Distributionsorgane zu ermitteln. Danach können die spezifischen Maßnahmen formuliert werden, die sich generell in drei Hauptgruppen einteilen lassen:

- Angebot an Preiszugeständnissen an Absatzmittler
- Angebot finanzieller Unterstützung
- Angebot der Abdeckung des Geschäftsrisikos.

Anhand einer umfassenden Liste potentieller Maßnahmen kann speziell **für jeden Absatzmittler ein spezifisches programmiertes 'Handelsübereinkommen'** entworfen werden.

8.3 Steuerungs- und Motivationsmanagement

Soll ein effektives Steuerungs- und Motivationsmanagement vollzogen werden, so sind zunächst die beiden folgenden Fragen zu klären (vgl. Staehle 1980, S. 250 nach March/Simon 1976, S. 49):

o Was motiviert ein Absatzkanalmitglied, in ein Distributionssystem einzutreten und dort zu bleiben (**Teilnahmeentscheidung**)?

o Was motiviert ein Absatzkanalmitglied, einen produktiven Beitrag zur Erreichung der Organisationsziele des Distributionskanals zu leisten (**Leistungsentscheidung**)?

Im Unterschied zur Organisationstheorie, die diese Fragen mit Bezug auf einzelne Personen stellt, muß bei einem Distributionssystem davon ausgegangen werden, daß Distributionsorgane selbst Organisationen sind. Die Übertragung allgemeiner **Anreiz-Beitrags-Theorien** auf Organisationen ist unter dem Aspekt zulässig, daß die einzelnen Distributionsorgane durch eine 'Führungsspitze' geleitet werden, der wiederum personaler Charakter zuzurechnen ist.

Die Antwort auf die erste Frage liegt bei Distributionssystemen in erster Linie in dem Streben der einzelnen Distributionsorgane nach **Gewinnerzielung durch die Partizipation am Distributionsprozeß.** Unter Berücksichtigung dieses Aspektes muß das Interesse des Channel-Managers darin liegen, die Bedürfnisse und Probleme der Distributionsorgane zu erkennen (vgl. Abschnitt 8.2). Dadurch werden die Voraussetzungen für adäquate Maßnahmen zur Aktivierung und Erhöhung der Motivation geschaffen.

Die mit Blick auf den Distributionskanal wichtigsten **Ansatzpunkte für ein Steuerungs- und Motivationsmanagement** sind die nachstehend aufgeführten Bereiche (vgl. Staehle 1980, S. 251):

o Anreizpolitik
o Politik der Aufgabenverteilung
o Informations- und Kommunikationspolitik
o Führungspolitik.

Im Rahmen der **Anreizpolitik** (vgl. hierzu und zum folgenden Walters/Bergiel 1982, S. 454-457) ist für eine angemessene Entlohnung der Distributionsorgane durch Bereitstellung leistungsgerechter Handelsspannen und zusätzlicher finanzieller Anreize Rechnung zu tragen. Motivationssteigernde Wirkung können auch Maßnahmen wie z.B. die Gewährung von mehr Freiheit der Absatzmittler bei der Preissetzung, in Serviceleistungen etc. oder die Steuerung von Verkaufsförderungsmaßnahmen sowie ähnliche Unterstützungsangebote in anderen Bereichen haben.

Die **Politik der Aufgabenverteilung** hat die Organisation des Distributionskanals zum Aufgabengebiet. Individuen und Organisationen arbeiten effizienter, wenn diese ihre Rolle und ihren Status im Distributionskanal kennen. Der Channel-Manager hat deshalb dafür zu sorgen, daß jedem Distributionsorgan eine exakt abgegrenzte Aufgabe und eine entsprechende Position im Distributionssystem zugewiesen wird. Weiterhin sollte er eine Gleichbehandlung der einzelnen Absatzmittler anstreben, sofern diese gleiche Leistungen erbringen.

Auch die **Informations- und Kommunikationspolitik** trägt zur Steuerung und Motivation von Distributionsorganen bei. Die Tatsache, daß Absatzmittler mit allen wichtigen Informationen versorgt werden, leistet einen nicht unerheblichen Beitrag zur **Vertrauensbildung** zwischen Hersteller und Händler und damit auch zur Motivation. Ferner kann die Kommunikation zwischen den Mitgliedern des Absatzkanals dazu genutzt werden, Probleme zu ergründen, an übergeordnete Ziele zu erinnern, gemeinsame Anstrengungen zu forcieren und Veränderungen zu initiieren.

Die Praktizierung einer effektiven **Führungspolitik** ist nötig, um ein gut motiviertes Team von Absatzkanalmitgliedern zu erhalten. Auf diesem Gebiet liegt nur wenig gesichertes Wissen vor. Diese Führungsaufgabe ist jedoch speziell angesichts des stärker werdenden Handels für den Erfolg von Marketingkonzeptionen außerordentlich wichtig. In jedem Fall ist ein **situativer Führungsansatz** erwägenswert, in dem aufgaben- und beziehungsorientierte Führungsstile eine wichtige Rolle spielen. Die Führung erfolgt in der Regel unter Rückgriff auf vorhandene Machtpotentiale. Dabei muß jedoch geschickt und unter Beachtung der interorganisationalen Zusammenhänge im Distributionskanal sowie unter Einbeziehung der Probleme, die dieser Organisationsform eigen sind, vorgegangen werden.

Die genannten Ansatzpunkte zur Steuerung und Motivation von Mitgliedern des Absatzkanals auf ein gemeinsames Ziel hin haben auch kooperationsfördernden Charakter (vgl. Walters/Bergiel 1982, S. 452). Der Erfolg der Maßnahmen, die auf die Kooperation der Distributionsorgane abzielen, hängt wesentlich davon ab, wie stark die Eigeninteressen der einzelnen Distributionsorgane ausgeprägt sind, welches Machtpotential diese besitzen und wie gut die Führungsqualitäten des Channel-Managers sind.

Literaturhinweise zu Kapitel 8:

Rosenbloom, Bert (1978 a): Marketing Channels - a management view, Hinsdale, Ill. 1978

Specht, Günter (1979): Die Macht aktiver Konsumenten, Stuttgart 1979

Steffenhagen, Hartwig (1975): Konflikt und Kooperation in Absatzkanälen, Wiesbaden 1975

Stern, Louis W. (1969): Distribution Channels - behavioral dimensions, Boston 1969

Stern, Louis W./El-Ansary, Adel I. (1977): Marketing Channels, Englewood Cliffs, N.J. 1977

Walters, C. Glenn/Bergiel, Blaise J. (1982): Marketing Channels, 2. ed., Glenview, Ill. 1982

9 Zukunftsperspektiven der Distribution

Angesichts der hohen Umweltdynamik müssen die Distributionsorgane und im besonderen die Channel-Manager bei ihren Entscheidungen nicht nur von der gegebenen Umweltsituation ausgehen, sondern auch zu erwartende Umweltentwicklungen berücksichtigen. Dazu gehören folgende **Einflußgrößen aus der Umwelt**
(vgl. Tietz 1986)

- der Wertewandel in der Gesellschaft
- der technolgische Fortschritt bei Waren, Dienstleistungen, in der
  Produktion und bei den Medien
- die Wirtschaftspolitik und die wirtschaftliche Entwicklung
- der Rechtsrahmen
- Strukturwandlungen auf Märkten und speziell im Konsumenten-
  bereich.

Exemplarisch werden in diesem Kapitel ausgewählte neue Infor-
mationstechnologien und die damit einhergehenden Auswirkungen
auf das Anbietermarketing und die Distribution erörtert. Anschließend wird die Studie des Battelle-Institutes vorgestellt, die
mit Hilfe der Szenario-Technik versucht, mögliche zukünftige Entwicklungstendenzen des Handels für die Jahrtausendwende zu prognostizieren.

9.1 Informationstechnologie und Distribution

9.1.1 Scannertechnologie und Distribution

**On line-Registrierkassen in Verbindung mit Laser Scannern zur
Warenerfassung** setzen sich mehr und mehr durch. In bestimmten
Warenbereichen ist bereits heute auf allen Waren eine europaeinheitliche Artikelnummer (EAN-Code) aufgedruckt. Mit dem
Vorhandensein dieses Balkencodes auf den Artikeln und der Ver-
billigung der Hardware sind die Voraussetzungen für die verstärkte Implementierung der Systeme erfüllt. Die ersten Erfahrungen hinsichtlich der Deckungsbeitragsentwicklung vor und nach
der Einführung von Datenkassen waren zwar nicht immer positiv,
mittel- und langfristig dürfte sich diese Situation jedoch ändern.
Der **negative Kosteneffekt nach der Einführung** ist wahrscheinlich
auf verschiedene Ursachen zurückzuführen:

o Erhebliche Software- und Implementierungskosten, die je Kassenterminal die Hardware-Kosten um das Vier- bis Fünffache übersteigen
o Die Erhöhung der Umschlagsgeschwindigkeit bei den Schnelldrehern wegen geringerer Fehlmengen wird durch die geringere Umschlagsgeschwindigkeit bei den Ersatzprodukten überkompensiert (Kirchner/Zentes 1984, S. 84-85)
o Mangelhafte Umsetzung des Informationsgewinns in Absatz- und Beschaffungsaktivitäten.

Diese Gründe signalisieren **Implementierungsprobleme**, die nach Überwindung der Einführungsphase wegfallen. **Danach** werden warenbezogene Prozesse **wesentlich effektiver** gesteuert werden können als ohne den Einsatz der neuen Kassenterminals.

Ohne Einschränkung gilt dies zunächst für den Einzelhandel, denn dort fallen die Daten an, dort ist eine erste Auswertung möglich. Durch aktuellere, genauere und sachlich neuartige Informationen werden vor allem in Filialsystemen die marktbezogenen Entscheidungen den lokalen Besonderheiten durch Manager in den Zentralen besser angepaßt werden können.

Mittelbar werden auch der Großhandel und die Konsumgüterhersteller betroffen sein. Dabei können **zwei Situationen** unterschieden werden:

o Großhandel und/oder Industriebetriebe erhalten keine Scannerdaten vom Einzelhandel
o Großhandel und/oder Industriebetriebe sind über einen Online-Datenverbund mit dem Einzelhandel verbunden und erhalten vom Einzelhandel Datendisketten oder sonstige Scanner-Datenträger.

Am leichtesten dürfte der Zugang zu den Einzelhandelsdaten für den **Großhandel** sein, zumal Groß- und Einzelhandel vielfach der gleichen Handelsgruppe angehören oder entsprechende Vereinbarungen vorliegen. Verfügt der Großhandel über Scanner-Daten, so können vielfältige Analysen nach Regionen, Betriebsformen, Betriebsgrößen, Sortimentsstrukturen u.a. durchgeführt werden (Treis/Schminke 1984, S. 77). Der Großhandel kann diese Daten in seinem Absatzmarketing gegenüber Einzelhändlern einsetzen; er kann aber auch sein Beschaffungsmarketing verbessern und diesen Informationsvorteil speziell in seinen Kaufverhandlungen mit den Lieferanten nutzen.

Hersteller werden sich i.d.R. einer gewachsenen Informationsmacht von Einzel- und Großhandel gegenübersehen. Sicher werden die Hersteller nicht alle Scannerinformationen erhalten. Bei Vorliegen entsprechender Vereinbarungen werden Hersteller Scanner-Daten, die für ihn von Interesse sind, beim Einzelhandel kaufen können. Gelingt dies nicht, so muß der Hersteller Marktforschungsinstitute mit Zugangsmöglichkeiten zu Scanner-Daten einschalten. Ohne solche Informationen werden Hersteller kaum noch in der Lage sein, genügend schnell und flexibel auf Marktveränderungen zu reagieren und dem zunehmenden Verhandlungsdruck von seiten des Einzelhandels mit aktuellen Gegeninformationen Widerstand entgegenzusetzen. Vieles spricht dafür, daß es den Herstellern in Zukunft wesentlich schwerer fallen wird, eine Marketingführerschaft im Absatzkanal aufzubauen und zu verteidigen.

Die Scanner-Technologie wird allerdings erst in Verbindung mit neuen Medien zur Ausschöpfung von Effizienzreserven im Absatzkanal führen. Exemplarisch wird im folgenden auf das Medium Bildschirmtext eingegangen.

9.1.2 Bildschirmtext und Distribution

Bis zum Jahreswechsel 1985/86 erwartete die Bundespost 1 Million Bildschirmtext-Teilnehmer, bis zum Jahre 1990 sollten es 3,5 Millionen sein. Diese Prognosen aus dem Jahre 1983 haben sich als Fehleinschätzung bisher unvollstellbaren Ausmaßes erwiesen. Anfang 1986 besaßen noch nicht 5% des prognostizierten Potentials einen Bildschirmtextanschluß. Inzwischen sind die Erwartungen realistischer geworden. Dennoch sind die Vorteile von Bildschirmtext vor allem im Bereich der Unternehmen unübersehbar, sofern eine genügend große Anschlußdichte erreicht wird (vgl. hierzu Langenheder 1983, S. 102 f):

o Btx als Medium für verkaufs- und absatzfördernde Maßnahmen: zielgruppenorientierte Firmen- und Produktinformationen, Verkaufsanzeigen, Sonderangebote, Service- und Beratungsinformationen, Kundenpflege usw.

o Btx zur Abwicklung von Kaufakten: Bestellungen, Buchungen, Reservierungen, Geldüberweisungen, Abbuchungen, Mahnungen usw.

o Btx zur Produkt- und Vertriebsplanung: schnelle, umfassende und zuverlässige Rückmeldungen über Veränderungen der Konsumentenwünsche und des Verbraucherverhaltens.

o Btx als Mittel für die interne Kommunikation: innerbetriebliche Mitteilungen, Dispositionen, Lagerbestandsfragen, Datenübertragung im internen Datenverarbeitungsprozeß usw.

o Btx in Verbindung mit anderen informationstechnisch gestützten Systemen zur Abwicklung interner Verwaltungs- und Organisationsaufgaben.

Beispielhaft werden nachfolgend **Auswirkungen von Btx auf den Einzelhandel und den Vertretereinsatz** dargestellt. Die in diesem Zusammenhang am häufigsten genannten Thesen lauten:

o Für die Unternehmen ergeben sich neue Möglichkeiten des Dialogs mit dem Kunden. Btx erlaubt die Kommunikation mit bestimmten ausgewählten Zielpersonen und -gruppen im Rahmen eines Direct Marketing.

o Die besseren Kommunikationsmöglichkeiten zwischen Hersteller und Handel bewirken eine Verminderung der Lagerhaltung, da unter anderem die Dispositionszeit verkürzt wird.

o Der Außendienst wird mit tragbaren Terminals ausgestattet und kann jederzeit mit Datenbanken seines Unternehmens kommunizieren. Die übermittelten aktuellen Informationen sind besonders für die Akquisition und für Kundenbesuche zweckdienlich und lassen eine schnelle spezifische Steuerung der Aktivitäten des Außendienstes zu.

o Btx führt zu höherer Markttransparenz der Verbraucher und zu einer Verschärfung des Wettbewerbs im Einzelhandel. Der Verbraucher kann die Angebote verschiedener Einzelhändler abrufen und vergleichen, bevor er eine Kaufentscheidung trifft. Die Einzelhändler können aggressive Preisvorstöße der Konkurrenz leichter erkennen und entsprechend reagieren.

o Der Einfluß von Verbraucherorganisationen und der Stiftung Warentest auf Kaufentscheidungen wird zunehmen, da die Informationen für den Btx-Teilnehmer leicht zugänglich sind.

o Btx hat Umsatzverlagerungen zugunsten des Versandhandels zur Folge. Durch Einsatz von Btx können systembedingte Nachteile des Versandhandels, z.B. fehlendes Verkaufsgespräch, teilweise kompensiert werden.

Da die Verbraucher das Medium Btx bisher nicht akzeptiert haben, konnten die **verbraucherbezogenen Btx-Wirkungsprognosen** bisher nicht bestätigt werden. Nach wie vor handelt es sich um Hypothesen mit hohem Falsifikationsrisiko. Zur Vertiefung, insbesondere im Hinblick auf das Informationsverhalten von Konsumenten, sei auf Kaps (1983) verwiesen.

Relevant ist Btx vor allem für Unternehmen und - wie die aufgeführten Vorteile und Wirkungen zeigen - speziell für das Distributionsmanagement. Wie die Entwicklung in anderen Ländern (z.B. Frankreich) zeigt, dürfte auch in Deutschland ein stärkerer Einsatz von Btx dann zu erwarten sein, wenn die Markteinführungsstrategie für dieses neue Medium reformiert wird.

9.2 Entwicklungsalternativen des Handels bis zur Jahrtausendwende

Welchen Anforderungen das Distributionsmanagement im Jahr 2000 gegenüberstehen wird, hängt in entscheidendem Maße von den Veränderungen im Handel ab.

Das **Battelle-Institut** entwarf **zwei Szenarien** über die alternativen Entwicklungsmöglichkeiten des Handels bis zur Jahrtausendwende (vgl. hierzu o.V. 1983b, S. 153-159 und o.V. 1982, S. 1-14).

Das **Szenario A** ging von vergleichsweise pessimistischen Annahmen, das **Szenario** B hingegen von überwiegend optimistischen Annahmen hinsichtlich der Zukunftsentwicklung aus. Tabelle 29

	SZENARIO A	SZENARIO B
1. INTERNATIONALE LAGE UND ROHSTOFF-VERSORGUNG	■ Ost-West-Konflikt verliert an Bedeutung ■ Protektionismus ■ Entwicklungsländer bilden Rohstoffkartelle	■ Nato und Ostblock bleiben in sich starke Machtblöcke ■ offener Welthandel ■ Entwicklungsländer: pro-westliche Entwicklung
2. WIRTSCHAFT UND BEVÖLKERUNG	■ Negatives Wirtschaftswachstum, keine Lösung der Arbeitslosenproblematik ■ Steigender Einfluß des Staates (Fusionskontrolle, Kartellgesetze etc.) ■ Bevölkerung geht zurück, Ausländerfeindlichkeit	■ Wirtschaftswachstum höher als in den 70er Jahren ■ Wirtschaft vermeidet durch Selbstkontrolle größeren Einfluß des Staates ■ Bevölkerung nimmt zu, Deutschland wird international
3. TECHNOLOGIE	■ Schwerfällige Durchsetzung der Mikroelektronik ■ Gen-Technologie spielt keine Rolle	■ Schnelle Anwendung der Mikroelektronik ■ Erste Erfolge der Gen-Technologie
4. VERBRAUCHER	■ Gespaltenes Wertbewußtsein (40% der Bevölkerung hängen alternativen Wertvorstellungen an) ■ Preis geht vor Qualität	■ Aus dem Gegensatz von traditionellen und alternativen Wertvorstellungen hat sich ein gemeinsames Wertbewußtsein entwickelt ■ Qualität geht vor Preis

Tab. 29   Szenarien für zukünftige Handelsentwicklungen
Quelle: o.V. 1982, S. 8

stellt die verschiedenen Zukunftsannahmen gegenüber, die heute alle mit einer mindestens 50%igen Wahrscheinlichkeit im Ansatz vorhanden sind.

Die aus diesen Annahmen abgeleiteten wichtigsten Reaktionen des Handels sind in der Tabelle 30 zusammengestellt.

Mögliche Reaktionen des Handels auf Szenario A	Mögliche Reaktionen des Handels auf Szenario B
• Handel ist Marktmacht geworden - starker Wettbewerb bei Billigprodukten - begrenztes Marktsegment für hochwertige Nahrungsmittel	• Versorgungs- und Erlebnishandel dominieren
• Wenig Luxusgeschäfte in der Innenstadt - hohe, für viele Verbraucher unerschwingliche Preise	• Versorgungshandel - besteht vornehmlich aus Lagern - unterhält kleine Bestellzentralen - reiches und preiswertes Angebot - Transport der Waren zum Kunden
• Verbrauchermärkte vor den Städten sind zu reinen Auslieferungslagern geworden	• Erlebnishandel ist Konglomerat aus zahlreichen Spezialgeschäften - nur nachmittags und abends geöffnet (bis 23.00 Uhr) - Bezahlung mit memory card, Warentransport zum Kunden
• Großmärkte haben Kaufhäuser aus Innenstädten verdrängt	
• Bio-Läden mit Standort auf dem Land dringen vor	• Kombination des Lebensmittel-Erlebnis-Handels mit Boutiquen, Kleinrestaurants etc.
• Handelsorganisationen nutzen Trend zum Aufbau kommerzieller Bio-Läden	• Handel nutzt Ergebnisse von Energiesparinvestitionen (neue LKW-Generation, Tiefkühl-Heiztruhen)
• Stadtteil-Läden bieten überwiegend No-name-Produkte an	• Computersysteme durchdringen Handelsketten
• Discounter haben Vormacht im Handel	• Tägliche Video-Einkaufskonferenz der Filialleiter
• Geringe internationale Verflechtung - begrenztes Warenangebot in allen Ländern	• Personaleinsparung in der Büroabteilung und im Verbraucherservice durch Computer-Einsatz
• Umsatz je Personal, je Fläche steigt bei Stadtläden und Innenstadtmärkten	• EAN ist allgemein eingeführt, es laufen Versuche mit sensorgesteuerten fühlenden und sehenden Kassen-Robotern
• Weitere Transportkostensenkung ist im Handel durch Warenkonzentration an einem Ort nicht möglich	• Kunden bestellen in erheblichem Umfang über das Medium Bildschirmtext
• Zahl der Einkaufsfahrten der Konsumenten gehen wegen steigender Energiekosten zurück	• Außer-Haus-Verpflegung nimmt zu - Lebensmittelhersteller bieten Kleinpackungen und Komplettprodukte an

Tab. 30   Denkbare Reaktionen des Handels in bezug auf die Szenarien

Welches der beiden Szenarien der tatsächlichen Entwicklung am nächsten kommt und wie dementsprechend die Situation des Handels im Jahr 2000 aussehen wird, hängt von vielen Imponderabilien ab. Sicher ist, daß die in den Szenarien genannten Entwicklungstendenzen den Handel und dementsprechend auch die Distribution erheblich verändern werden. Dabei läßt sich die Neuartigkeit der Probleme nur begrenzt mit Erfahrungswissen bewältigen. Demnach sind neue Techniken zur Bewältigung der Umweltkomplexität erforderlich. Wer die Chancen und Risiken der Umweltdynamik frühzeitig erkennt, wird auch in Zukunft in der Distribution erfolgreich arbeiten.

Literaturhinweise zu Kapitel 9:

Geschka, Horst/Reibnitz, Ute von (1983): Die Szenario-Technik - ein Instrument der Zukunftsanalyse und der strategischen Planung, in: Töpfer, Armin (Hrsg.): Praxis der strategischen Unternehmensplanung, Frankfurt/Main 1983, S. 125- 170

Kaps, Ulrich (1983): Die Wirkung von Bildschirmtext auf das Informationsverhalten der Konsumenten, Dissertation Darmstadt 1983

o.V. (1983 b): Handel zwischen Pessimismus und Optimismus, in: Absatzwirtschaft 25. Jg. (3, 1983), S. 154-159

Strauch, Dietmar/Vowe, Gerhard (Hrsg.)(1980): Facetten eines neuen Mediums, München, Wien 1980

Literaturverzeichnis

ABEGGLEN, Walter E. (1975): Hersteller brauchen neue Strategien, in: Marketing Journal, 8. Jg. (2, 1975), S. 104-111

ADLER, Lee (1964): A New Orientation for Plotting Marketing Strategy, in: Business Horizons, (Winter 1964), S. 37-50

AENGENENDT, Renate (1974): Freiwillige Ketten, in: TIETZ (Hrsg.) 1974, Sp. 615-623

AHLERT, Dieter (1973): Probleme der Abnehmerselektion und der differenzierten Absatzpolitik auf der Grundlage der segmentierten Markterfassung, in: Der Markt, (H. 4, 1973), S. 103-112

AHLERT, Dieter (1981a): Absatzkanalstrategien des Konsumgüterherstellers auf der Grundlage Vertraglicher Vertriebssysteme mit dem Handel, in: derselbe (Hrsg.) (1981), S. 43-93

AHLERT, Dieter (Hrsg.)(1981b): Vertragliche Vertriebssysteme zwischen Industrie und Handel, Wiesbaden 1981

AHLERT, Dieter (1982): Vertikale Kooperationsstrategien im Vertrieb, in: ZfB, 52. Jg. (1982), S.62-93

AHLERT, Dieter (1985): Distributionspolitik, Stuttgart, New York 1985

ALBACH, H. (1982): Produktivitätsentwicklung und Risiko, in: ZfbF, 3. Jg. (1982), S. 213-224

ALDERSON, Wroe (1967): Factors Governing the Development of Marketing Channels, in: Mallen (Hrsg.) (1967), S. 35-40

ALGERMISSEN, Joachim (1981): Das Marketing der Handelsbetriebe, Würzburg, Wien 1981

ALLVINE, Fred C. (Hrsg.) (1971): Combined Proceedings 1971 Spring and Fall Conferences, Series No. 33

ALTSCHUL, Kurt (1983): Ein Stern geht auf: National Account Marketing, in: Absatzwirtschaft, 25. Jg.(H. 6, 1983), S. 6-13

ANDERSON, Erwin (1985): Implications of Transaction Cost Analysis for the Management of Distribution Channels, in: Strategic Approach to Business Marketing, edited by Robert E. Spelman and David T. Wilson, Chicago 1985, S. 160-168

ANDERSON, Ralph E./Hair, Joseph F. (1983): Sales Management, New York, Toronto 1983

ASPINWALL, Leo (1967): The Characteristics of Goods and Parallel Systems Theories, in: Mallen (Hrsg.) (1967), S. 82-93

BAADER, Dieter (1975): Die Zusammenarbeit zwischen Hersteller und Handel aus der Sicht eines Markenartikel-Herstellers, in: MEFFERT (Hrsg.)(1975), S. 349-370

BACKHAUS, Klaus (1974): Direktvertrieb in der Investitionsgüterindustrie, Wiesbaden 1974

BALLOU, R.H. (1973): Business Logistics Management, Englewood Cliffs, NJ 1973

BALLOU, R.H. (1978): Basic Business Logistics, Englewood Cliffs, NJ 1978

BARRETT, T.F. (1982): Mission Costing : a new approach to logistics analysis, in: IJPD&MM, Vol. 7, (1982), S. 3-26

BARRETT, John (1986): Why Major Account Selling works, in: Industrial Marketing Management, Vol. 15, (No. 1, 1986), S. 63-73

BATZER, Erich (1979): Großhandel, in: TIETZ (Hrsg.) (1979), Sp. 682-693

BATZER, Erich u.a. (1974 a): Der Ausleseprozeß im Groß- und Einzelhandel, Schriftenreihe des Ifo-Instituts für Wirtschaftsforschung, Nr. 82, Berlin 1974

BATZER, Erich u.a. (1974 b): Marktstrukturen und Wettbewerbsverhältnisse im Großhandel in den Ländern der Europäischen Gemeinschaft, Reihe Absatzwirtschaft, Heft 6, Ifo-Institut für Wirtschaftsforschung, Berlin 1974

BATZER, Erich/GREIPL, Erich (1975): Marketingperspektiven des Großhandels, Berlin, München 1975

BATZER, Erich u.a. (1982): Kooperation im Einzelhandel, Reihe Absatzwirtschaft, Heft 11, Ifo-Institut für Wirtschaftsforschung, Berlin 1982

BATZER, Erich/MEYERHÖFER, W. (1984): Großhandel im Struktur- und Lei-stungsbild, in: IFO-Schnelldienst, Heft 29, 1984, S. 6-12

BATZER, Erich/MEYERHÖFER, W. (1984): Die Warendistribution in der Bundesrepublik Deutschland, IFO-Studien zu Handels- und Dienstleistungsfragen, Nr. 24, München 1984

BATZER, Erich/TÄGER, U. (1985): Einzelhandel - Anhaltender Strukturwandlungs- und Konzentrationsprozeß, in: ifo-Schnelldienst, 1-2/1985, S. 3-15

BEGO, Gene L. (1964): Joint Benefits of a Distributor Council, in: Building a Sound Distributor Organization, New York: The National Industrial Conference Board 1964, S. 44-49

BEREKOVEN, Ludwig (1981): Die Gewinne in Industrie und Einzelhandel, in: Markenartikel - Zeitschrift der Markenartikelindustrie, 43. Jg. (H. 5, 1981), S. 230-242

BERG, Thomas (1971): Designing the Distribution System, in: MOLLER/WILEMON (Hrsg.) (1971), S. 187-194

BERGER, Sylvia (1977): Ladenverschleiß (Store Erosion) - Ein Beitrag zur Theorie des Lebenszyklus von Einzelhandelsgeschäften, Göttingen 1977

BERMAN, Barry / EVANS, Joel R. (1983): Retail Management, 2. ed., New York 1983

BIDLINGMEIER, Johannes (1974 a): Dynamik der Betriebsformen im Handel, in : DUMMER (Hrsg.) (1974), S. 281-288

BIDLINGMEIER, Johannes (1974 b): Betriebsformen des Einzelhandels, in : DUMMER (Hrsg.) (1974), Sp. 526-546

BIRCHER, Bruno (1976): Langfristige Unternehmensplanung - Konzepte, Erkenntnisse und Modelle auf systemtheoretischer Grundlage, Bern, Stuttgart 1976

BLANCHARD, B.S. (1981): Logistics Engineering and Management, Englewood Cliffs, NJ 1981

BÖCKER, Franz (1972): Der Distributionsweg einer Unternehmung - Eine Marketing-Entscheidung, Berlin 1972

BÖCKER, Franz (Hrsg.) (1982): Preistheorie und Preisverhalten, München 1982

BOEHM, Hubertus (1979): Franchising - Mehr Erfolg und Sicherheit im Vertrieb, in: Marketing Journal, 12. Jg. (H. 1, 1979), S. 28-34

BOWERSOX, Donald J. (1978): Logistical Management, New York 1978

BOWERSOX, Donald J./BIXBY COOPER, M./LAMPERT, Douglas M./TAYLOR, Donald A. (1980): Management in marketing channels, New York u.a. 1980

BOYD, Harper/MASSY, William (1972): Marketing Management - An Analytical Problem-Solving Approach to Marketing, New York u.a. 1972

BRAUER, K.M./KRIEGER, W. (1982): Betriebswirtschaftliche Logistik, Berlin 1982

BUCKLIN, Louis (Hrsg.) (1970): Vertical Marketing Systems, Glenview, Ill., London 1970

CANNON, Thomas (1968): Business Strategy and Policy, New York u.a. 1968

CARTWRIGHT, Dorwin (Hrsg.) (1959): Studies in Social Power, 3. ed., Ann Arbor, Michigan 1959

CHMIELEWICZ, K. (1970): Forschungskonzeptionen der Wirtschaftswissenschaft, Stuttgart 1970

CHRISTOPHER, Martin: The Strategy of Distribution Management, Aldershot 1985

CHRISTOPHER, Martin/SCHARY, Philip/SKJOTT-LARSEN, Tage: Customer Service and Distribution Strategy, London 1979

CHRISTOPHER, M./WILLS, G.: Marketing Logistics and Distribution Planning, London 1972

CHRISTOPHER, Martin/WALTERS, D. (1979): Distribution Planning and Control, Farnborough 1979

COX, Revis u.a. (1971): Toward the Analysis of Trade and Channel Perception, in: ALLVINE (Hrsg.) (1971), S. 189-193

COX, William E. (1967): Product Life Cycles as Marketing Models, in: Journal of Business, (October 1967), S. 375-384

COYLE, J.J./BARDI, E.J. (1976): The Management of Business Logistics, New York u.a. 1976

CRAVENS, David W. u.a. (1976): Marketing Decision Making - Concepts and Strategy, Homewood, Ill. 1976

DAHL, Robert A. (1957): The Concept of Power, in: Behavioral Science, Vol. 2 (July 1957), S. 201-215

DAHRENDORF, Ralf (1968): Homo Sociologicus, 7. Aufl., Köln, Opladen 1968

DAVIDSON, William u.a. (1976): The Retail Life Cycle, in: HBR, Vol. 54 (No. 6, 1976), S. 89-96

DAVIS, J. (1982): Distribution Systems Analysis, in: IJPD&MM, Vol. 3 (1982), S. 104-118

DAY, George S. (1981): The Product Life Cycle: Analysis and Applications Issues, in: Journal of Marketing, Vol. 45 (Fall 1981), S. 60-67

DICHTL, Erwin (1979): Grundzüge der Binnenhandelspolitik, Stuttgart, New York 1979

DICHTL, Erwin/ BAUER, Hans (1978): Die Idee der Partnerschaft zwischen Hersteller und Handel, in: Markenartikel, 40. Jg. (H. 7, 1978), S. 255-258

DICHTL, Erwin/RAFFEE, Hans/NIEDETZKY, Hans-Manfred (1981): Reisende oder Handelsvertreter, München 1981

DIRUF, G. (1984): Modell- und computergestützte Gestaltung physischer Distributionssysteme, Ergänzungsheft der ZfB "Betriebswirtschaftliche Logistik" Juni 1984

DREXEL, Gerhard (1981): Strategische Unternehmensführung im Handel, Berlin, New York 1981

DUMMER, Wolfgang (Hrsg.) (1974): Marketing Enzyklopädie, Bd. 1-3, München 1974

DUNST, Klaus (1983): Portfolio-Management - Konzeption für die Strategische Unternehmensplanung, 2. Aufl., Berlin, New York 1983

EBERT, Kurt (1986): Warenwirtschaftssysteme und Warenwirtschafts-Controlling, Frankfurt am Main, Bern, New York 1986

ECKERT, W.: Konsument und Einkaufszentren, Wiesbaden 1978

EICHHORN, Wolfgang (1982): Vertikale Preisbindung, in: BÖCKER (Hrsg.) (1982), S. 249-262

EL-ANSARY, Adel I. (1975): A Model for Evaluating Channel Performance, unpublished paper, Louisiana State University, 1975

EL-ANSARY, Adel I./ STERN, LOUIS W. (1972): Power Measurement in the Distribution Channel, in: Journal of Marketing Research, Vol. 9 (February 1972) S.254-262

ENGELHARDT, Werner Hans (1976): Mehrstufige Absatzstrategien, ZfbF, Kontaktstudium, 28. Jg. (10/11, 1976), S. 175-182

ENGELHARDT, W.H. (1980): Wandel der Marketing-Strategien im Bereich der Distribution, in: Markenartikel, 42. Jg. (2, 1980), S. 50-56

ENGELHARDT, W.H./GÜNTER, B. (1981): Investitionsgüter-Marketing, Stuttgart, Berlin, Köln, Mainz 1981

ENGELHARDT, W.H./KLEINALTENKAMP, M./RIEGER, S. (1984): Der Direktvertrieb im Konsumgüterbereich, Stuttgart u.a. 1984

ENGLER, Uwe (1984): Rationalisierungsstrategien im Einzelhandel, Frankfurt, New York 1984

ETGAR, Michael (1976): Channel Domination and Countervailing Power in Distribution Channels, in: Journal of Marketing Research, Vol. 13 (August 1976), S. 254-262

FALK, Bernd (1976): Handelsbetriebslehre in Fällen, München 1976

FALK, Bernd R./WOLF, Jakob (1979): Handelsbetriebslehre, 5. Aufl., München 1979

FANDEL, G. (1983): Literaturvergleich - Marketing-Logistik, in: Marketing ZFP, 2. Jg (1983), S. 123-132 und 3. Jg., (1983), S. 191-195

FINK, C. F. (1968): Some Conceptual Difficulties in the Theory of Conflict, in: Journal of Conflict Resolution, (1968), S. 412 ff

FOSTER, J. Robert/WOODSIDE, Arch G./SIMS, J. Taylor (1977): Cases in Marketing Channel Strategy, New York u.a. 1977

FRAZIER, Gary/SHETH, Jagdish N. (1985): An Attitude-Behavior Framework for Distribution Channel Management, in: JM, Vol. 49 (3, 1985), S. 38-48

FRENCH, John R. P./RAVEN, Bertram (1959): The Bases of Social Power, in: CARTWRIGHT (Hrsg.) (1959), S. 150-167

FRITZ, Wolfgang (1984): Warentest und Konsumgütermarketing, Wiesbaden 1984

GÄLWEILER, Aloys (1974): Unternehmensplanung - Grundlagen und Praxis, Frankfurt, New York 1974

GESCHKA, Horst/REIBNITZ, Ute von (1983): Die Szenario-Technik - ein Instrument der Zukunftsanalyse und der strategischen Planung, in: TÖPFER/AFHELDT (Hrsg.) (1983), S. 125-170

GOEHRMANN, Klaus E. (1984): Verkaufsmanagement, Stuttgart u.a. 1984

GREIPL, Erich (1978): Wettbewerbssituation und -entwicklung des Einzelhandels in der Bundesrepublik Deutschland, Berlin, München 1978

GREIPL, Erich (1981): Entwicklungstrends im Einzelhandel, in: ifo-Schnelldienst, 34. Jg. (H. 8/9, 1981), S. 17-24

GRIEBEL, Hans-Dieter (1982): Zur Theorie des Handelsbetriebes - Ein spieltheoretischer Beitrag zu einer Theorie des Binnenhandels, Diss. Frankfurt am Main 1982

GRIES, Gerhard (1983): Entwicklungen im Handelsbereich als Schwerpunkt, in: Markenartikel - Zeitschrift der Markenartikelindustrie, 45. Jg. (H. 9, 1983), S. 413-422

GROCHLA, Erwin (Hrsg.) (1973): Handwörterbuch der Organisation, Stuttgart 1973

GROCHLA, Erwin (Hrsg.) (1980): Handwörterbuch der Organisation, 2. Aufl., Stuttgart 1980

GROCHLA, Erwin/WITTMANN, Waldemar (Hrsg.) (1975): Handwörterbuch der Betriebswirtschaft, 4. Aufl., Stuttgart 1975

GROEBEN, Friedrich Graf von der (1978): Konflikte erwünscht, in: Wirtschaftswoche, 32. Jg. (H. 21, 1978), S. 68-70

GROSS, Walter (1971): Profitable Listening for Manufacturers and Dealers - How To Use a Communication System, in: MOLLER/WILEMON (1971), S. 341-352

GÜMBEL, Rudolf (1985): Handel, Markt und Ökonomik, Wiesbaden 1985

GRÜNEWALD, Hans-Günter (1983): Probleme der Praxis bei der Anwendung strategischer Unternehmensplanung, in: TÖPFER/AFHELDT (Hrsg.) (1983), S. 83-106

GUTENBERG, Erich (1967): Grundlagen der Betriebswirtschaftslehre, 2. Band, 10. Aufl., Berlin u.a. 1967

GUTENBERG, Erich (1968): Grundlagen der Betriebswirtschaftslehre, 2. Bd., 15. Aufl., Berlin u.a. 1976

GVB (Hrsg.)(1983): Transportlogistik - ein Beitrag zur Sicherung des wirtschaftlichen Fortschritts, Frankfurt 1983

HAEDRICH, Günther/BERGER, Roland (1982): Angebotspolitik, Berlin, New York 1982

HALBACH, Reinhard (1982): Die Analyse der Distributionssituation in der Investitionsgüterindustrie mit Hilfe der Portfolio-Technik, Diplomarbeit, Technische Hochschule Darmstadt, Institut für Betriebswirtschaft, FG Marketing, Darmstadt 1982

HANSEN, Ursula (1976): Absatz- und Beschaffungsmarketing des Einzelhandels, Bd. 1-2, Göttingen 1976

HARTMANN, Bernhard/WALTER, Norbert (1981): Das Diskriminierungsverbot Freiburg 1981

HASITSCHKA, Werner/HRUSCHKA, Harald (Hrsg.): Handels-Marketing, Berlin 1984

HAUSCHILDT, Jürgen (1980): Zielsysteme, in: GROCHLA (Hrsg.) (1980), Sp. 2419-2430

HAVINGHORST, D. (1980): Konzepte und Leistungspotentiale der Marketing-Logistik, Weinheim 1980

HEDDERICH, Rudolf: Die Grundlagen des Handelsbetriebs, in: ZfB, 56. Jg. (6, 1986), S. 484-499

HEEGER, Dietrich/MEIER, Gert (1979): Die REWE-Handelsgruppe - Auftrag der Gegenwart, 2. Aufl., Düsseldorf 1979

HEINEN, Edmund (1966): Das Zielsystem der Unternehmung, Wiesbaden 1966

HENKSMEIER, Karl-Heinz (1974): Anlaufzeit und Lebensdauer von Supermärkten, in: Selbstbedienung und Supermarkt. 18. Jg. (H. 10, 1974), S. 10-16

HERRON, D.P. (1979): Managing Physical Distribution for Profit, in: HBR, Vol. 3 (1979), S. 121-132

HERRON, D.P. (1980): The Use of Computers in Physical Distributions Management, Sonderheft des IJPD&MM 1980

HESKETT, James D. (1977): Logistics - Essentails to Strategy, in: HBR, Vol. 6 (1977), S. 85-96

HESKETT, James D. (1976): Marketing, New York 1976

HINTERHUBER, Hans (1980): Strategische Unternehmensführung, 2. Aufl., Berlin, New York 1980

HÖHN, S. (1982): Materialwirtschaft als Teil der Unternehmensstrategie - dargestellt am Beispiel der Automobilindustrie, in: ZfbF, 1. Jg. (1982), S. 52-66

HOLLANDER, Stanley (1960): The Wheel of Retailing, in: Journal of Marketing, 25. Jg. (H. 1, 1960), S. 37-51

HOMRIGHAUSEN, Fritz Hermann (1980): Wettbewerbswirkungen genossenschaftlicher Einkaufszusammenschlüsse, Göttingen 1980

HUMMELTENBERG, W. (1983): Die Berechnung von Standardmodellen mit der heutigen MPS-Software, in: ZfbF, 6. Jg. (1983), S. 461-477

IBM Deutschland GmbH (Hrsg.)(1978): IBM System / 34, Modulares Anwendungssystem MAS, Lagerbestandsführung und Bestellwesen, o.O. 1978

IHDE, G.B. (1978): Distributions-Logistik, Stuttgart, New York 1978

IMMENGA/MARKERT/SCHARPER/WICHMANN (1982): Selektiver Vertrieb und SB-Warenhäuser - Der Beitrag des Kartellrechts für den Zugang neuer Handelsformen zum Markenartikelvertrieb - Eine Zwischenbilanz, Frankfurt 1982

INSTITUT FÜR LOGISTIK (Hrsg.)(1983): 4. Internationaler Logistik Kongreß, Dortmund 1983

IRLE, Martin (1973): Psychologische Führungsprobleme, in: GROCHLA (Hrsg.) (1973), Sp. 583-595

JACKSON, Donald W./WALKER, Bruce J. (1980): The Channels Manager - Marketing's Newest Aide?, in: California Management Review, Vol. 23 (Winter 1980), S. 52-58

JOHNSON, J.G./WOOD, D.F. (Hrsg.)(1981): Readings in Contemporary Physical Distribution and Logistics, 4. Aufl., Tulsa 1981

JOHNSON, Wesley J./McQUISTON, Daniel H. (1985): Managing Interorganisational Marketing, in : SPELMAN, R.E. (Hrsg.): A Strategic Approach to Business Marketing, Chicago 1985, S. 30-39

KALTENBACH, H.G. (1975): Die Rolle von Produkt und Verpackung in der Marktkommunikation, Essen 1975

KAPS, Ulrich (1983): Die Wirkung von Bildschirmtext auf das Informationsverhalten der Konsumenten, Dissertation Darmstadt 1983

KARTTE, Wolfgang (1979): Marketing und Kartellrecht, in: Marketing - Zeitschrift für Forschung und Praxis, 2. Jg. (März 1979), S. 22-30

KEMNA, Harald (1979): Key Account Mangement, München 1979

KEMNA, Harald (1981): Brauchen Sie einen "Generalsekretär" im Verkauf?, in: Marketing-Journal, 14. Jg. (H. 3, 1981), S. 271-276

KIRCHNER/ZENTES (1984): Führen mit Warenwirtschaftssystemen, Absatzwirtschaft-Schriften zum Marketing, Band 7, Düsseldorf, Frankfurt 1984

KIRSCH, Werner (1971): Entscheidungsprozesse, Bd. 3, Wiesbaden 1971

KIRSCH, WERNER u.a. (1973): Betriebswirtschaftliche Logistik, Wiesbaden 1973

KIRSCH, Werner (1975): Kooperatives Marketing - Koalition selbständiger Unternehmen oder Die Parabel von den Straßenräubern, in: MEFFERT (Hrsg.) (1975), S. 299-310

KIRSCH, Werner/ESSER, Werner-Michael (1975): Entwicklung und geplanter Wandel in Absatzkanälen, in: MEFFERT (Hrsg.) (1975), S. 191-210

KLEIN-BLENKERS, Fritz (1974): Distribution, in: TIETZ (Hrsg.) (1974), Sp. 473-480

KNEE, Derek/WALTERS, David (1985): Strategy in Retailing, Oxford 1985

KNÖDEL, W. (1978): Marketing-logistische Entscheidungsvariablen für Konsumgüterverpackungen, Frankfurt, Zürich 1978

KÖHLER, Richard/RUDOLPHI, Michael (1977a): Nutzen Sie Ihr Rechnungswesen - Zur Steuerung des Außendienstes, in: Marketing Journal, 10. Jg. (1977), S. 61-68

KÖHLER, Richard/KOCH, Hartmut (1977b): Nutzen Sie Ihr Rechnungswesen - Zur Kostensenkung in der Distribution, in: Marketing Journal, 10. Jg. (1977), S. 138-147

KONEN, W. (1985): Kennzahlen in der Distribution, Berlin u.a. 1985

KOSIOL, Erich (1962): Organisation der Unternehmung, Wiesbaden 1962

KOTLER, Philip (1971): Marketing Decision Making - A Model Building Approach, New York u.a. 1971

KOTLER, Philip (1982): Marketing Management, 4. Aufl., Stuttgart 1982

KRAUSSKOPF, O. (Hrsg.)(1972): Automatisierte Läger, Mainz 1972

KROEBER-RIEL, Werner (1984): Konsumentenverhalten, 3. Aufl., München 1984

KROEBER-RIEL, Werner/WEINBERG, Peter (1972): Konflikte in Absatzwegen als Folge inkonsistenter Präferenzen von Herstellern und Händlern, in: ZfB, 42. Jg. (1972), S. 525-544

KRÜGER, Wilfried (1976): Macht in der Unternehmung, Stuttgart 1976

KRULIS-RANDA, J.S. (1977): Marketing-Logistik, Schriftenreihe des Instituts für betriebswirtschaftliche Forschung an der Universität Zürich, Bd. 21, Bern, Stuttgart 1977

KÜTHE, Erich (1980): Einzelshandelsmarketing, Stuttgart u.a. 1980

KUNKEL, Rolf (1977): Vertikales Marketing im Herstellerbereich, München 1977

LAMBERT, Douglas M. (1978): The Distribution Channels Decision, Hamilton, Ontario 1978

LAMBERT, Douglas M./COOK, Robert L. (1979): Distribution Channel Management - Challenge for the 1980s, in: LUSCH/ ZINSZER (Hrsg.) (1979), S. 3-13

LAMBERT, Douglas M./MENTZER, J.T. (1982): Inventory Carrying Costs - Current Availability and Uses, in: IJPD&MM, Vol. 3 (1982), S. 56-71

LAMBERT, Eugene (1971): Financial Considerations in Choosing a Marketing Channel, in: MOLLER/WILEMON (Hrsg.) (1971), S. 204-214

LANGENHEDER, Werner (1983): Bildschirmtext - Medium für eine Minderheit, in: Absatzwirtschaft, 25. Jg. (H. 3, 1983), S. 102-107

LAZER, William/CULLEY, James D. (1983): Marketing Management, Boston, Mass. 1983

LEITHERER, Eugen (1974): Betriebliche Marktlehre, 1. Teil, Stuttgart 1974, 2. Teil, Stuttgart 1978

LE KASHMANN, R./STOLLE, J.F. (1969): The Total Cost Approach to Distribution, in: BOWERSOX u.a. (Hrsg.): Readings in Physical Distribution Management, London, Toronto 1969

LEMPFUHL, Rolf (1981): Verträge nach 18 GWB und Diskriminierungsverbot, in: AHLERT (Hrsg.) (1981), S. 237-254

LEVITT, Theodore (1965): Exploit the Product Life Cycle, in: HBR, Vol. 54 (November-December 1965), S. 81-94

LIEBMANN, H.-P. (1982): Logistik zwischen Wunsch und Wirklich-keit, in: Integrierte Logistik, Sammelband der Referate der Internationalen Logistik-Tagung 1982 des Gottlieb-Duttweiler-Instituts, Rüschlikon, Zürich 1982

LITTLE, Robert W. (1970): The Marketing Channel - Who Should Lead This Extra-Corporate Organization?, in: Journal of Marketing, Vol. 34 (January 1970), S. 31-38

LOWRY, James R. (1983): Retail Management, Cincinnati u.a. 1983

LUCKE, Karlfried (1977): Wachablösung - Markt- statt Produktmanagement, in: Absatzwirtschaft, 20. Jg. (H. 11, 1977), S. 62-68

LÜCK, Wolfgang (1980): Managementlehre und Logistik, in: LÜCK (Hrsg.): Schriftenreihe der betriebswirtschaftlichen Abteilung der Versuchs- und Lehranstalt für Brauerei, Berlin 1980

LÜCK, Wolfgang (Hrsg.)(1983): Lexikon der Betriebswirtschaft, Landsberg am Lech 1983

LUND, Daulatram/DUNNE, William/WAGNER, William/BURNETT, John (1979): Marketing Distribution - A Selected And Annotated Bibliography, Chicago 1979

LUSCH, Robert F./ZINSZER, Paul H. (Hrsg.)(1979): Contemporary Issues in Marketing Channels, Oklahoma 1979

MAARE, Heribert (1974): Handelsfunktionen, in: TIETZ (Hrsg.) (1974), Sp. 709-720

MAAS, Rainer-Michael (1980): Absatzwege - Konzeptionen und Modelle, Wiesbaden 1980

McCAMMON, Bert C. (1970): Perspectives for Distribution Programming, in: BUCKLIN (Hrsg.) (1970), S. 32-50

McCAMMON, Bert C. (1971): Alternative Explanations of Institutional Change and Channel Evolution, in: MOLLER/WILEMON (Hrsg.) (1971), S. 134-148

McCARTHY, E. Jerome (1971): Basic Marketing - A Managerial Approach, 4. ed., Homewood, Ill. 1971

McNAIR, Malcolm (1958): Significant Trends and Developments in the Postwar Period, in: SMITH (Hrsg.)(1958), S. 1-25

McVEY, Phillip (1960): Are Channels of Distribution What the Textbooks Say?, in: Journal of Marketing, Vol. 24 (January 1960), S. 61-65

MALLEN, Bruce E. (1967): The Marketing Channel - A Conceptual Viewpoint, New York u.a. 1967

MALLEN, Bruce E./SILVER, Stephen D. (1967): Modern Marketing and the Accountant, in: MALLEN (1967), S. 222-229

MALLEN, Bruce (1973): Functional Spin-Off - A Key to Anticipating Change in Distribution Structure, in: Journal of Marketing, Vol. 37 (No. 3, 1973), S. 18-25

MARCH, James G./SIMON, Herbert A. (1976): Organisation und Individuum - Menschliches Verhalten in Organisationen, Wiesbaden 1976

MARR, N.E. (1980): Do Managers Really Know What Service Their Customers Require?, in: IJPD&MM, Vol. 7 (1980), S. 433-444

MARX, Gerd-R.: Marketing und Marktmacht, Zürich 1976

MARZEN, Walter (1979): Handelsmarketing der Zukunft, in: MEFFERT (Hrsg.) (1975), S. 421-435

MATHIEU, Günter (1978): Lebenszyklen als Entscheidungshilfe für Betriebstypen im Handel, in: Marketing Journal, 11. Jg. (H. 2, 1978), S. 122-128

MEIER, Christian J. (1979): Der selektive Vertrieb im EWG-Kartellrecht, Bd. 1 und 2, Diessenhofen 1979

MEFFERT, Heribert (1974): Absatztheorie, systemorientierte, in: TIETZ (Hrsg.) (1974), Sp. 138-158

MEFFERT, Heribert (Hrsg.)(1975a): Marketing heute und morgen, Wiesbaden 1975

MEFFERT, Heribert (1975b): Computergestützte Marketing-Informationssysteme, Wiesbaden 1975

MEFFERT, Heribert (1978): Das PM-Konzept verlangt nach Anpassung, in: Marketing-Journal, 11. Jg.(H. 5, 1978), S. 424-431

MEFFERT, Heribert (1979): Die Einführung des Kundenmanagements als Problem des geplanten organisatorischen Wandels, in: WUNDERER (Hrsg.) (1979), S. 285-320

MEFFERT, Heribert (1980): Marketing - Einführung in die Absatzpolitik, 5. Aufl., Wiesbaden 1980

MEFFERT, Heribert/KIMMESKAMP, Günter (1983): Industrielle Vertriebssysteme im Zeichen der Handelskonzentration, in: Absatzwirtschaft, 26. Jg. (H. 3, 1983) Jubiläumsausgabe, S. 214-232

MEFFERT/KIMMESKAMP/BECKER (1983): Die Handelsvertretung im Meinungsbild ihrer Marktpartner - Ansatzpunkte für das Handelsvertreter-Marketing, Stuttgart u.a. 1983

MEFFERT, Heribert/STEFFENHAGEN, Hartwig (1976): Konflikte zwischen Industrie und Handel, Wiesbaden 1976

MENTZEL, Karsten-Heinz (1974): Einzelhandelsbetriebsformen, in: DUMMER (Hrsg.) (1974), S. 513-524

MEYER, Paul W. (1978): Die Handelsstrukturen sind ausgereift, in: MA, 40. Jg. (H. 10, 1978), S. 530-534

MEYERHÖFER, Walter (1980): Kooperation - Eine Überlebenschance für den mittelständischen Großhandel?, in: ifo-Schnelldienst, 33. Jg. (H. 9, 1980) S. 11-14

MEYERHÖFER, Walter (1982): Rote Zahlen im Facheinzelhandel, in: ifo-Schnelldienst, 35. Jg. (H. 4, 1982) S. 6 f

MICHMAN, Ronald D./SIBLEY, Stanley D. (1980): Marketing Channels and Strategies, 2. ed., Columbus, Ohio 1980

MOELLER, Barabara V. (1981): Ein junger Einzelhandelszweig - Catalog Showrooms, in: Markenartikel, 43. Jg. (1981), S. 253-255

MOLLER, William G./WILEMON, David L. (1971): Marketing Channels - A Systems Viewpoint, Homewood, Ill. 1971

MÜLLER-HAGEDORN, Lothar (1984): Handelsmarketing, Stuttgart u.a. 1984

MÜLLER-HAGEDORN, Lothar (1986): Das Konsumentenverhalten, Wiesbaden 1986

NARUS, James C. (1986): Industrial Distributor Selling - The Roles of Outside and Inside Sales, in: Industrial Marketing Management, Vol. 15, (Nr. 1, Febr. 1986), S. 55-62

NIESCHLAG, Robert (1954): Die Dynamik der Betriebsformen im Handel, Schriftenreihe des Rheinisch-Westfälischen Instituts für Wirtschaftsforschung, N.F. 7, Essen 1954

NIESCHLAG, Robert (1974): Dynamik der Betriebsformen im Handel, in: TIETZ (Hrsg.) (1974), Sp. 366-376

NIESCHLAG, Robert/KUHN, Gustav (1980): Binnenhandel und Binnenhandelspolitik, 3. Aufl., Berlin 1980

NIESCHLAG, Robert/DICHTL, Erwin/HÖRSCHGEN, Hans (1985): Marketing, 14. Aufl., Berlin 1985

NISHI, M. (1982): Logistics - Issues for the 80s, Shaker Heights 1982

OBERPARLEITER, Karl (1955): Funktionen und Risikenlehre des Warenhandels, 1. Aufl., Wien, Berlin 1930, 2. Aufl., Wien 1955

OPPENHEIMER, Franz (1959): Machtverhältnis, in: VIERKANDT (1959), S. 338-348

o.V. (1980) Televertrieb - Laden zu - Bildschirm an!, in: Absatzwirtschaft, 23. Jg. (H. 11, 1980), S. 92-97

o.V. (1981a) Partner binden!, in: Absatzwirtschaft, 23. Jg. (H. 5, 1981), S. 42-53

o.V. (1981b) Erst Pull, dann Push, dann Partnerschaft, in: Absatzwirtschaft, 24. Jg. (H. 9, 1981), S. 20-28

o.V. (1981c) Schlüssel fürs Großkundengeschäft, in: Absatzwirtschaft, 23. Jg. (H. 12, 1981), S. 30-44

o.V. (1982) Handel 2000, in: Sonderdruck aus Lebensmittelzeitung, Nr. 52 (1982), S. 1-14

o.V. (1983a) Alles falsch gemacht, in: Die Zeit, 38. Jg. (H. 49, 1983) vom 2.12.1983, S. 16

o.V. (1983b) "Bis über meine Pensionierung hinaus" - asw-Interview mit Telefunken Vorstand Josef A. Stoffels über Preisbindung, in: Absatzwirtschaft, 26. Jg. (H. 10, 1983), S. 40-44

o.V. (1983c) Mit Taktik zur Strategie - Chronik des Telefunken Vertrages, in: Absatzwirtschaft, 26. Jg. (H. 10, 1983), S.46-49

o.V. (1983d) Promotions - Wo der Handel noch mitspielt, in: Absatzwirtschaft, 25. Jg. (H. 10, 1983), S. 30-39

o.V. (1983e) Handel zwischen Pessimismus und Optimismus, in: Absatzwirtschaft, 25. Jg. (H. 3, 1983), S. 154-159

PALAMOUNTAIN, Joseph C. (1969): Vertical Conflict, in: STERN (1969), S. 133-139

PAULIG, Oswald (1974): Konsumgenossenschaften, in: TIETZ (Hrsg.) (1974), Sp. 1057-1063

PEGRAM, Roger (1965): Selecting and Evaluating Distributors, National Industrial Conference Board, New York 1965

PETERS, Thomas/WATERMAN, Robert (1983): Auf der Suche nach Spitzenleistungen - Was man von den bestgeführten US-Unternehmen lernen kann, 2. Aufl., Landsberg am Lech 1983

PFOHL, H.-Chr. (1972): Marketing-Logistik, Mainz 1972

PFOHL, H.-Chr. (1974 a): Die Logistik als Beispiel für Auswirkungen des Systemdenkens in der entscheidungsorientierten Betriebswirtschaftslehre, in: MIR, 14. Jg. (1974), S. 67-80

PFOHL, H.-Chr. (1974 b): Stichwort: Marketing-Logistik, in: Marketing Enzyklopädie, Bd. II, S. 577-593, München 1974

PFOHL, H.-Chr. (1977): Zur Formulierung einer Lieferservice-Politik - Theoretische Aussagen zum Angebot von Sekundärleistungen als absatzpolitisches Instrument, in: ZfbF, 29. Jg. (1977), S. 239-255

PFOHL, H.-Chr. (1980): Aufbauorganisation der betriebswirtschaftlichen Logistik, in: ZfB, 50. Jg. (1980), S. 1201-1228

PFOHL, H.-Chr. (1983): Logistik als Überlebenshilfe in den achtziger Jahren, in: ZfB, 53. Jg. (1983), S. 718-734

PFOHL, H.-Chr. (1984): Logistik-Controlling, in: ZfB-Ergänzungsheft 2/1984, Wiesbaden 1984

PFOHL, H.-Chr. (1985): Logistiksysteme, Betriebswirtschaftliche Grundlagen, Berlin u.a. 1985

POLLMÜLLER, Heinz-Dieter (1981): Rechtliche Aspekte Vertraglicher Vertriebssysteme, in: AHLERT (Hrsg.) (1981), S. 124-236

PORTER, Michael (1980): Competitive Strategy - Techniques for Analyzing Industries and Competitors, New York, London 1980

PRAAST, Gundolf (1974): Freiwillige Ketten, in: DUMMER (Hrsg.) (1974), Bd. 1, S. 765-773

PFEIFFER, Simone (1981): Die Akzeptanz von Neuprodukten im Handel, Wiesbaden 1981

POTH, L.G. (1973): Praxis der Marketing-Logistik, Heidelberg 1973

REHMANN, Klaus/GIERL, Heribert (1985): Die Marktbedeutung der Betriebsformen des Einzelhandels in Vergangenheit und Zukunft, in: Markenartikel, 47. Jg. (H. 2, 1985), S. 69-77

REVZAN, David A. (1967): Marketing Organization Through the Channel, in: MALLEN (Hrsg.) (1967), S. 3-19

REVZAN, David A. (1967): Evaluation of Channel Effectiveness, in: MALLEN (1967), S.219-221

ROBICHEAUX, Robert A./EL-ANSARY, Adel I. (1976): A General Model for Understanding Channel Member Behavior, in: Journal of Retailing, Vol. 52 (No. 4 Winter 1976-77), S. 13-30, 93-94

ROSE, W. (1979): Logistics Management, Dubuque, Iowa 1979

ROSENBERG, Larry J./STERN, Louis W. (1970): Toward the Analysis of Conflict in Distribution Channels : A Descriptive Model, in: Journal of Marketing, Vol. 34 (October 1970), S. 40-46

ROSENBLOOM, Bert (1973): Conflict and Channel Efficiency - Some Conceptual Models for the Decision Maker, in: Journal of Marketing, Vol. 37 (July 1973), S. 26-30

ROSENBLOOM, Bert (1978a): Marketing Channels - A Management View, Hinsdale, Ill. 1978

ROSENBLOOM, Bert (1978b): Motivating Independant Distribution Channel Members, in: Industrial Marketing Management, Vol. 7 (1978), S. 275-281

ROSENBLOOM, Bert (1981): Retail Marketing, New York, Toronto 1981

RÜEGGE, F. (1975): Distributions-Logistik aus entscheidungs- und systemtheoretischer Sicht, Diss. St. Gallen 1975

RYAN, F. W. (1935): Functional Elements of Market Distribution, in: HBR, Vol. XIII (No. 2, 1935), S. 205-224

SANDLER, Guido (1980): Account-Management in der Praxis, in: Marketing - Zeitschrift für Forschung und Praxis, 2. Jg. (1980), S. 225-228

SCHÄFER, Erich (1950): Die Aufgabe der Absatzwirtschaft, 2. Aufl., Köln, Opladen 1950

SCHÄFER, Erich (1966): Grundlagen der Marktforschung, 4. Aufl., Köln, Opladen 1966

SCHENK, Hans-Otto (1982): Vertikale Preisempfehlung, in: BÖCKER (Hrsg.) (1982), S. 263-273

SCHEUCH, Fritz (1986): Marketing, München 1986

SCHMALEN, Helmut (1982): Preispolitik, Stuttgart, New York 1982

SCHMID, O. (1977): Modelle zur Quantifizierung der Fehlmengenkosten als Grundlage optimaler Lieferservicestrategien bei temporärer Lieferunfähigkeit, Frankfurt, Zürich 1977

SCHWARZ, L.B. (1973): A Simple Continuous Review Deterministic One-Warehouse N-Retailer Inventory Problem, in: MS, Vol. 5 (1973), S. 555-566

SCHWEITZER, Marcell/KÜPPER, Hans-Ulrich (1975): Rationalisierung, in: GROCHLA/WITTMANN (Hrsg.) (1975), Sp. 3303-3311

SEYFFERT, R. (1972): Wirtschaftlehre des Handels, 5. Aufl., hrsg. von Edmund Sundhoff, Opladen 1972

SGKV (Hrsg.)(1978): Marketing-Logistik, Frankfurt 1978

SGKV (Hrsg.)(1983a): Rationeller Transport, Frankfurt 1983

SGKV (Hrsg.)(1983b): Güterverteilzentralen, Frankfurt 1983

SHAW, Robin N./BODI, Anna (1986): Diffusion of product code scanning systems, in: Industrial Marketing Management, Vol. 15, (Nr. 3, August 1986)

SIEMENS AG (Hrsg.)(1978): Softwareprodukt HOREST 2, Lager- und Einkaufsdispositionssystem, Anwendungsbeschreibung, München 1978

SIGRIST, B. (1982): Was bringt die Computerisierung für die Logistik?, in: Integrierte Logistik, Sammelband der Referate der Internationalen Logistik-Tagung 1982 des Gottlieb-Duttweiler-Instituts, Rüschlikon, Zürich 1982

SIMS, J. Taylor u.a. (1977): Marketing Channels, Systems and Strategies, New York u.a 1977

SLATER, A.G. (1982): Choice of the Transport Mode, in: IJPD&MM, Vol. 3 (1982), S. 72-91

SMITH, A.B. (Hrsg.)(1958): Competitive Distribution in a Free, High-Level Economy and its Implications for the University, Pittsburgh 1958

SMYKAY, E.W. (1973): Physical Distribution Management, New York, London 1973

SÖLTER, Arno (1971): Kooperative Absatzwirtschaft, Köln u.a. 1977

SOOM, Erich (1976): Optimale Lagerbewirtschaftung in Industrie, Gewerbe und Handel, Bern, Stuttgart 1976

SPECHT, Günter (1971): Grundlagen der Preisführerschaft, Wiesbaden 1971

SPECHT, Günter (1978): Nachfragemacht - Zur Novellierung des Gesetzes gegen Wettbewerbsbeschränkungen aus wirtschafts-wissenschaftlicher Sicht, in: Die Betriebswirtschaft, 38. Jg. (1978), S. 203-217

SPECHT, Günter (1979): Die Macht aktiver Konsumenten, Stuttgart 1979

SPECHT, Günter/LANDES, Friedrich (1979): Beachtung von Warentest-Ergebnissen vorteilhaft. Bericht über die Ergebnisse einer empirischen Untersuchung zur Wirkung von Informationen der Stiftung Warentest, in: Nachrichten der Industrie- und Handelskammer Darmstadt, 34. Jg. (März, 1979), S. 93-95

SPECHT, Günter/SPETH, Thomas (1983): Vertriebs- und Kunden-dienstkonzeptionen für ein neues Elektromotoren-, Generatoren- und Transformatorenwerk in Algerien, unveröffentlicher Forschungsbericht, Technische Hochschule Darmstadt, Institut für Betriebswirtschaft, FG Marketing, Darmstadt 1983

SPECHT, Günter/SÜSS, Klaus: Distribution in Deutschland, in: Elektronik, 34. Jg. (Heft 13, 1985), S. 73-76

STAEHLE, Wolfgang (1980): Management - Eine verhaltenswissen-schaftliche Einführung, München 1980

STAMPFER, Adalbert (1983): Distribution, in: LÜCK (Hrsg.) (1983), S. 264

STATISTISCHES BUNDESAMT (Hrsg.)(1987): Statistisches Jahrbuch 1987 für die Bundesrepublik Deutschland, Wiesbaden 1987

STEFFENHAGEN, Hartwig (1975): Konflikt und Kooperation in Absatz-kanälen, Wiesbaden 1975

STERN, Louis W./BROWN, Jay W. (1969): Distribution Channels - A Social System Approach, in: STERN (1969), S. 6-19

STERN, Louis W. (1969): Distribution Channels - Behavioral Dimensions, Boston 1969

STERN, Louis W. (1971): Potential Conflict Management Mechanisms in Distribution Channels - An Interorganizational Analysis, in: THOMPSON (1971), S. 111-145

STERN, Louis W. u.a. (1973): Managing Conflict in Distribution Channels - A Laboratory Study, in: Journal of Marketing Research, Vol. 10 (May 1973), S. 169-179

STERN, Louis W./EL-ANSARY, Adel I. (1977): Marketing Channels, Englewood Cliffs, NJ 1977

STERN, Louis W./GORMAN, Ronald H. (1969): Conflict in Distribution Channels, in: STERN (1969), S. 156-175

STERN, Louis W./HESKETT, James L. (1969): Conflict Management in Interorganization Relations - A Conceptual Framework, in: STERN (1969), S. 288-305

STIGLER, Georg (1967): The Division of Labor is Limited by the Extent of Market, in: MALLEN (Hrsg.) (1967), S. 56-62

STRAUCH, Dietmar/VOWE, Gerhard (Hrsg.) (1980): Facetten eines neuen Mediums, München, Wien 1980

STAMPFL, Ronald W./HIRSCHMAN, Elizabeth (Hrsg.)(1981): Theory in Retailing - Traditional and Nontraditional Sources, Chicago, Ill. 1981

STAMPFL, R.W./HIRSCHMAN, Elizabeth (Hrsg.)(1980): Competitive Structure in Retail Markets - The Department Store Perspective, Chicago, Ill. 1980

TEMPELMEIER, Horst (1983): Quantitative Marketing-Logistik, Berlin u.a. 1983

THIES, Dieter (1978): Distributionsfunktionen und betriebliche Absatzpolitik, Göttingen 1978

THIES, Gerhard (1976): Vertikales Marketing - Marktstrategische Partnerschaft zwischen Industrie und Handel, Berlin, New York 1976

THOMPSON, Donald W. (1971): Contractual Marketing Systems, Lexington, Mass. 1971

THRON, Jürgen (1983): Key Account-Manager in Konditionsnot, in: Absatzwirtschaft, 25. Jg. (H. 5, 1983), S. 18-19

TIETZ, Bruno (Hrsg.) (1974): Handwörterbuch der Absatzpolitik, Stuttgart 1974

TIETZ, Bruno (1976): Absatzwegpolitik, in: WISU - Das Wirtschaftsstudium 5. Jg. (1976), S. 152-159 u. 207-212

TIETZ, Bruno (1978): Kooperation durch Konditionen, in: Markenartikel, 40. Jg. (H. 5, 1978), S. 185-186

TIETZ, Bruno (1981): Fachmärkte - ein neuer Betriebstyp des Einzelhandels, in: Marketing - Zeitschrift für Forschung und Praxis, 3. Jg. (1981), S. 241-250

TIETZ, Bruno (1980): Die Haupttendenzen für das Handelsmarketing in den 80er Jahren, in: MEFFERT (Hrsg.): Marketing im Wandel, Wiesbaden 1980, S. 87-122

TIETZ, Bruno/MATHIEU, Günter (1979a): Das Franchising als Kooperationsmodell für den mittelständischen Groß- und Einzelhandel, Köln, Berlin, Bonn, München 1979

TIETZ, Bruno/MATHIEU, Günter (1979b): Das Kontraktmarketing als Kooperationsmodell, Köln u.a. 1979

TÖPFER, Armin/AFHELDT, Heik (1983): Überblick und Einordnung der Beiträge, in: dieselben (Hrsg.) (1983), S. 1-54

TIETZ, Bruno (1985): Der Handelsbetrieb, München 1985

TIETZ, Bruno (1986): Binnenhandelspolitik, München 1986

TÖPFER, Armin/AFHELDT, Heik (Hrsg.) (1983): Praxis der strategischen Unternehmensplanung, Frankfurt/Main 1983

TRAUMANN, P. (1976): Marketing-Logistik in der Praxis, Mainz 1976

TREIS, Bartho (1981): Der mittelständische Einzelhandel im Wettbewerb, München 1981

TREIS, Bartho (1983): Einkaufsbummel statt Teleshopping, in: Absatzwirtschaft, 25. Jg. (H. 3, 1983), S. 130-136

TREIS, Bartho/SCHMINKE, Lutz (1984): Handelsmanagement - Umbruch durch Scanning, in: asw, 27. Jg. (H. 4, 1984), S. 74-78

TRÜTZSCHLER, Heinz (1975): Marketing - Kooperation zwischen Hersteller und Handel im Lebensmittelmarkt in: MEFFERT (1975a), S. 310-330

ULRICH, H. (1970): Die Unternehmung als produktives soziales System, Bern, Stuttgart 1970

VIERKANDT, Alfred (1959): Handwörterbuch der Soziologie, Stuttgart 1959

WAGNER, Helmut (1975): Gestaltungsmöglichkeiten einer marketingorientierten Strukturorganisation, in: MEFFERT (1975a), S. 278-293

WALTERS, C.Glenn/BERGIEL, Blaise J. (1982): Marketing Channels, 2. ed., Glenview, Ill. 1982

WEBER, Hans-Hermann (1966): Grundlagen einer quantitativen Theorie des Handels, Köln, Opladen 1966

WEBSTER, Frederick E. (1976): The Role of the Industrial Distributor, in: Journal of Marketing, Vol. 40 (July 1976), S. 10-16

WEIGAND, Robert E. (1967): The Accountant and Marketing Channels, in: MALLEN (1967), S. 230-235

WELZEL, Klaus (1974): Marketing im Einzelhandel, Wiesbaden 1974,

WIESELHUBER, Norbert (1983): Phasen und Prozeß der strategischen Planung, in: TÖPFER/AFHELDT (Hrsg.)(1983), S. 55-82

WILD, Jürgen (1972): Product Management, München, 1972

WILDE, Olga (1979): Wettbewerbsverzerrungen und Wettbewerbsbeschränkungen durch Nachfragermacht, Freiburg 1979

WILDEMANN, Horst (1983a): Logistik-Konzeptionen - Materialflußsteuerung zwischen Lieferant und Abnehmer, in: Zeitschrift für Logistik, 4. Jg. (H. 3, 1983), S. 73-76

WILDEMANN, Horst (1983b): Produktionssteuerung nach japanischen KANBAN-Prinzipien, in: WiSt, 12. Jg. (H. 11, 1983), S. 582-584

WILKINSON, I.F. (1973): Distribution Channel Management, in: IJPD&MM, Vol. 1 (1973), S. 2-15

WILLIS, R. (1977): Physical Distribution Management, Park-Ridge 1977

WOLTER, F. H. (1978): Steuerung und Kontrolle des Außendienstes, Gernsbach 1978

WUNDERER, Rolf (Hrsg.) (1979): Humane Personal- und Organisationsentwicklung, Berlin 1979

ZOBER, Martin (1964): Marketing Management, New York 1964

ZVEI (Hrsg.)(1982): Leitfaden Logistik, Frankfurt 1982

Stichwortverzeichnis

Kohlhammer
Edition Marketing

Herausgegeben von
Prof. Dr. R. Köhler, Köln
Prof. Dr. H. Meffert, Münster
In der Edition Marketing werden in insgesamt 23 Einzelbänden, bei denen es sich um Erstausgaben handelt, die wichtigsten Bereiche des Marketing behandelt. Als Autoren konnten namhafte Fachvertreter an den Hochschulen und renommierte Marketing-Praktiker gewonnen werden.

Grundlagen des Marketing

Marketing-Einführung
Hartwig Steffenhagen
277 S., 1988, DM 49,80
ISBN 3-17-008275-2

Marketing-Organisation
Richard Köhler
ISBN 3-17-007861-5

Marketing-Planung
Heribert Meffert
ISBN 3-17-007860-7

Marketing-Kontrolle
Franz Böcker
226 S., 1988, DM 49,80
ISBN 3-17-007747-3

Informationen für Marketing-Entscheidungen

Marktforschung
Heymo Böhler
256 S., 1985, DM 44,–
ISBN 3-17-007950-6

Marktsegmentierung
Hermann Freter
212 S., 1983, DM 38,–
ISBN 3-17-007492-X

Markt- und Absatzprognosen
Manfred Hüttner
196 S., 1982, DM 29,80
ISBN 3-17-007325-7

Marketing-Informationssysteme
Klaus Heinzelbecker
200 S., 1985, DM 36,–
ISBN 3-17-007498-9

Konsumentenverhalten
Volker Trommsdorff
ISBN 3-17-008119-5

**Entscheidungsunterstützung
für Marketing-Manager**
Sönke Albers
ISBN 3-17-008274-4

Instrumente des Marketing-Mix

Produktpolitik
N. N.
ISBN 3-17-008276-0

Kommunikationspolitik
Helmut Schmalen
236 S., 1985, DM 39,80
ISBN 3-17-008277-9

Distributionsmanagement
Günter Specht
304 S., 1988, DM 36,–
ISBN 3-17-007864-X

Verkaufsmanagement
Klaus E. Goehrmann
204 S., 1984, DM 38,–
ISBN 3-17-008278-7

Preispolitik
Hermann Diller
312 S., 1985, DM 54,–
ISBN 3-17-008112-8

**Strategie und Technik
der Werbung**
Werner Kroeber-Riel
ISBN 3-17-010193-5

Institutionelle Bereiche des Marketing

Dienstleistungs-Marketing
Wolfgang Hilke
ISBN 3-17-007852-6

Handelsmarketing
Lothar Müller-Hagedorn
296 S., 1984, DM 49,–
ISBN 3-17-007486-5

**Marketing
für öffentliche Betriebe**
Hans Raffée/Wolfgang Fritz/
Peter Wiedmann
ISBN 3-17-008279-5

Investitionsgüter-Marketing
Werner Hans Engelhardt/
Bernd Günter
268 S., 1981, DM 34,–
ISBN 3-17-007323-0

Internationales Marketing
Heribert Meffert/Jürgen Althans
260 S., 1982, DM 36,–
ISBN 3-17-007318-4

Umwelt und Marketing

**Rechtliche Grundlagen
des Marketing**
Dieter Ahlert/Hendrik Schröder
ISBN 3-17-007510-1

Social Marketing
Manfred Bruhn
ISBN 3-17-008280-9

Verlag W. Kohlhammer
7000 Stuttgart 80, Heßbrühlstraße 69